LA AGRUPACIÓN DE LAS FUERZAS DE LA LUZ

Ovnis y su Misión Espiritual

Benjamin Creme

Este libro está dedicado a la memoria
de un hombre muy valiente y un compañero,
George Adamski (1891-1965)

Índice

Prólogo

Se sabe que durante siglos los gobiernos han ocultado mucha información (normalmente embarazosa) a sus pueblos, consolidando así su poder para gobernar. No obstante, no es sorprendente que durante más de 60 años, los gobiernos modernos, ayudados y alentados por unos medios de comunicación cínicos hayan ocultado al público, con mayor o menor éxito, su conocimiento certero de la realidad de los ovnis y el hecho de su actividad pacífica. Además, algunos gobiernos son responsables de denigrar a la tripulación de estas naves 'inexistentes', las han denominado 'alienígenas' y las han acusado de toda clase de atrocidades contra hombres y mujeres de la Tierra. Las razones de este comportamiento deshonesto y antidemocrático son debatidas en este libro, y por primera vez, se clarifica la estrecha colaboración existente entre las 'personas de los ovnis' (nuestros Hermanos del Espacio) y los miembros de nuestra propia Jerarquía Espiritual.

El libro consta de dos partes: la primera, 'Ovnis y su Misión Espiritual', trata sobre el trabajo de nuestros Hermanos del Espacio en beneficio de la humanidad; la segunda, 'Educación en la Nueva Era', analiza los cambios en la educación que serán necesarios en el tiempo venidero, mientras adoptamos nuevas tecnologías introducidas por los Hermanos del Espacio y nos hacemos cada vez más conscientes de las hasta ahora fuerzas ocultas que subyacen nuestras vidas.

Primera Parte: Ovnis y su Misión Espiritual

La misión espiritual de los ovnis se clarifica para que todos la vean: la constante batalla de nuestros Hermanos del Espacio, en nuestro beneficio, contra los efectos de la contaminación del planeta, especialmente la resultante de los niveles más elevados (etéricos) de la radioactividad, aún desconocida para nuestros científicos, y la cimentación de los comienzos de nuestra ciencia del futuro, la Ciencia de la Luz. En todo este servicio altruista a la humanidad, los Hermanos del Espacio han estado involucrados en la preparación de una plataforma para el Instructor del Mundo, el Señor Maitreya, y en colocar los hitos de la nueva civilización venidera.

El 12 de diciembre de 2008, Share International Foundation emitió a través de los medios de comunicación mundiales la información de que una "luminaria semejante a una estrella de brillante poder" pronto sería visible en todo el mundo. Conforme a la predicción, las primeras noticias de la 'estrella' comenzaron a surgir para las Navidades, y desde todo el mundo. Nosotros la relacionamos con la 'estrella' bíblica que guió a los tres reyes magos (Maestros de Sabiduría) desde Oriente hasta Belén en el nacimiento de Jesús. Hemos explicado que tanto la 'estrella' moderna como aquella de hace dos mil años eran de hecho una nave espacial, siendo la 'estrella' moderna una de cuatro de tales naves espaciales que cubren el mundo, norte, sur, este y oeste; y que la 'estrella' era una Señal, un Heraldo de la inminente aparición en televisión, aunque aún sin declarar, de Maitreya, el Instructor del Mundo, y líder de nuestra Jerarquía Espiritual planetaria. Estas cuatro 'estrellas' son naves espaciales gigantescas y provienen de planetas de nuestro Sistema Solar.

Nuestros científicos aseguran que la vida humana no existe en planetas tales como Marte, Venus, Júpiter, etc. Esta presunción surge de su ignorancia de los niveles etéricos de la materia. Su tecnología aún es inadecuada para medir el rango completo de los planos materiales. Si tuvieran visión etérica, sabrían que todos los planetas de nuestro sistema están habitados y que muchos están mucho más avanzados en evolución que lo que estamos en la Tierra. Se acerca rápido el momento en el que una visión de mente más abierta de la vida con sus misterios reemplazará la arrogancia del ignorante, para beneficio de todos nosotros.

Segunda Parte: Educación en la Nueva Era

Es obvio que un enorme programa educativo será necesario para preparar a la humanidad para los cambios inherentes en la nueva sociedad que emergerá bajo la influencia de los Maestros y nuestros Hermanos del Espacio. Tanto nuevo será impartido que la necesidad de interpretación se hará urgente. Existen muchas personas, bien informadas y articuladas, que pueden encontrar en ello un campo de servicio de lo más útil.

Queda claro que la educación para la nueva era debe ser muy diferente en propósito que la actual. La nueva educación buscará hacer más que preparar a las personas para ganarse un sustento, como a menudo es el caso ahora. En su lugar, despertará a la humanidad al nivel del alma, la fuente de toda creatividad.

De allí fluirá una vitalidad creativa que se manifestará a través de las hasta ahora millones de personas sin voz en el mundo. La energía de Acuario, la de Síntesis, aglutinará a la humanidad en una unidad impensable en la actualidad.

Éste, mi último libro, como siempre es el resultado del esfuerzo grupal. Me gustaría reconocer agradecidamente a las muchas personas que han ayudado a ensamblarlo y prepararlo para su publicación.

Benjamin Creme

Londres, Abril de 2010

[Nota: Los artículos, entrevistas y preguntas y respuestas contenidos en este libro fueron publicadas en origen en la revista *Share International*. Para facilitar la lectura, las preguntas han sido ordenadas según el tema en lugar de la fecha de publicación, que se indica al final de cada pregunta.]

Primera Parte

Ovnis y Su Misión Espiritual

El Momento de la Revelación

Por el Maestro —, a través de Benjamin Creme

Durante muchos años, las personas de la mayoría de países han seguido, más o menos mansamente, los edictos de sus legisladores, los políticos. Esto ha sido mayoritariamente así tanto si el sistema legislativo era democrático o de otra índole. Esto ahora está comenzando a cambiar. Lejos de una callada aceptación de leyes impopulares, las personas en muchos países ahora se manifiestan y exigen cambio. Con la excepción de aquellos países bajo un firme gobierno militar, las personas, cada vez más, están exigiendo ser escuchadas, de que se aborden sus necesidades, y se corrijan malas leyes. Mientras las beneficiosas energías de Acuario ganan potencia, este creciente poder del pueblo se multiplicará y se convertirá en la voz más poderosa en la Tierra. Tanto es así, incluso ahora, que gobiernos de todas las índoles se ven forzados a tomar en cuenta la reacción de las personas a leyes que conciernen profundamente su bienestar. Se hace cada vez más difícil para los gobiernos gobernar sobre líneas estrictamente partidistas. Gran parte de la acción gubernamental es reservada y oscura, mucho se hace 'detrás de la escena' de lo cual las personas nunca escuchan, pero generalmente, los gobiernos, al menos en el así denominado mundo 'democrático', tienen cuidado de no suscitar la ira o el descontento del pueblo.

Existe un área principal en la cual esto con toda seguridad no es así. Durante más de sesenta años, los gobiernos de todo el mundo han ocultado a las personas la realidad de los 'ovnis' o 'platillos voladores'. Además, han intentado por todos los medios denigrar a los ocupantes de estas naves visitantes como 'alienígenas', destructivos y nocivos para los habitantes de la Tierra. Para mantener a sus poblaciones bajo control, y para evitar el 'pánico', ellos han negado la experiencia de cientos de miles de ciudadanos inteligentes y abiertos de mente. Ellos han creado así un gran mito: "¡Los 'platillos voladores' no existen pero son peligrosos y rapaces con los hombres de la Tierra!" Igualmente, han enseñado a las personas a ridiculizar la noción de que los círculos de las cosechas son un legado del Espacio, no obstante todos los gobiernos tienen pruebas irrefutables de la existencia, creatividad y tecnología superior de estos valientes e inofensivos visitantes de los planetas hermanos de nuestro Sistema. Nuestra profunda ignorancia de los planos sutiles de la materia ha permitido a los principales gobiernos del mundo mantener este engaño tanto tiempo.

Al fin el momento de la revelación ha llegado. Ya no más ocultarán los organismos gubernamentales la verdad a los hombres de la Tierra: su fraternidad con los planetas lejanos de nuestro Sistema Solar. Ya, la "luminaria semejante a una estrella", el Heraldo del emerger de Maitreya, está mostrando a las personas en todo el mundo que durante años han sido engañados por sus gobiernos. Podéis estar seguros que Maitreya revelará la verdad de nuestra relación con los demás planetas, y de la cooperación que durante tanto tiempo ha continuado entre nosotros. Es de hecho el momento de la revelación.

(*Share International*, Julio/Agosto 2009)

Ovnis y Su Misión Espiritual

*El siguiente artículo es una versión editada de una charla impartida por Benjamin Creme en la Conferencia de Meditación de Transmisión celebrada cerca de San Francisco, EEUU, en Agosto de 2009. Publicado en **Share International**, Enero/Febrero 2010.*

Existe una enorme cantidad de información de un tipo u otro sobre los ovnis, parte de ella es verdadera, completamente auténtica, y una gran cantidad de ella es completamente irreal y falsa. Éste es un tema enorme y muy importante.

Voy a comenzar con un artículo de mi Maestro que marca la postura de forma muy clara. [Ver artículo en caja debajo.]

A finales de la década de 1940 y a principios de la de 1950, pilotos de todo tipo de aviones, a veces con sus ocupantes, comenzaron a informar de que habían divisado objetos como platillos invertidos con cúpulas y ventanas circulares, que volaban al costado de sus aviones y a veces se alejaban volando a una velocidad increíble. Estos informes incrementaron su frecuencia y se convirtieron en titulares de varios periódicos. Cuando leí por primera vez sobre ello, asumí, como muchos, que estos objetos semejantes a platillos eran probablemente un nuevo avión producido por Norteamérica, Rusia o Alemania. Después del fin de la Segunda Guerra Mundial, los ejércitos de los Aliados entraron en Alemania. En el sur de Alemania se encontraron pruebas obvias y palpables de que los alemanes habían estado realizando experimentos secretos con dispositivos antigravitatorios durante la guerra. Al mismo tiempo, los norteamericanos y los rusos estuvieron realizando experimentos similares en secreto. Todos ellos estuvieron fervientemente dedicados en un enfoque antigravitatorio para el vuelo, algo totalmente nuevo.

Sin embargo, la verdadera naturaleza de estas extraordinarias y avanzadas naves en forma de platillo estaba a punto de ser revelada. En 1953 un inglés llamado Desmond Leslie escribió un libro, *Los Platillos Volantes han aterrizado*. Él era un hombre de talento (un primo de Winston Churchill), que escribió obras de teatro, novelas y música. Antes de que se publicara el libro, oyó sobre un hombre extraordinario que vivía en EEUU, George Adamski, que había escrito un artículo en el cual afirmaba que estaba en contacto con personas de otros planetas. Adamski afirmaba que un grupo de observadores podía avalar sus encuentros con un hombre de Venus.

Un día, de forma planificada, en noviembre de 1952, Adamski fue al desierto, cerca de Desert Centre, California. El grupo de observadores se mantuvo a unos pocos cientos de metros de distancia y presenciaron el evento a través de prismáticos. Una nave espacial aterrizó, del tipo que volaba al costado de aviones en las décadas de 1940 y 1950. Según Adamski, un hombre salió de la nave vestido en un traje de una pieza. Él habló a Adamski sin lenguaje. De hecho, tuvieron una comunicación telepática. El hombre, que afirmaba provenir de Venus, llevaba zapatos cuyas suelas estaban hechas de tal forma para dejar huellas claras y pronunciadas en la arena del desierto, que luego fueron fotografiadas por el grupo que observaba desde la distancia.

Se corrió la voz de que un hombre de Venus había aterrizado en una nave espacial. Leslie oyó sobre este incidente y escribió a Adamski, sugiriendo de que Adamski añadiera su informe sobre el avistamiento en el desierto al libro que él ya había escrito sobre la historia de los platillos voladores a lo largo de las eras. El libro de Leslie afirmaba que platillos voladores de otros planetas habían visitado la Tierra durante miles de años, y de que existían muchas descripciones de estas naves y artefactos en la Tierra que daban peso a estas afirmaciones. Leslie y Adamski publicaron conjuntamente, *Los Platillos Volantes han aterrizado* (1953) y se convirtió en un best-seller. Se vendieron miles de copias en todo el mundo. El libro tuvo una gran acogida por el así denominado movimiento 'Nueva Era'. Adamski realizó varias giras de conferencias en Estados Unidos, Sudamérica, Europa y otros lugares, hablando sobre la nave espacial.

En 1955, Adamski publicó otro libro, un relato mucho más extenso, *Dentro de las Naves Espaciales*. En ese libro, el relata cómo fue llevado en una pequeña nave exploradora, como un platillo invertido con cúpula, hasta una inmensa nave nodriza. Dentro de la nave nodriza, fue presentado a personas extraordinarias, y le fueron dadas enseñanzas profundas por una figura importante de la nave, un instructor de Venus.

Esa enseñanza era tan profunda que cambió el pensamiento de miles de personas que leyeron el libro. No era la única fuente de esa enseñanza, pero era muy parecida a la impartida por los grandes instructores de este mundo, como Krishna, Buddha, Cristo y Mahoma. Todas las grandes enseñanzas religiosas parecían resaltadas por las enseñanzas dadas por el instructor de Venus. Esta enseñanza es profundamente transformadora y se asemeja mucho a las enseñanzas de Maitreya actuales, cuando Él habla sobre la unidad de la humanidad, la necesidad de compartir, de justicia, de correctas relaciones y sobre todo, la completa necesidad de paz. Esto se resalta una y otra vez en las enseñanzas dadas tanto por Maitreya como por el instructor venusiano. Adamski, un individuo franco y genial, trajo estas enseñanzas de vuelta a casa y las divulgó.

Encajan perfectamente con el núcleo de la enseñanza de la Nueva Era, impartida por nuestra Jerarquía espiritual a través de Helena Blavatsky, Helena Roerich y Alice A. Bailey. Esto proporcionó una nueva y diferente visión y esperanza a la humanidad que salía de los horrores de la Segunda Guerra Mundial. Los efectos de la guerra aún se sentían muy profundamente en Europa, Japón y Rusia, y las personas apenas habían comenzado a recuperar de nuevo el hilo de la civilización. Buscaban significado y propósito, orientación en la reestructuración del mundo.

Se creó las Naciones Unidas, y en ella estaba incluido el credo de los derechos de los hombres y mujeres de todas partes, la Declaración de Derechos Humanos de Naciones Unidas. El mundo gradualmente se enfrentaba a problemas que se habían agravado como resultado de la guerra: la pobreza de Alemania, que fue totalmente destruida por los Aliados; el extraordinario daño y pérdida de vidas que tuvo lugar en Rusia, que retrasó el deseo del pueblo ruso de crear una nueva sociedad después de la terrible lucha con el nazismo.

Después de la guerra, Norteamérica creó el Plan Marshall, su mayor acto en muchas décadas. El Plan Marshall transformó la industria europea, suministrando a Europa, especialmente a Alemania Occidental, con las más nuevas y mejores aplicaciones industriales que Norteamérica, a pesar de la guerra, había sido capaz de crear durante los años de guerra.

La Hermanos del Espacio ayudan durante las crisis

Entonces tuvieron lugar dos sucesos traumáticos. Berlín fue dividida en cuatro zonas: rusa, americana, británica y francesa. En 1961 los rusos bloquearon su zona, imposibilitando la libre circulación entre Berlín este y oeste. Norteamérica y Rusia habían sido aliados en la guerra contra el nazismo entre 1939 y 1945, pero se convirtieron en enemigos de las formas más extraordinarias. Norteamérica defendió su idea, aunque no completa, de democracia, y Rusia de su idea, aunque no la realidad, del comunismo. Cada uno defendió fanáticamente estas dos ideas y llevó al mundo a un punto más cercano como nunca de una Tercera Guerra Mundial. Estas dos grandes potencias acababan de emerger de la segunda parte de la Gran Guerra del siglo XX y en 1961 estaban enfrentadas.

Lo que pocas personas saben es que el Presidente Kennedy no fue el que fraguó el cese de hostilidades entre Rusia y Norteamérica en ese momento. Fue fraguado por los Hermanos del Espacio de nuestro propio sistema solar, principalmente de Marte y Venus. Ellos son maestros de la energía, como se puede apreciar en la exploración del espacio por los ovnis. Tienen tal control de la energía que nosotros no creemos posible, y fueron capaces de neutralizar la tensión entre los norteamericanos y los rusos.

El Presidente Kennedy fue aconsejado por un agente venusiano que vivía en la Tierra a acercarse a los rusos de cierta manera, que él hizo hasta cierto punto. Él lo hizo, en su propia manera norteamericana, pero lo hizo, y al mismo tiempo los Hermanos del Espacio disiparon completamente la energía de la situación y la crisis pasó. Ese fue el momento más cercano desde la guerra al estallido de una tercera guerra mundial y sólo fue evitada por los Hermanos del Espacio. Ellos utilizaron todas sus fuerzas, su propio control de la energía, y a todos aquellos que viven entre nosotros como personas normales y corrientes pero que en realidad son agentes de Venus, Marte, Júpiter y otros planetas.

En octubre de 1962 hubo otro punto en el cual el mundo estuvo cerca de una tercera guerra mundial. En septiembre de 1962, el gobierno soviético secretamente envió misiles nucleares a Cuba. Cuando los servicios de inteligencia de Estados Unidos descubrieron las armas, el gobierno de EEUU hizo todo lo que pudo para asegurar la eliminación de los misiles. Entonces, en octubre, los rusos escogieron desafiar la argucia norteamericana. Enviaron un barco atiborrado de más misiles nucleares a través del Atlántico para Cuba, a las puertas de Norteamérica. Los rusos no hicieron esta vez ningún esfuerzo para camuflarlos, así que cualquiera podía ver que eran misiles. Fue una respuesta a Norteamérica, un intento provocativo de Rusia de decir: "Habéis rodeado a Rusia con misiles desde Alaska hasta Pakistán", que Norteamérica hizo y continúa haciendo. Pakistán es una base norteamericana, y lo ha sido durante años. Desde allí, como también desde la frontera sur de Rusia, hasta Alaska, Rusia está completamente rodeada de bases de misiles de Norteamérica, y ha sido así desde la década de 1960.

El Presidente Kennedy por segunda vez hizo un anuncio. Los Hermanos del Espacio le habían dicho, a través de un agente del servicio diplomático de EEUU, qué decir. Él dijo, más o menos, lo que le habían pedido que dijera, pero de nuevo a su manera, en vez de cómo le habían pedido que lo dijera.

Al igual que se la había pedido en el momento de la crisis de Berlín, de nuevo se pidió al Presidente Kennedy que hablara a los rusos con respeto y comprensión, explicando que comprendía claramente sus preocupaciones y que buscaría disipar sus temores. En su lugar, fue muy directo y desafió a Rusia. No creo que los rusos tuvieran ninguna intención de continuar enviando misiles a Cuba. No creo que fueran tan tontos, tan faltos de visión, para pensar que podrían hacer esto sin ser detenidos. Ciertamente los cubanos no tenían ningún deseo de ser borrados de la faz de la tierra. Así que el barco regresó, como Rusia, estoy seguro, tenía planeado hacer en cualquier caso.

Esa fue la segunda vez que los Hermanos del Espacio tuvieron que intervenir muy enérgicamente para lograr un cese de animadversión. Ellos lo hacen con energía, anulando las fuerzas negativas, disipando los temores de las personas, y produciendo una posibilidad de tregua, un estado en el cual puedan crecer nuevas cosas. Así es cómo los Hermanos del Espacio han trabajado siempre.

Ellos no creen en la confrontación. El consejo dado a las personas de la Tierra es solucionar todas las disputas con la cooperación en vez de la confrontación, comprendiendo el otro punto de vista y tomando el sendero espiritual en lugar del sendero de la guerra. Esa es la naturaleza de los Hermanos del Espacio. Son tan evolucionados que nunca tienen guerras. Están muy por encima de eso y no tienen nada excepto paz y buena voluntad para la humanidad.

La humanidad no sólo vive en este sistema solar, sino también por todo el cosmos. No existe lugar al que puedas ir en el cosmos donde no encuentres seres humanos.

El sistema Solar y el Plan

Todos los planetas están involucrados en un Plan, que también implica a la Tierra. La mayoría de personas en la Tierra incluso ni saben que existe tal Plan. Es un plan de evolución para nuestro sistema solar, que funciona como una unidad.

Pensamos en la Tierra, el Sol y la Luna, pero prestamos muy poca atención a los demás planetas de nuestro sistema solar, excepto a través de las hazañas de la NASA y agencias rusas. Todos los planetas tienen sus Planes. Todos forman parte de nuestro sistema solar y el sistema solar evoluciona junto.

No todos los planetas están en el mismo punto de evolución. Algunos están muy poco evolucionados. Algunos, como la Tierra, están aproximadamente a la mitad del sendero. Algunos son realmente muy evolucionados. Al igual que tenemos que pasar por cientos de miles de vidas desde el primitivo hombre o mujer animal hasta ser un Maestro, también un planeta tiene siete expresiones o rondas, cada una de millones de años de duración. Algunos planetas han completado ese ciclo y se han vuelto invisibles, pero aún están allí, en energía etérica. Algunos, como Venus, están en su última ronda. Venus es el alter ego, el aspecto superior, de la Tierra. La Tierra está en un punto intermedio, en la mitad de la cuarta ronda. En ese punto un planeta comienza a encontrar su rumbo, su destino. Su población comienza a despertar. Esto está sucediendo en el mundo ahora. La humanidad está despertando de un largo sueño en el cual ha perdido contacto con la realidad, con el propósito y significado de la vida en la Tierra. Se ha sumergido profundamente en un intenso materialismo en el cual aún está inmersa actualmente.

Maitreya ha venido a despertar a la humanidad. Las personas del espacio también han venido a ayudar y salvar a la humanidad. Han sido retratados, especialmente por el gobierno de EEUU, como seres bestiales que destruyen carcasas y las dejan esparcidas por las llanuras y desiertos de Norteamérica, que se llevan personas en sus naves espaciales, las someten a operaciones, les implantan pequeños microchips que mantienen a las personas bajo su control desde ese momento, y las envían de vuelta a la Tierra. Todo eso es completamente falso.

Si una cosa queda clara de las enseñanzas de Adamski provenientes del Maestro venusiano, de mi Maestro, y, descubriréis, de Maitreya, es que los Hermanos del Espacio son totalmente inofensivos para las personas de la Tierra. De hecho, su presencia aquí es una misión espiritual. Ellos vienen a salvar a la humanidad de un dolor y sufrimiento incluso mayor del que de otro modo hubiésemos conocido en los años desde el descubrimiento de la fisión nuclear.

Desde ese momento hemos arrojado energía nuclear a nuestra atmósfera, que nuestros científicos incluso no pueden medir. No poseen la tecnología para medir niveles de materia por encima del gas, los niveles etéricos, donde tiene lugar esta liberación de energía nuclear, la liberación más mortífera de energía que ha tenido lugar hasta ahora en la Tierra.

Esta energía nuclear tiene una potencia enorme y está destruyendo el bienestar de la humanidad y de los reinos inferiores. Funciona mermando el sistema inmune de nuestro cuerpo, y por tanto nos deja expuestos a todo tipo de enfermedades que de otro modo no nos afectarían. Como resultado, tenemos ola tras ola de gripes y otras enfermedades de las que tenemos cada vez menos capacidad de afrontarlas. La creciente incidencia de la enfermedad de Alzheimer a edades cada vez más tempranas en todo el mundo es un resultado directo de las elevadas concentraciones de energía nuclear en los niveles etéricos más elevados, no detectadas por los instrumentos de nuestros científicos actuales. Esta energía incide en el cerebro humano, causando cada vez más Alzheimer, pérdida de memoria, desorientación y el colapso gradual del sistema de defensa de nuestro cuerpo.

Los Hermanos del Espacio, principalmente de Marte y Venus, están involucrados en una misión espiritual para neutralizar esta radiación nuclear. No tienen permiso para neutralizar completamente toda la radiación nuclear existente, pero dentro de la ley kármica, lo hacen, utilizando diversos dispositivos de implosión. Ellos neutralizan la radiación que estamos arrojando a la atmósfera desde toda central nuclear sin excepción, y de toda la experimentación nuclear. Estamos continuamente creando cada vez más bombas de mayor sofisticación que serán más mortíferas que las bombas anteriores. Toda esa experimentación libera en la atmósfera nubes de radiación nuclear que no tenemos constancia. No podemos medirla y por tanto negamos su existencia.

Nuestros científicos nucleares creen que poseen un control total de la energía nuclear, que, claramente, no lo tienen. No tienen conocimiento de los cuatro niveles etéricos por encima de los niveles sólido, líquido y gaseoso, y por tanto poseen un conocimiento limitado de lo que saben de la energía nuclear. Es en realidad la materia etérica física la que no deberíamos utilizar. La energía nuclear es, como dice la Biblia, "aquello que está donde no debiera". La fisión nuclear no debería utilizarse. Es mortífera y está dañando cada vez más la salud de las personas de este planeta. Las personas de otros planetas invierten incontables horas limpiando esta energía.

Al mismo tiempo están creando en el plano físico denso una réplica del campo magnético de nuestro planeta. Cada planeta está rodeado por un campo magnético. Está formado de líneas de fuerza que se entrecruzan, y allí donde se entrecruzan forman un vórtice.

Estos vórtices han sido replicados en el plano físico denso por nuestros Hermanos del Espacio como parte de un nuevo entramado energético que Maitreya denomina la Ciencia de la Luz. Este entramado energético en relación con la energía eléctrica traída directamente desde el sol nos proporcionará la nueva Ciencia de la Luz predicha por Maitreya. Proporcionará a este planeta, como en otros planetas, energía ilimitada y segura para todos los propósitos, de forma que no pueda ser comprada o acaparada por ningún grupo de hombres.

Por razones obvias, esta tecnología no será proporcionada hasta que hayamos abandonado la guerra para siempre. Lo más esencial ahora es que debemos abandonar la guerra para siempre, llegar a un acuerdo cooperativo entre todos los pueblos de que la guerra es una cosa del pasado. Éste será el punto básico de las primeras enseñanzas de Maitreya. Él resaltará una y otra vez que debemos hacer la paz. Nada menos que la paz será suficiente porque podemos destruir ahora toda vida, humana e infrahumana, en el planeta Tierra. Maitreya y los Maestros vienen en parte para asegurar que no destruyamos nuestro planeta.

Si destruyéramos el planeta, tendría consecuencias irrevocables para el resto del sistema solar, y el futuro de la humanidad sería realmente atroz. No tendríamos planeta en donde vivir, y habríamos perpetrado un crimen terrible contra nosotros mismos y los demás planetas. Acabaríamos encarnándonos en algún planeta distante y oscuro, para nada evolucionado. Tendríamos que empezar desde el principio, como éramos hace millones de años, y volver a comenzar el largo y lento ascenso hacia arriba. Sería increíblemente doloroso y restringiría nuestra evolución durante miles, quizás millones de años. ¿Por qué escoger eso? ¿Por qué, realmente, escoger tal final?

La naturaleza de los Hermanos del Espacio es servir. Realizan grandes sacrificios para ayudar a nuestro planeta. Han venido a miles, e invierten su tiempo y energía ayudándonos en todo lo posible. Crean vórtices que son visibles como círculos de las cosechas ciertamente, pero también invisibles en todo el mundo en general. Los círculos de las cosechas sólo son una señal exterior tangencial de su presencia. Si tienes ojos para ver, esta señal te indica que alguien de tremenda inteligencia, habilidad, tacto y cautela ha tocado los bordes de nuestras prendas, y ha dicho: "Estamos aquí".

Podrían aterrizar, hacer mucho ruido y decirnos que están aquí, pero no lo hacen. Contactan silenciosamente, sensitivamente, para así no conducirnos al pánico. Si descienden y las personas entran en pánico y se aterran, los Hermanos del Espacio se marchan. Si las personas no se aterran, si no entran en pánico, entonces podrían suceder cosas. Los Hermanos del Espacio podrían presentarse, y ellos se han presentado, a miles de personas de esta Tierra. Éstas son personas que hasta ahora nunca han mencionado sus encuentros con una nave espacial y con los hombres del espacio que salieron de ella, que hablaron con ellos sin parecer hablar, pero les hicieron comprender que eran visitantes de planetas lejanos que venían en paz a ayudarnos. Las personas que han sido contactadas temen hablar, temen ser ridiculizadas.

Ridiculizamos a aquellos que hablan. Ridiculizamos a aquellos que dicen la verdad, incluso cuando reconocemos la verdad. Tendemos a rechazar la verdad porque la verdad significa un cambio en uno mismo, un cambio en nuestra forma de pensar, sentir, actuar y reaccionar. Significa un cambio psicológico real, así que es difícil. Es más fácil, por tanto, negar que afirmar.

Incluso cuando las personas podrían afirmar, porque más o menos creen lo que leen sobre los Hermanos del Espacio o sobre la Reaparición del Cristo y los Maestros, tienden a rechazarlo. Tienden a encontrar razones para rechazarlo o menospreciarlo, o exigen pruebas qué sólo vendrán con el tiempo. Desean pruebas que sólo tendrán cuando los Hermanos del Espacio desciendan, abran las puertas de sus naves, salgan y digan: "Hola". Entonces creerían porque todos los habrán visto y sería fácil creer. Pero cuando los Hermanos del Espacio contactan, como lo hacen, de forma silenciosa, calmada y discreta, contactando con uno aquí, dos allí, aquellos que son contactados no tienen el valor de decir: "He visto con mis propios ojos y por tanto no puedo negarlo".

Ambivalencia gubernamental

Una vez, a mediados de la década de 1950, fui con algunos amigos al Ministerio del Aire en Londres y les preguntamos cuál era su postura en relación a los platillos voladores. Nos condujeron a una larga oficina. Detrás del mostrador había estanterías totalmente abarrotadas de libros, todos con la inscripción "confidencial" escrita en grandes letras en las tapas. Conocimos a un joven agradable. Él era un portavoz del Ministerio del Aire, y por tanto podía hablar con el público.

Le preguntamos: "¿Cuál es la postura oficial en relación a los platillos voladores?" Él contestó: "Bueno, tenemos un montón de libros. Todos tienen información confidencial en ellos. No puedo mostraros los libros, pero creedme que hay informes de pilotos, policías, etc., miles de informes sobre platillos voladores, pero sólo informes. No son pruebas, son informes. Nuestra postura sobre los platillos voladores es que no constituyen una amenaza para la seguridad de este país [el Reino Unido]".

"Así que existen pero son inofensivos. No constituyen una amenaza".

"Oh, no. No decimos que existan. Decimos que no constituyen una amenaza para la seguridad de este país".

"Eso sería difícil de serlo o no serlo si no existieran".

"No estamos diciendo que no existan, pero no estamos diciendo que existan. Sólo decimos que no constituyen una amenaza para la seguridad de este país".

El teléfono sonó, y profirió algunas palabras por teléfono. Luego dijo: "Excusarme, tengo que irme. Sólo estaré fuera unos 10 minutos". Se marchó, ¡y por supuesto nos lanzamos sobre los libros inmediatamente, leyendo todo sobre la información confidencial! Estuvo fuera unos 15 minutos. Creo que hizo que le llamaran, para que pudiéramos echar un vistazo a los libros. Nos dijo lo que había en ellos así que nos complacimos. Le oímos regresar y cerramos los libros.

"Bueno, lo siento", dijo al regresar. "Es todo el tiempo que tengo. Tengo trabajo que hacer".

Nos fuimos bastante contentos de que no dijeran que los extraterrestres fueran monstruos malvados y peligrosos que desean comerse a las personas (!).

La 'estrella' de Maitreya

Es obvio ahora que el sur de Inglaterra es el hogar de los círculos de las cosechas. Cada vez más círculos de las cosechas están apareciendo año tras año en el sur de Inglaterra, principalmente en Wiltshire, pero también en los condados vecinos. De aquí provienen las mejores fotos de círculos de las cosechas.

Un inglés llamado Steve Alexander alquila un helicóptero y hace fotos de los círculos de las cosechas tan pronto como aparecen. Este año [2009], unas dos o tres semanas antes del momento habitual de la madurez del cultivo, el primer círculo de la cosecha que apareció tenía la forma de una 'estrella'. Tenía la forma de una estrella –un círculo y líneas radiantes que salían del mismo en todas las direcciones– debido a la 'estrella' de Maitreya. Esa es una señal para nosotros de que los Hermanos del Espacio están involucrados en lo que está sucediendo en el mundo.

La 'estrella' de Maitreya no es una estrella por supuesto. Es lo que mi Maestro denominó "una luminaria semejante a una estrella de brillante poder". Es una de las cuatro naves espaciales, dos de Marte, una de Venus y una de Júpiter. Están en las cuatro esquinas de la Tierra –norte, sur, este y oeste– y se hacen visibles durante el día y la noche. Son vistas durante un tiempo y luego tienen que recargar sus baterías, lo que hacen directamente desde el sol. Palpitan y se mueven arriba y abajo, y a los costados, giran y dan vueltas, comportándose de forma muy diferente a cualquier planeta o estrella. Tienen una luz brillante y cambian de colores todo el tiempo, de azul a rojo a verde a amarillo a violeta a blanco una y otra vez. De esta manera están actuando como el heraldo del emerger público de Maitreya, Su primera entrevista de televisión en EEUU, que será muy pronto. (Ver página 80.)

Los Hermanos del Espacio están totalmente involucrados en el emerger de Maitreya. Estas cuatro naves han sido específicamente requeridas. Son inmensas, cada una aproximadamente del tamaño de cinco campos de fútbol unidos. Debido a eso se ven grandes comparadas con las estrellas titilantes. Se ven casi del tamaño de un gran planeta como Venus o Júpiter. A veces las personas han visto a Venus o Júpiter y pensaron que podría ser la 'estrella'. Otras veces han visto la 'estrella' y se les ha dicho por aquellos que supuestamente saben más, como astrónomos o aquellos consultados por los medios de comunicación cuando les preguntan, que es probablemente Venus, Arturo, Sirio o cualquier otra estrella o planeta brillantes. Estas 'estrellas' creadas por los Hermanos del Espacio permanecerán allí hasta el Día de la Declaración.

Maitreya emergerá muy pronto. El Día de la Declaración podría tener lugar en cualquier momento desde un año a dos o tres años después de su primera entrevista en televisión. Los Maestros y Maitreya mismo parecen pensar que el tiempo será relativamente muy corto realmente. Pero independientemente del momento, estas cuatro naves espaciales permanecerán en los cielos vistas por un creciente número de personas. Con optimismo, los medios de comunicación del mundo se abrirán cada vez más a informar sobre estas 'estrellas'.

Ya un leve comienzo ha tenido lugar en los medios de comunicación. Al igual que numerosos vídeos en YouTube, hubo noticias en Noruega y México. Hubo una noticia reciente en Japón en una cadena de televisión nacional que duró un minuto y 47 segundos, que es bastante tiempo de emisión en televisión. Mostraba una nave saltando de un lado a otro, arriba y abajo, dando vueltas. El periodista decía: ""Bueno, ¿qué podría ser? ¿Qué podría ser?" El hombre que filmó el vídeo es entrevistado y parece totalmente honesto, así que todo el asunto es un "misterio interesante". Queremos más de ese tipo de "misterio interesante" en los medios de comunicación hasta que se tome en serio.

[Nota: En Diciembre 2009 los medios de comunicación prestaron mucha atención a la espiral de luz noruega que fue confirmada como una de las cuatro 'estrellas'.]

Mientras tanto ha tenido lugar una tremenda agrupación de las Fuerzas de la Luz en este planeta, la Jerarquía de Maestros e iniciados, y nuestros hermanos planetarios en el resto del sistema solar, que están viniendo a este planeta a miles. Donde un ovni era quizás avistado hace algunos años, se verán 10 o 12; donde se avistaban 20 se verán cientos; donde cientos se avistaban ocasionalmente se verán miles. En el último año ha habido noticias de tremendas armadas de naves espaciales surcando lentamente el cielo en Suramérica, el Lejano Oriente y Europa.

Muy recientemente, casi a tiro de piedra de donde vivo, cerca de 15 naves espaciales fueron avistadas de noche cruzando el norte de Londres. Las personas se detenían, bajaban de sus coches y observaban. Hubo un gran revuelo en los periódicos durante una edición y luego nada más.

El número de avistamientos continuará aumentando. Cada vez más personas entrarán en contacto con los Hermanos del Espacio, tendrán experiencias y se les animará a hablar. Quedará claro que en todo el mundo, hombres y mujeres, a miles, han tenido experiencias de platillos voladores y en su mayoría han sido demasiado tímidos, demasiado temerosos de hacer el ridículo para hablar.

He estado involucrado durante los últimos 35 años en preparar el camino para la reaparición de Maitreya como líder de la Jerarquía Espiritual de este planeta. Un tipo similar de Jerarquía existe en cada planeta. En Venus, que es tan evolucionado, existen Maestros que son como dioses. En realidad, son dioses.

Mi primer trabajo con la Jerarquía Espiritual no fue para la Reaparición del Cristo y los Maestros de Sabiduría per se sino con y para los Hermanos del Espacio. No estaba, como yo lo veía, preparando el camino para el regreso de la Jerarquía al mundo excepto en que el trabajo de los Hermanos del Espacio es parte de esto. Ellos también están preparando el camino para la manifestación de Maitreya. Ellos trabajan con Maitreya a diario, cada hora, momento a momento.

Hoy tenemos testimonios de los Hermanos de Espacio a todo nuestro alrededor. Los círculos de las cosechas han ido creciendo en complejidad y belleza durante años. El Ministerio del Defensa británico, que afirma que no consideran a los platillos voladores como una amenaza para la seguridad de Gran Bretaña, aún y así, hasta la actualidad, soborna a granjeros en el sur de Inglaterra para destruir sus cosechas, tan pronto como un círculo de la cosecha aparece en el campo.

Hablé con un granjero una vez mientras estábamos de pie en un círculo de la cosecha. Él comentó: "Intentaron sobornarme y yo no lo iba a hacer. Nunca consiguieron que aceptara su dinero. Pienso que es terrible. No sé lo que esto significa, honestamente, pero sé que significa algo muy, muy importante. Ningún daño se nos ha infligido ni a mí ni a mi familia por tener estos círculos de las cosechas en mis tierras, y siempre continuaré resistiéndome a este soborno".

Otros granjeros han aceptado el dinero y probablemente aún lo hacen, así que algunos círculos de las cosechas se pierden. Pero demuestra que el Ministerio del Defensa no es realmente honesto en relación a su actitud con los Hermanos del Espacio. Han mantenido la información alejada del escrutinio público en todo lo que han sido capaces.

Una vez estaba hablando sobre los Hermanos de Espacio con unos amigos, y alguien dijo: "No soy incrédulo. Creería en ello si podría ver un platillo volador".

"¿Lo harías?"

"Sí, si pudiera ver uno, lo creería."

A veces yo pedía a los platillos voladores, si estaban cerca, que se mostraran. Yo decía: "¿Si hay uno en la vecindad podría hacer una aparición?" Y a veces lo hacían. Así, en esta ocasión apareció uno de inmediato. Lo observaron desplazarse a lo largo de la calle, sobre los edificios opuestos y exclamaron: "Una nave espacial". Parecía una luz moviéndose con bastante lentitud, muy suavemente.

El primero que vi fue una noche que estaba sentado dentro y de repente tuve la sensación de estar en contacto con el piloto de la nave espacial que venía por el Río Támesis. No tenía razón de pensar esto pero lo hice: "Está subiendo por el río y si salgo fuera quizás le vea". Salí hasta la esquina de la calle y vi una nave espacial desplazándose muy lentamente, con una luz brillante moviéndose levemente arriba y abajo como si estuviese flotando. Era borroso y tenía forma ovalada. Se desplazó lentamente sobre y más allá de las casas en total silencio. Sentí que estaba en contacto con la mente del piloto. Pero no era el piloto. Mi Maestro me dio el pensamiento de que la nave espacial estaba subiendo por el río.

Recuerdo haber estado en el norte de Gales una vez con mi mujer y una amiga. Estábamos fuera caminando en un gran espacio abierto, no lejos de nuestro hotel y nuestra amiga dijo: "Oh, me gustaría ver un platillo volador."

Yo dije: "¿Creerías si vieras uno?"

Ella contestó: "Sí, lo creería. Si lo viera con mis propios ojos, por supuesto que lo creería."

Le dije: "Bueno, esperad." Pregunté si es que había uno en la vecindad y si podrían mostrarse. En un segundo, una visión fantástica tuvo lugar. Llegó desde mi derecha, y se parecía al sol, aunque más pequeño. Brillaba como el sol, muy resplandeciente, amarillo dorado. Cruzó el cielo encima nuestro a una velocidad increíble. Estaba a unos 600 metros de altitud y continuó desplazándose hasta que estuvo sobre los árboles y el horizonte. Tenemos un dicho: "¡Quedaron boquiabiertos!" Nunca había visto esto antes, pero la mujer se quedó, literalmente, boquiabierta.

Dije: "Ahí está tu platillo volador".

Ella contestó: "¿Es eso lo que era?"

"Sí."

"No era un avión. Nunca había visto algo parecido antes."

"No. Era una nave espacial. Es así como son."

"¿Hay personas dentro?"

"Sí, hay personas dentro."

"¿Puedes contactar con ellos así sin más?"

"Sí, a veces puedo." Volvimos caminando al hotel. Ella corrió delante nuestro y se apresuró hasta el bar del hotel, donde estaban los dueños. Ella gritó: "¡He visto un platillo volador! ¡He visto un platillo volador! Bueno, al menos Ben dijo que era un platillo. Pero no pudo serlo. Sencillamente no pudo haber sido un platillo. No, no pudo serlo. No."

Ella acababa de tener el avistamiento más maravilloso y no se lo creía. Yo nunca había tenido un avistamiento así. Sólo habían pasado entre cinco y 10 minutos antes de que dijera: "No puede haber sido."

"Bueno, ¿cómo era?"

"Era como el sol."

"¿Era un avión?"

"No, no era un avión."

"¿Era un globo?"

"No, no con esa velocidad."

"Parece como un platillo."

"No, no pudo haber sido un platillo."

Ahora tenemos los círculos de las cosechas, los preparativos para la Ciencia de la Luz, y tenemos la 'estrella', el heraldo de Maitreya. También tenemos patrones de luz que aparecen en edificios en todo el mundo. Parece haber una nueva fase ahora en la cual las personas en los ovnis responden al pensamiento y peticiones humanos. Si ves ovnis y les pides que se muevan, para probar que son naves espaciales, por ejemplo, en la mayoría de ocasiones lo hacen. Responden a la llamada, la petición. Intentadlo vosotros mismos.

Ellos buscan personas que no teman. Por alguna razón muchas personas sienten temor. Creen las historias publicadas en la prensa sobre los 'monstruos' en los platillos voladores, listos para atacarles y destrozarles, colocarles cosas en sus brazos y someterles a operaciones. Es triste porque nos han hecho temerosos de estas personas inofensivas.

Las personas de los platillos son inofensivas de una forma que desearíamos que fueran los seres humanos. Invadimos la privacidad de los demás todo el tiempo. No tenemos ninguna reticencia. Son reticentes, discretos, educados, de una manera que la mayoría de nosotros no lo somos.

Vivir juntos en paz es la llamada de Maitreya. Es así cómo viven los Hermanos del Espacio, inofensiva, discreta, respetuosamente. Ellos son nuestros Hermanos Mayores, como lo son Maitreya y la Jerarquía de Maestros. Somos un sistema solar. Todos nosotros estamos inmersos en un viaje hacia la perfección juntos. Estamos en diferentes niveles, algunos más cerca del final del camino, algunos de nosotros luchando por encontrar el sendero hacia el camino correcto incluso después de millones de años.

Los Hermanos del Espacio están aquí para ayudar. Con su ayuda, las fuerzas del mal serán destruidas, las fuerzas que impiden a las personas de todas parte vivir juntas en paz con justicia y correctas relaciones. Las correctas relaciones son el siguiente paso destinado hacia delante para la humanidad, y con la ayuda de los Hermanos del Espacio y el emerger de nuestra propia Jerarquía de Maestros, eso tendrá lugar rápidamente.

Los Hermanos del Espacio están proporcionando Su conocimiento de la Ciencia de la Luz, la nueva Ciencia que nos proporcionará energía ilimitada para todas las necesidades. Ellos tienen esa ciencia, y la pondrán a nuestra disposición, tan pronto como renunciemos a la guerra para siempre, demostrando que somos capaces de vivir juntos en paz con justicia, compartir y correctas relaciones. Entonces sabremos que realmente son nuestros hermanos.

La agrupación de las Fuerzas de la Luz

Por el Maestro —, a través de Benjamin Creme

Importantes acontecimientos están teniendo lugar en muchos lugares del mundo. Las personas de todas partes se asombrarán de las noticias. Éstas incluyen avistamientos, en números sin precedentes, de naves espaciales de nuestros planetas vecinos, Marte y Venus en particular. Nada como esta incrementada actividad, sobre grandes zonas de la Tierra, se habrá visto antes. Aquellos que tenazmente han rehusado tomar en serio la realidad de este fenómeno tendrán dificultad en negarlo. Cada vez más relatos de contacto con los ocupantes de las naves espaciales añadirán su testimonio al hecho de su existencia. Sucesos milagrosos de todo tipo continuarán y se multiplicarán en número y variedad. Las mentes de los hombres quedarán perplejas y asombradas por estas maravillas, y esto les hará reflexionar profundamente.

A este mundo lleno de asombro y maravillado entrará Maitreya silenciosamente y comenzará Su trabajo abierto. Se le pedirá que contrarreste sus dudas y temores, que explique estos acontecimientos y Él certificará su validez. Estos acontecimientos extraordinarios continuarán incesantemente y harán que muchos profeticen el fin del mundo. Maitreya, sin embargo, continuará en Su simple sendero e interpretará diferentemente estos sucesos.

Así Maitreya animará a los hombres a ver la maravillosa amplitud y alcance de la vida, las muchas capas que el hombre poco sabe hasta ahora. Suavemente Él les introducirá poco a poco en las verdades de nuestra existencia, las Leyes que la gobiernan, y los beneficios alcanzados al vivir dentro de estas Leyes. Él familiarizará a los hombres con la inmensidad de nuestra Galaxia y mostrará que, en su momento, los hombres de la Tierra conquistarán el Espacio y el Tiempo. Él animará a los hombres a buscar dentro, como también fuera, las respuestas a sus problemas, y validará su constante conexión entre ellos y con el Cosmos. Él recordará a la humanidad de su larga historia y de los muchos peligros que el hombre ha superado. Él sembrará las semillas de la fe en nuestro ilustre futuro y garantizará la divinidad eterna del hombre. Él mostrará que el sendero de la vida, el viaje evolutivo, conduce indefectiblemente hacia arriba como también siempre hacia delante, y que realizar el viaje juntos, como hermanos y hermanas, es la forma más segura y el sendero más iluminado de alegría. Buscad, pues, las señales de la entrada de Maitreya, hacedlo saber, e inspirad la esperanza de vuestros hermanos.

(*Share Interntational*, Marzo 2007)

¿Quiénes son las 'Fuerzas de la Luz'? (Noviembre 2009)

Pensamos en las Fuerzas de la Luz como la Jerarquía Esotérica: el Cristo y Su grupo de Maestros, que conforman, con Sus discípulos, las Fuerzas de la Luz de nuestro planeta. Existen 63 Maestros incluyendo a los tres Grandes Señores, uno de los cuales es Maitreya, conectados con la evolución humana. Ellos están reuniendo a una multitud de personas de todo el mundo para trabajar con Ellos en este tiempo venidero. Algunos ya están trabajando con Ellos, otros vendrán. Existe un inmenso grupo nuevo formado por Maitreya en 1922, denominado el Nuevo Grupo de Servidores del Mundo. No existe ninguna dirección exterior donde puedas apuntarte. Eres escogido según tu actitud hacia la vida. Existen entre 4 y 5 millones de personas en el grupo del cual existen dos tipos: un pequeño grupo interno que recibe instrucciones directamente de los Maestros y un grupo mucho más amplio que no recibe la información de un Maestro sino gradualmente de sus propias almas. Están en todas las esferas de la vida, en todos los países: en política, economía, ciencia, religión, arte, asunto sociales, educación, etc. Responden a las necesidades de la humanidad.

A principios de la década de 1930, en uno de los libros de Agni Yoga publicados por la Agni Yoga Society, Maitreya mismo dijo: "Hubo un tiempo en el cual 10 hombres justos podían salvar el mundo. Luego vino un tiempo en el cual 10.000 no eran suficientes. Yo convocaré a 1.000 millones". Hace cinco o seis años pregunté a mi Maestro: "¿Cuenta ya Maitreya con Sus 1.000 millones de personas?" Él dijo 1.500 millones, así que tiene 500 millones de personas más de las que necesitaba entonces. La cifra ahora es de 1.800 millones. Esto conforma las Fuerzas de la Luz. Él convocará a todos aquellos que Él sabe de antemano que le responderán y enseñarán a los demás a responder. No se precisa que toda la humanidad responda a Maitreya sino una cierta proporción, una masa crítica.

¿Cuál es el propósito de este frenesí de las actividades ovni, especialmente en el Reino Unido, pero también en todo el mundo, recientemente? (Noviembre 2009)

El propósito real es la "agrupación de las Fuerzas de la Luz". Nuestras Fuerzas de la Luz planetarias se ven incrementadas por las naves espaciales de nuestros planetas vecinos, que usted correctamente comenta están viniendo en un número cada vez mayor. Formamos parte de un sistema solar, una unidad integrada. Mi Maestro escribió un artículo en marzo de 2007 en el cual Él hablaba sobre la agrupación de las Fuerzas de la Luz: tanto de este planeta y de nuestros planetas hermanos del sistema. Esta es la razón de que veamos tanta actividad ovni. Ellos son reales y vienen de Marte y Venus, principalmente, pero también de Júpiter y Saturno, y de otros planetas.

La mayoría de personas cree lo que les dicen, de que no hay vida en Venus o en los otros planetas, pero las naves espaciales, los ovnis, han sido vistos por miles de personas durante años, principalmente de Marte y Venus, que son los planetas más cercanos a nosotros. Los gobiernos del mundo durante más de 60 años han negado la existencia de los ovnis, que realmente en número creciente están activos en nuestros cielos.

Los gobiernos han engañado al público por sus propias razones, probablemente diversas. Ellos han buscado negar la existencia de los ovnis, los platillos volantes, mientras que las personas que los han visto saben que están siempre presentes en nuestros cielos. Lo curioso es que mientras que niegan la existencia de los ovnis, han intentado denigrar a sus ocupantes de estas naves 'inexistentes' tachándoles de malignos, amenazadores para el bienestar de la humanidad.

¿Cuál es el motivo de este curioso ocultamiento de un suceso formidable? Los gobiernos dirían que desean evitar el pánico pero detrás de eso se esconde el temor no reconocido a perder el control y el poder, aunque un enfoque acogedor hacia los Hermanos del Espacio aseguraría. Ellos saben que si la humanidad supiera que las naves espaciales en nuestros cielos no fuesen 'alienígenas' sino que estuviesen aquí para ayudar y aliviar el sufrimiento de la humanidad de este planeta, y con su obviamente mucho más avanzada tecnología, las personas exigirían que fuesen abiertamente bien recibidos y que su enseñanza superior estuviese disponible para ellas.

Los científicos de la Tierra niegan la existencia de cualquier forma de vida en Marte y Venus y en los otros planetas del sistema. Éste es el resultado de su inadecuada comprensión del verdadero rango de la materia. Estos científicos reconocen tres planos –físico sólido, líquido y gaseoso– por encima de los cuales, ellos no poseen la tecnología para medir. Por tanto ellos creen que no 'existe' más, pero los Maestros y todos los estudiantes del esoterismo saben que existen otros cuatro estados adicionales de materia por encima del gas, los planos etéricos de la materia. Es en los planos etéricos donde puede encontrarse 'vida' en nuestros planetas hermanos, en Marte, en el nivel etérico más inferior, hasta los extraordinariamente avanzados planetas como Vulcano, Venus, Júpiter, Saturno, y planetas como Mercurio, Urano y Neptuno. Venus, el alter ego de la Tierra, se encuentra en la última de las siete 'rondas' o encarnaciones (equivalentes a nuestras experiencias encarnatorias), mientras que Vulcano es completamente perfecto.

Las naves espaciales de estos planetas crean los círculos de las cosechas de los cuales la mayor cifra se ven en Wiltshire, al suroeste de Inglaterra, porque Maitreya está en Londres. Estos círculos de las cosechas son las 'tarjetas de visita' de las personas que tripulan los ovnis, para reconocer que están aquí, sin alarmar a las personas o infringir nuestro libre albedrío. Ellos crean los círculos de las cosechas sobre el suelo en segundos. Las naves están diseñadas de tal manera que pueden crear en segundos el diseño más complejo, con una amplitud de cientos de metros, poseen tan avanzada tecnología.

Maitreya, cuando se le pregunte, hablará sobre los Hermanos del Espacio. Ellos son nuestros hermanos y hermanas de nuestro propio sistema planetario. Trabajamos juntos, las Jerarquías de todos los planetas trabajan juntas en un tipo de parlamento interplanetario.

El Trabajo de los Hermanos del Espacio en la Tierra

¿De qué forma los habitantes de otros planetas ayudan a la humanidad? (Marzo 2010)

Lo primero que hay que comprender es que los ovnis, objetos voladores no identificados, podrían no estar identificados por los organismos gubernamentales, pero son reales, existen y tienen una misión. Sin su ayuda este planeta sería ahora inhabitable. Existen personas en todos los planetas de nuestro sistema. Los Maestros de nuestro planeta están en contacto con los Maestros de los diferentes planetas y el sistema solar actúa como una unidad. Los planetas no están aislados sino que tienen un contacto momento a momento, y evolucionan juntos. Si uno se queda rezagado, como lo ha hecho este planeta, es causa de preocupación para los demás.

Los Seres en los ovnis, del planeta que sean –principalmente de Marte y Venus pero de otros también– tienen una inmensa labor trabajando para eliminar, o al menos reducir, la contaminación. La contaminación es la mayor amenaza para la humanidad. Más muertes son causadas por la contaminación que por cualquier otra causa. La contaminación causa el derrumbamiento de nuestros sistemas inmunes y por tanto nos hace vulnerables a todo tipo de enfermedades a las cuales seríamos inmunes en circunstancias normales.

Los Hermanos del Espacio se preocupan por hacer este planeta habitable. Surcan los cielos limpiando y neutralizando grandes cantidades de residuos nucleares y la suciedad tóxica generalizada que vertimos en la atmósfera. No tienen permitido por el karma limpiar completamente el planeta, pero dentro de los límites kármicos lo hacen. De otra manera la vida en este planeta sería realmente muy dolorosa: más personas morirían de las que ya mueren, más personas sufrirían de Alzheimer, y a diario estaríamos cada vez más asfixiados. Así que tenemos una tremenda deuda con los Hermanos del Espacio.

Otra parte de su enorme trabajo para el planeta Tierra es que ellos están replicando, en el plano físico, el campo de energía magnética alrededor del planeta. El campo energético está compuesto por flujos de energía magnética y donde se encuentran y entrecruzan surge un vórtice o centro de fuerza. Ellos están replicando ese centro de energía en el plano físico en conexión con una nueva tecnología que nos proporcionará energía ilimitada directamente desde el sol: la 'ciencia de la luz', que es la tecnología del futuro. Es obvio, por tanto, que lejos de ser monstruos 'alienígenas' maliciosos a los que se les debe temer, como han sido presentados a menudo al público, los Hermanos del Espacio están en una misión espiritual para ayudar de todas las formas posibles dentro de las Leyes del Karma, a mantener la estabilidad y la salud futura del planeta Tierra.

¿Cuál es la naturaleza de la misión espiritual de los Hermanos del Espacio? ¿Serán instructores, por ejemplo? (Marzo 2010)

Son instructores en un sentido. A través de Adamski proporcionaron un conjunto considerable de enseñanzas, especialmente el Maestro Venusiano en la nave nodriza en el libro de Adamski, *Dentro de las Naves Espaciales*. La enseñanza de este Maestro es parecida a la de Maitreya. Data sobre la relación entre los hombres, y del hombre con lo que denominamos Dios, la naturaleza espiritual de todos los seres a través del cosmos. Eso es enseñanza, pero no salen de la plataforma y reparten panfletos y escriben libros, no ese tipo de enseñanza.

Los Hermanos del Espacio no vienen para penetrar en cada aspecto de nuestras vidas. No obstante, ellos harán lo que nosotros no podemos hacer y nos mostrarán cómo hacerlo, por ejemplo en los campos de la nueva tecnología y la ciencia de la luz. Ellos no trabajarán directamente como nuestros instructores. Ellos tienen su propia evolución y nosotros la nuestra.

En algún sitio en la Biblia dice algo sobre los Carros de los Dioses. ¿Se trataría de una referencia a los ovnis como les conocemos? (Junio 2009)

Sí, exactamente.

¿Además de Adamski, existen algunas otras enseñanzas provenientes de los Hermanos del Espacio? (Marzo 2010)

Esto es como cada aspecto del pensamiento Nueva Era. Es un campo de minas y tienes que escoger tu camino muy cuidadosamente a través del mismo. Existe enseñanza auténtica como la de Adamski pero también existe una enorme cantidad de espejismo e ilusión.

¿Cuál es el propósito de las bases subterráneas de los Hermanos del Espacio en la Tierra? ¿Qué hacen allí? (Marzo 2010)

Hemos saqueado todo en este planeta. Toda la tierra, aire, ríos, mares y océanos están contaminados. Las naves espaciales se introducen en las profundidades del océano y neutralizan la contaminación hasta donde se les permite. Hemos almacenado desechos nucleares en el Atlántico y el Pacífico, y los Hermanos del Espacio se esmeran al máximo para neutralizar los efectos de estas terribles fuentes de desecho tóxico, así que tienen mucho que hacer. Es un proceso continuo. Poseen dispositivos que pueden neutralizar los peores elementos de la contaminación, especialmente los de la radiación nuclear de nivel alto. Pero están limitados por la Ley del Karma en la cantidad de ayuda que pueden prestarnos.

¿Están los Hermanos del Espacio involucrados en trabajo de curación? ¿Desempeñarán algún papel en la Meditación de

Transmisión o están de alguna forma conectados con la Meditación de Transmisión? (Marzo 2010)

¿Tienen un papel en la curación? No, no específicamente. ¿Están involucrados en la Meditación de Transmisión? No, no están involucrados directamente en la Meditación de Transmisión, pero son transmisores de energías cósmicas y planetarias para nuestra Jerarquía, que las distribuyen a través de grupos de Meditación de Transmisión. Ellos no interfieren en nuestra vida. Vienen para ayudar. Es una misión de rescate en la cual están involucrados para salvar el Planeta Tierra, y para salvar a la humanidad del terrible destrucción causada a través de la radiación nuclear y toda la devastación en la tierra, los bosques, etc. Es una misión planetaria más que una interferencia en nuestras vidas cotidianas.

¿Ayudarán los Hermanos del Espacio enseñándonos sobre el arte de vivir? (Marzo 2010)

Indirectamente sí. Tienen mucho que decir sobre el arte de vivir, especialmente los emisarios semejantes a Dioses de Venus. Los seres de Venus son extraordinariamente evolucionados. Sanat Kumara, el Señor del Mundo aquí en la Tierra, viene de Venus. Tienen mucho que enseñar a la humanidad, pero también nuestra propia Jerarquía Espiritual, Maitreya y los Maestros. No creo que sea una cuestión de escoger entre este conjunto de enseñanza o ese conjunto de enseñanza. Descubriréis que todo es muy similar. Sencillamente es difícil hacerlo, o nos parece difícil a nosotros.

Tendrán con el tiempo los Hermanos del Espacio un papel público en relación a la humanidad como lo tienen los Maestros? (Marzo 2010)

La respuesta a eso tiene que ser no, pero es un no relativo. Ellos no desean sustituir a nuestra propia Jerarquía. Todo lo que harán en el futuro en relación a ayudar a la Tierra lo realizarán detrás de la escena, mostrando lo que se puede hacer. Si es necesario, serán agentes activos de la nueva tecnología que poseen y están ayudando a hacer realidad en la Tierra. Esto tendrá lugar en el momento oportuno, cuando hayamos aceptado ciertos principios, especialmente la abolición total de la guerra.

Tienen un rol, pero no sustituirán a nuestra Jerarquía. Son demasiado respetuosos, demasiado conscientes de los axiomas ocultos, y demasiado conscientes de cómo vivir en relación a otras personas, de evitar infringir nuestro libre albedrío. Tendrán un status consultivo en el Planeta Tierra. Han venido para ayudar, eso es todo.

¿Por qué los Hermanos del Espacio nos ayudan aquí en vez de centrarse en su propio planeta? (Marzo 2010)

Son miembros conscientes de la alianza que es la confederación de planetas de nuestro propio sistema. Ellos no sólo trabajan para su propio planeta o para cualquier otro planeta, sino para el crecimiento y perfeccionamiento del sistema en su conjunto. Ese sistema es el cuerpo de expresión del Logos Solar. Si su trabajo supone ayudar a la Tierra, que así sea. Eso es lo que hacen. Si fuese otro planeta, harían lo mismo.

Cuál es nuestra relación con Marte que les trae aquí para ayudarnos? (Marzo 2010)

Es un planeta vecino aproximadamente en el mismo nivel de evolución como la Tierra, aunque tecnológicamente mucho más avanzado, así que pueden ser de ayuda. Les gusta ayudar a otros planetas que están retrasados, que están en problemas, que están utilizando incorrectamente la energía nuclear y causando sufrimiento al planeta y a ellos mismos. Poseen un gran corazón y desean ayudar a la humanidad. Lo hacen por amor.

Según un veterano de la Segunda Guerra Mundial, que estaba en la Royal Air Force, fue testigo de muchos avistamientos ovni durante la guerra. Existió el fenómeno de las conocidas "bolas de luz", foo-fighters, que acompañaban a los aviones que iban a bombardear a Alemania. Los pilotos pensaron que esas luces era armas secretas de los alemanes. Pero los pilotos alemanes observaron las mismas luces cuando volaron hacia Inglaterra, y pensaron que era el arma secreta de los ingleses. ¿Podría explicar qué eran esas luces? (Julio/ Agosto 2004)

Todos los vehículos espaciales tienen dispositivos de escucha, que pueden tener de 60 a 75 centímetros de diámetro, y pueden ser dirigidas desde la misma nave espacial, que podría tener 9 metros de diámetro. Éstas se envían y están conectadas energéticamente con la nave nodriza y posee instrumentos que pueden leer los informes que son enviados a ordenadores muy avanzados. Nuestros ordenadores son muy antiguos, objetos atrasados comparados con la tecnología que ellos tienen; recogen datos de todo: la calidad del aire, los pensamientos e ideas de los individuos, si fuese necesario. Podrían permanecer estáticos aquí, fuera de una habitación, y escuchar esta conversación, por ejemplo. Al seguir a un avión, no pueden ser derribados –poseen un campo de fuerza alrededor de ellos. Las naves espaciales tampoco pueden ser derribadas, poseen también un campo de fuerza alrededor de ellas. A menudo les han disparado aviones caza enviados para interceptarlas pero no hay forma que los proyectiles puedan penetrar el campo de fuerza de la nave, así que es una pérdida de tiempo y energía.

Estos foo-fighters realizan un trabajo –no puedo indicarle cuál es el trabajo en cada caso particular, varía de tanto en tanto. Ellos utilizan diferentes dispositivos para diferentes propósitos pero muy comúnmente son pequeños discos para transportar información. Yo los he visto. ¡Me he agachado cuando se acercaban demasiado! No tienen intención de causar ningún daño, es simplemente un tipo de "hola".

El India Daily informó que muchas personas de las zonas afectadas por el tsunami asiático vieron OVNIS días antes del suceso catastrófico. Los habitantes del estado indio de Tamil Nadu, las islas Andaman y Nicobar del país, y la isla indonesia de Sumatra dijeron haber visto extraños objetos voladores en el cielo. En Port Blair, la capital de la isla Andaman, los turistas vieron unos silenciosos objetos voladores. Las zonas remotas de Bangladesh, Myanmar, y Sri Lanka, también vieron recientes avistamientos de OVNIS. ¿Fueron reales? (Julio/Agosto 2005)

Estos avistamientos fueron auténticas evidencias de actividad ovni. Las naves espaciales eran de Marte y estaban evaluando la creciente tensión y presión del terremoto y la posibilidad de un tsunami.

Los científicos del proyecto Setihome, que buscan señales de vida en el espacio exterior, creen que una señal del espacio captada tres veces por el radiotelescopio Arecibo en Puerto Rico podría ser un "mensaje de otro mundo". ¿Es la señal (conocida como SHGbo2+14ª, y localizada entre la constelación de Piscis y Aries) una comunicación deliberada, una señal emitida por un objeto astronómico, o una interferencia de radio o un fallo del sistema? (Julio/Agosto 2005)

Es una comunicación deliberada de "otro mundo".

En 1908 tuvo lugar una gigantesca explosión en Tunguska, Siberia. Registró más de 5.0 en la escala de Richter, un equivalente a 15 megatones de TNT (1.000 veces la potencia de la bomba atómica que devastó Hiroshima) y arrasó 1.500 kilómetros de bosque. Investigaciones posteriores mostraron que la explosión tuvo lugar a 7,5 kilómetros por encima de la superficie de la Tierra. Había similitudes entre la explosión de Tunguska y una explosión nuclear. Al menos se han sugerido 169 hipótesis de la causa de la explosión. Sin embargo, la más extendida sugiere la explosión de un meteorito, un cometa o un asteroide rocoso. (1) ¿Qué causó la explosión? (2) ¿Intervinieron Maitreya o los Hermanos del Espacio para guiar el objeto sobre el poco poblado bosque siberiano para evitar la muerte de incontables personas en otro sitio? (Marzo 2007)**

(1) Era un meteorito inmenso. (2) Sí. Los Hermanos del Espacio intervinieron.

Contactando con los Hermanos del Espacio

¿Era el Presidente Kennedy consciente de que la persona que le aconsejaba era de Venu? ¿Estuvo involucrado Adamski? (Marzo 2010)

El Presidente Kennedy no era consciente de los Hermanos del Espacio per se, ni tampoco era consciente de la fuente de la información. Pero era consciente de ciertos individuos del cuerpo diplomático de Norteamérica que eran agentes de los Hermanos del Espacio. Él tenía en alta estima su consejo e información, y actuó según ello. Siempre se proporcionó a través de esos agentes en el servicio diplomático. Adamski mismo no estaba activamente involucrado.

Igualmente, el Presidente George W. Bush, cuando ocupaba el cargo, fue informado por un agente así del servicio diplomático de que habría un ataque contra Norteamérica, la Casa Blanca, el Pentágono y edificios importantes, que tuvo lugar el 11/9. Fueron advertidos con tres meses de antelación de este suceso y no hicieron nada al respecto. Eso es lo extraordinario, la diferencia entre el Presidente Kennedy y Bush. Bush fue aconsejado no reaccionar a los sucesos del 11/9. Por supuesto, lo primero que hizo fue reaccionar inmediatamente de forma equivocada y declaró una guerra imposible contra el 'terrorismo' que ha agriado las relaciones internacionales desde entonces. Él descoloró sus ocho años de mandato invadiendo Afganistán e Irak, y convirtió a Norteamérica de una sociedad democrática razonablemente abierta en un estado casi fascista.

¿Los líderes mundiales saben sobre los Hermanos del Espacio abierta y bastante explícitamente? (Marzo 2010)

Existen líderes en todo el mundo que creen en este fenómeno, y no saben por qué países lideres como Norteamérica, Rusia y las naciones europeas no lo dan a conocer.. Ellos no desean hacerlo ellos mismos para no quedar desfasados. Pero piensan que es perfectamente factible que los ovnis provengan del mismo sitio, no necesariamente de Marte o Venus, sino de algún lugar de fuera de nuestro sistema solar. Ningún ovni de hecho proviene de fuera de nuestro sistema solar. Provienen de planetas de nuestro sistema solar. Estos líderes podrían no saber esto, pero creen en la existencia de ovnis y en algunos casos les gustaría hacerlo público. Los países suramericanos, especialmente Brasil, han sugerido que la verdad debería revelarse, pero nada ha salido de eso.

¿Existe algún Hermano del Espacio trabajando en Naciones Unidas o en algún gobierno? (Marzo 2010)

En Naciones Unidas, ciertamente sí. ¿En algún gobierno? Sí, en algún gobierno, no en tantos como muchos de vosotros pensáis. No en puestos de poder, sino normalmente en puestos de consejeros, en el cuerpo diplomático de varios países, por ejemplo.

¿Tendremos contactos más estrechos con los ovnis? (Julio/Agosto 2004)

Sí. Las Jerarquías de todos los planetas están en comunicación. Esto es algo que las personas tienen que comprender. Ellos mismos no tienen esa comunicación pero la Jerarquía sí la tiene. La Jerarquía está compuesta de Maestros de diferentes niveles y de discípulos de aún más variado nivel. Y de todos estos discípulos, de todos estos diferentes grados de iniciados, algunos de ellos podrían formar parte de grupos que han estado trabajando con los Hermanos del Espacio. Los Hermanos del Espacio tienen en este planeta varias personas, como Adamski y otros, que se utilizan para traer la realidad de los Hermanos del Espacio al mundo, pero también por otras razones, de las que no puedo profundizar; existen varios aspectos de este trabajo que debe mantenerse en secreto por el momento al menos. Tienen un gran trabajo de salvamento, en ayudarnos a restablecer el equilibrio de nuestro planeta.

Usted ha mencionado que existen diferentes individuos que trabajan junto con los ovnis en diferentes proyectos. Existe un proyecto muy interesante en Norteamérica, liderado por el Dr. Steven Greer, que se denomina el "Proyecto Revelación". ¿Podría comentar sobre esto? (Julio/Agosto 2004)

El Sr. Greer está haciendo algo útil. Él no está trabajando –hasta donde yo sé– con los Hermanos del Espacio pero él es impaciente con el hecho de que existen pruebas masivas que prueban la existencia de los ovnis. No pruebas de dónde provienen, o de su propósito, sino de que son reales, que, de hecho, existen. Han sido vistos por cientos de miles de personas durante años, y sin embargo los gobiernos del mundo, la mayoría de los cuales posee datos adecuados sobre su existencia, se niegan a revelarlo.

Existe un enorme encubrimiento, desde los niveles más altos, en Norteamérica, Rusia, Gran Bretaña, los países europeos y otros más, que han estado recolectando datos, pruebas de sus pilotos, policías, soldados, del público, durante años y años. Esto conforma un gigantesco conjunto de pruebas que nunca se ha publicado, nunca se da a conocer, se encubre. Las personas desaparecen incluso, en ciertas partes del mundo, y nunca más se sabe de ellas. Hay de vez en cuando cobertura por parte de los medios de comunicación para desacreditar las pruebas, y así sucesivamente. De esta forma los gobiernos controlan lo que el público sabe o más bien no sabe sobre los Hermanos del Espacio y el fenómeno ovni. De esta manera lo pueden mantener oculto.

El Sr. Greer es impaciente con esto, él mismo tiene experiencias con ovnis y quería darlo a conocer. Él ha creado medios para que otras personas –antiguos militares, pilotos de la fuerza aérea británicos o personal de las fuerzas aéreas norteamericanas– se presenten y proporcionen sus pruebas. Cuando personas de su prestigio y experiencia proporcionan pruebas de esta forma pública, ellos esperan que conduzca a una mejor comprensión general y quizás finalmente a una declaración abierta por parte de los gobiernos del mundo.

Por supuesto, cuando los gobiernos hagan tal declaración sobre su conocimiento, estarán al mismo tiempo llevando a cabo un suicidio político. Ellos piensan, si conocemos la tecnología que poseen los Hermanos del

Espacio, que es mucho más avanzada que la nuestra, entonces las ideas, la sabiduría de estas personas es mucho más valiosa que la de nuestros propios gobiernos. Estos gobiernos no hacen más que hacerse la guerra unos a otros, en competencia destruyen las economías unos a otros, y hacen la vida miserable para cientos de millones de personas en todo el mundo. Inevitablemente, diremos que queremos que los Hermanos del Espacio vengan y nos enseñen sus formas, no necesitamos las vuestras, Sr. tal y cual, y Sr. tal y cual. Ellos ven eso como una pérdida de su poder, así que mantienen todo el asunto en la oscuridad.

¿Cómo podemos contactar con los Hermanos del Espacio? (Marzo 2010)

¿Podemos contactar con ellos? No. Ellos contactan con nosotros. No puedes contactar con ellos. Ellos conocen a aquellos con los que pueden depender, que pueden hacer el trabajo en el que están involucrados y que debe hacerse, que pueden comprometerse y trabajar como lo hacen.

¿Existe alguna forma en que podamos contribuir a su trabajo? (Marzo 2010)

Puedes contribuir a su trabajo dándolos a conocer, proporcionando una imagen verídica de ellos y su trabajo. Si los puedes presentar como personas que existen, en naves espaciales que existen, y que son seres completamente inofensivos y pacíficos que sólo vienen a ayudar, harías un buen trabajo para la humanidad.

¿Pueden las personas del espacio en los ovnis que vemos cada vez más en nuestros cielos 'oírnos'? ¿Pueden telepáticamente oír que nos gustaría verles cuando escudriñamos el cielo nocturno? ¿Podemos pedirles que se muestren a nosotros? ¡Realmente me gustaría conocer a algunos hermanos y hermanas del espacio! (Septiembre 2008)

Sí, pero muy a menudo ellos registran reacciones de temor en aquellos que les observan.

¿Los Hermanos del Espacio han pasado por la evolución humana en su proceso? ¿Han tomado la iniciación grupal? (Marzo 2010)

Algunos lo han hecho y algunos no. Depende a quién te refieres. No existe sólo un tipo denominado Hermano del Espacio. Cada planeta está en un punto de evolución diferente, algunos muy diferente, otros mínimamente diferente. Existen personas que, en común, han pasado a través de varios niveles de iniciación y otras en las que no ocurre. Son perfectos. La iniciación, como la tenemos en nuestro planeta, es realmente un medio artificial para acelerar la evolución. No se encuentra en todas partes.

¿Cuántos Hermanos del Espacio viven entre nosotros en este momento? ¿Cómo se manifiestan? ¿Nacen en una familia como un bebé o vienen como un adulto? (Marzo 2010)

Mi información es que la cifra es aproximadamente 2.000. Están por todo el mundo en muchos países. Algunos visitan este planeta de forma temporal y vienen durante algunas horas, unos pocos días, o una semana o dos. Otros residen durante largos períodos y vienen de diversas maneras. Pueden venir como adultos totalmente desarrollados. Pueden encarnarse a través de una familia y crecer como un niño.

Adamski llegó a ser un adulto antes de comprender que no era corriente. Existe un libro interesante de Desmond Leslie titulado *The Amazing Mr Lutterworth** (El Extraordinario Señor Lutterworth). Está agotado, pero creo que se pueden conseguir copias de segunda mano.

El libro es realmente sobre Adamski. Lutterworth es un venusiano, pero él está en un cuerpo de la Tierra.

Desmond Leslie, que conocía muy bien a Adamski, reveló que Adamski tenía, en vez de un ombligo, una estrella de 1,5 centímetros de profundidad, en realidad un círculo con luces brillantes que irradiaban del mismo como una estrella, Venus. Esto, por supuesto, no podía saberse hasta que se levantaba su camisa, pero él se lo mostró a Leslie.

Adamski nació en Polonia, y fue a Norteamérica de niño. Sus padres eran inmigrantes polacos. Él creció en EEUU, vivió mucho tiempo en Monte Palomar, California, y finalmente falleció en EEUU.

El libro presenta un relato muy interesante. Cuenta la historia de alguien que tenía una creciente conciencia despierta de lo que la mayoría de las personas no son conscientes, los pensamientos de otras personas, por ejemplo. Él es invadido por todos los pensamientos de aquellos que le rodean. Sentado en un autobús, él podía decir lo que las personas a su alrededor sentían o pensaban, y se sentía horrorizado por ello. Es aterrador, pero gradualmente pone todo bajo control. El libro es ficción pero está basado en lo que Adamski contó a Desmond Leslie de su propia experiencia personal.

[*Nota: La recensión del libro más un artículo sobre Adamski, y preguntas y respuesta sobre ello, se publicaron en *Share International*, Octubre 2008]

¿Cuál es la razón de que estas personas de otros planetas se encarnen en nuestro planeta? (Marzo 2010)

Porque pueden realizar su trabajo más convincente e inteligentemente durante un período de tiempo utilizando un cuerpo físico de la Tierra en lugar de poder hacerlo reduciendo temporalmente la vibración de sus propios cuerpos. Durante ese período de tiempo forman parte de la Tierra.

Existen diversas formas en que esto tiene lugar. Pueden convertirse en terrícolas o 'caídos', como se les denomina, realizar una caída espiritual desde un estado superior a un estado inferior. Podrían caer desde Venus o Marte o algún otro planeta a la Tierra y tomar residencia en la Tierra como una persona normal y corriente.

Muchas personas han hecho esto, normalmente personas muy avanzadas como Leonardo da Vinci, Shakespeare, Bach y Beethoven. María Callas fue un ejemplo moderno. Diversas personas en ese tipo de nivel se han encarnado en la Tierra, "caído" a la Tierra, y se han convertido en terrícolas, y luego avanzan por el proceso evolutivo.

Usted ha explicado que William Shakespeare y Leonardo da Vinci eran Avatares de Júpiter y Mercurio respectivamente, y que habían estado con la humanidad de la Tierra durante muchos siglos antes de sus encarnaciones famosas. Así que ellos deberían haber tenido un punto de evolución mucho más modesto cuando comenzaron su viaje en la Tierra. (1) ¿Se previó en una etapa mucho más temprana en su evolución que en el futuro podrían ser capaces de desempeñar algún papel importante en la Tierra? (2) ¿O cayeron a la Tierra, y luego de hacerlo muy bien aquí, fueron escogidos para desempeñar el papel de Avatar? (3) ¿Cuántos Avatares hay actualmente en la Tierra? (4) ¿Cuando usted dice que cayeron a la Tierra, significa eso que su karma les forzó ha ser situados en un planeta menos avanzado? (Noviembre 2008)

(1) No. (2) Las personas no son escogidas para 'desempeñar el papel' de Avatar. Ellos son Avatares o no lo son. Si cayeron a la Tierra se convirtieron en 'Terrícolas'. (3) Veinticuatro. (4) Sí.

¿Cómo reconocerías a un Hermano del Espacio si lo vieras o conocieras a uno? (Marzo 2010)

No necesariamente le reconocerías a menos que él deseara darse a conocer o deseara que tú le reconocieras. Si fuese un trabajador oculto para los Hermanos del Espacio, te parecería como una persona normal y corriente. No podrías diferenciar si es o no de otro planeta.

¿Aparecen los Hermanos del Espacio en un tipo de mayavirupa? ¿Se crean a sí mismos? (Marzo 2010)

No. Toman un cuerpo en este planeta y nacen como una persona normal y corriente. Esto es si es por un período largo. Si es por un período corto, reducen el nivel vibratorio de su cuerpo hasta que vibran aproximadamente al nivel en donde estamos. Ellos parecen simplemente personas normales y corrientes. Pero eso es temporal. Si es por un período largo, se encarnarían en el mundo y trabajarían 'sotto voce', discretamente, de esa forma. Fue así como trabajó Adamski, por ejemplo.

(1) ¿Sería útil tener cierto tipo de invocación grupal que podría suscitar un avistamiento de los Hermanos del Espacio? Existe un alineamiento o sitio en donde mantener nuestra atención cuando intentamos contactar con los Hermanos del Espacio? (2) ¿Cuál es la mejor manera de invitar a los Hermanos del Espacio a aparecerse? ¿Utilizando la Mano de Maitreya? ¿Utilizando el foco mental en el centro ajna u otro centro? ¿Sería cumplida la petición de un vuelo en una nave, o una visita terrestre o una visita a la nave? (Marzo 2010)

(1) ¡Los espejismos aumentan! ¿Un mantram para invocar a los Hermanos del Espacio? ¿Qué harás con ellos cuando les invoques? ¿Saludarles? ¿Ofrecerles galletas? (2) Cada palabra de esto es espejismo. Olvídalo. Tu labor no es viajar en platillos voladores. Tu labor es dar a conocer que Maitreya, el Cristo, el Instructor del Mundo, está emergiendo con la Jerarquía de Maestros. Esa es la labor que te has fijado. No es maravillarte con un viaje en nave espacial o hacer perder el tiempo de los Hermanos del Espacio prestándote atención. ¿Cómo viajarías en una nave espacial? Tenéis cuerpos físicos sólidos, y ellos no. ¿Cómo lo harías?

Después de leer su información referente a los así denominados ovnis provenientes de Marte y Venus, me preguntaba cómo es esto posible. Marte ha sido fotografiado por satélite durante numerosos años y sondas recientes no han encontrado señales de vida. Sin embargo, puedo entender cómo esto podría ser posible si los ovnis fueran de una dimensión más elevada que la física, emocional y los planos mentales más elevados y fueran capaces de bajar desde esa dimensión (plano) más elevado hasta el (mundo) físico. ¿Es eso lo que sucede? (Septiembre 2007)

Sí, es casi precisamente lo que sucede. El plano físico, como lo comprenden nuestros científicos, tiene sólo tres niveles: físico sólido, líquido y gaseoso. De hecho, tiene siete niveles, los cuatro superiores son etéricos, y para nuestra visión, invisibles. Para los marcianos, venusianos y otros Hermanos del Espacio, no sólo son visibles sino que son su nivel normal y físico de existencia. Los vehículos ovni también están hechos de energía etérica y normalmente serían invisibles, pero reducen la vibración de los átomos de los vehículos para traerlos a nuestro rango de visión. Ésta es sólo una manifestación temporal.

¿Si los Hermanos del Espacio trabajan en el plano etérico, cómo se manifiestan en el plano físico para que podamos verles? (Marzo 2010)

Es algo temporal. Cuando una Persona del Espacio viene a la Tierra y desea ser visto, reduce la vibración de su cuerpo etérico hasta estar en nuestro campo de visión. Lo mismo se aplica a la nave espacial. Estos vehículos están hechos de materia del físico etérico y si no posees visión etérica, son invisibles. Pero son vistos por cientos de miles de personas en todo el mundo cuando los ocupantes reducen el nivel vibratorio del vehículo.

(1) ¿Puede la vida en la materia etérica superior detectarse con sonido mediante instrumentos convencionales? (2) ¿Se considera que la capacidad para escuchar los sonidos de las energías es 'oído etérico'? (3) ¿Existen los otros reinos de la naturaleza, como el animal y el vegetal, en la materia etérica superior de otros planetas, como Marte? (Marzo 2004)

(1) Sí. (2) No. (3) Sí.

¿Qué le ha ocurrido a la sonda espacial británica Beagle 2 que debía aterrizar en Marte el día de Navidad del año 2003? ¿Colisionó, o está hundida en un cráter donde no es posible establecer una transmisión? (Marzo 2004)

Colisionó.

P. Acerca de las dos naves espaciales enviadas recientemente a Marte por la Nasa: (1) ¿Están los científicos de la tierra involucrados en el proyecto de Marte recibiendo la ayuda de científicos 'superiores' como los de Marte? (2) ¿Harán algún descubrimiento sorprendente o importante? (3) ¿Existió alguna vez en Marte la vida en el plano físico denso? De ser así, hace cuánto tiempo? (Marzo 2004)

(1) No. (2) Sí. (3) Hace tres millones de años.

Evolución Planetaria

¿Cómo puede ser que personas de otro planeta en los planos etéricos con tecnología más elevada que la que tenemos puedan ser menos o igual de evolucionados que nosotros? (Marzo 2010)

Depende del planeta. Marte, por ejemplo, está más o menos en el mismo estado que la Tierra. Cada planeta tiene siete rondas que duran muchísimos años. Algunos planetas, como la Tierra, por ejemplo, y Marte, están en mitad de la cuarta ronda. Algunos planetas son perfectos. Algunos casi perfectos. Venus está en su última ronda.

En Marte existen tren niveles: A, B y C. En A, el estrato superior, las personas son como dioses, seres perfectos. En el estrato medio son personas bastante evolucionadas pero aún no perfectas. En el estrato inferior, C, las personas no son muy evolucionadas.

Marte no ha hecho tantos errores como nosotros, por lo cual tiene una tecnología increíblemente más avanzada que la nuestra. Ellos son maestros del espacio, maestros de la energía. Producen la mayoría de las naves espaciales que vemos y denominamos ovnis, desde pequeñas naves de reconocimiento hasta gigantescas naves nodrizas. Incluso algunas naves espaciales venusianas están hechas en Marte con especificaciones venusianas. Son de materia etérica y se crean con el pensamiento. Marte es un planeta muy evolucionado, podríamos pensar, debido a su avanzada tecnología, pero en el sentido esotérico está al mismo nivel de evolución que la Tierra.

¿Viajan las personas del estrato C a otros planetas? (Marzo 2010)

No. No tienen permitido viajar.

Tengo una pregunta en referencia a que la Tierra esté en la cuarta ronda y Venus en la última ronda. Nunca entendí qué significa. En el campo físico humano no puedo imaginar qué significa. (Marzo 2010)

Nuestra alma se encarna ciento de miles de veces. De esta manera evolucionamos desde los primitivos hombres o mujeres animales hasta ser un Maestro y finalizamos el colegio que denominamos Tierra. Podrías no pensar en ello así, pero la experiencia de la Tierra es la experiencia de renunciar a la necesidad de reencarnarse, la espiritualización de la naturaleza del planeta. Éste es un planeta físico denso y estamos en cuerpos físicos densos, así que es más difícil para nosotros imaginarnos la verdadera naturaleza de la humanidad. No somos cuerpos físicos densos exceptuando desde un punto de vista. Somos realmente luz. Pero esa luz toma forma en este planeta como nuestro cuerpo físico denso, cuerpo astral y cuerpo mental.

Al evolucionar a través de las cinco iniciaciones, atraemos cada vez más energía del alma al cuerpo en cada encarnación. Esto significa que estamos atrayendo materia subatómica, que es luz, al cuerpo, y el cuerpo cambia gradualmente. La primera iniciación empieza la iluminación del cuerpo. La segunda iniciación atrae algo de luz al cuerpo. La tercera iniciación atrae más. La tercera iniciación es denominada la transfiguración, y el cuerpo se convierte en un vehículo más puro para el alma. La cuarta iniciación atrae incluso más luz, y la quinta iniciación es posible cuando el cuerpo está completamente transfigurado y transformado. Esa es la resurrección, y todos los Maestros son seres resurrectos.

La persona es realmente divina por primera vez después de haber tomado la tercera iniciación, y se dedica al trabajo de servicio al mundo. Se vuelven creativas de una forma que no era posible antes, por muy creativos que fueran como iniciados de segundo grado o incluso de primero.

El sendero planetario de evolución es algo similar: en vez de encarnaciones, los planetas tienen rondas. Una ronda es un ciclo. En vez de miles de encarnaciones que el alma tiene en la evolución humana, los planetas tienen siete ciclos mayores, de millones de años de duración. Durante ese período de tiempo, en nuestro sentido del tiempo, los planetas evolucionan.

Hay planetas que están en la primera ronda, segunda ronda o tercera ronda. Venus está en la última ronda, la séptima. No sé cuánto le llevará hasta completarla, quizás dentro de miles de años.

Tanto Marte como la Tierra están en la mitad de la cuarta ronda. En la mitad de la cuarta ronda el planeta 'se despierta'. Suficiente ha pasado antes para el despertar de la verdadera naturaleza espiritual del planeta para que se haga evidente a las personas, y cada vez más personas se perfeccionan. En ese extraordinario punto significativo en la mitad de la cuarta ronda todo comienza de nuevo. Se alcanza una culminación en el aspecto del crecimiento y allí llega el flujo de la genialidad de ese planeta específico, sus cualidades, sus dones, y el desarrollo de las personas del planeta de una forma no vista antes. Estamos en esa etapa al igual que Marte. Marte está más avanzado que la Tierra porque no hicieron tantos errores. Hemos hecho errores todo el tiempo. Hemos librado guerras desde el comienzo de los tiempos en el planeta Tierra.

Las personas se preguntan por qué Maitreya no se presenta, pero no saben cómo el trabajo de Maitreya es obstaculizado. No saben cómo el planeta está amenazado por fuerzas negativas de nuestro propio planeta y de otros inferiores. Esto estimula la negatividad de la Tierra. Ellos utilizan personas que pueden ser utilizadas, y cuando es posible crean caos, dificultando que este planeta siga su evolución y para que Maitreya se presente en el mundo denso físico cotidiano. Es una lucha. Existen personas en este planeta, algunas muy conocidas y muy poderosas, que son agentes de estas fuerzas oscuras.

Por ejemplo, la mayoría de la riqueza de este planeta está en propiedad de relativamente pocas personas: familias, corporaciones, instituciones. Naturalmente hacen todo esfuerzo posible para mantener el poder que esto les otorga. Así ha sido durante las eras en esta tierra. Obstaculiza la evolución del planeta. Esto es lo que conocemos como las fuerzas de la materialidad.

Usted ha dicho que sólo en el planeta Tierra pueden los seres humanos existir con cuerpos físicos densos. ¿Es esta la razón por la cual el planeta Tierra fue elegido para expresar el cuerpo físico de la gran Vida de Tercer Rayo (Ver pág. 87 de Psicología Esotérica, Tomo II)?

(2) ¿Nos hace lo expuesto anteriormente particularmente vulnerables a la influencia de los Señores de la Materialidad? (3) ¿Tiene la humanidad de la Tierra un papel especial a desempeñar en la espiritualización de la materia? (Mayo 1995)

(1) Sí. (2) No. (3) No. Los habitantes de todos los planetas tienen el papel de la espiritualización de la materia (en sus diferentes niveles). La humanidad de la Tierra también hace esto al nivel físico denso.

(1) ¿Cómo exactamente 'perdió el sendero' la humanidad hace 98.000 años? y (2) ¿Cómo la humanidad volverá a 'encontrar el sendero' ahora? (Mayo 2001)

(1) Esto hace referencia al fin de la civilización atlante que duró 12,5 millones de años. Gradualmente, habiendo seguido un sendero espiritual estable durante la mayor parte de ese periodo bajo el estímulo de la Jerarquía Espiritual presente abiertamente, la humanidad se polarizó en aquellos que continuaron en el sendero espiritual y aquellos que cada vez más quedaron cautivados por los Señores de la Materialidad (comúnmente conocidos como las fuerzas del mal). Una gran guerra tuvo lugar. Los Maestros de la Jerarquía decidieron retirarse a las montañas y desiertos donde todavía viven, en su mayor parte, Sus grupos. Desde ese momento, la humanidad se ha ido hundiendo cada vez más en las profundidades del materialismo (en el más amplio sentido). Ahora nos enfrentamos con la mayor crisis de nuestra historia: una crisis esencialmente espiritual pero enfocada actualmente a través de nuestros sistemas político y económico. (2) Bajo las enseñanzas y estímulo de Maitreya, la humanidad llegará a comprender cuán profundamente materialistas y poco espirituales son nuestras instituciones, valores y formas de vida. Él nos inspirará a ver que el compartir, la justicia y la libertad para todos son requisitos indispensables de una vida espiritual.

¿Existe alguna nave espacial de fuera de nuestro sistema solar que visite la Tierra? (Marzo 2010)

Mi información es que no. Dado que se ha afirmado que la vida es imposible en los demás planetas de nuestro sistema, algunas personas, incluso con cierto contacto auténtico con los Hermanos del Espacio, insisten que provienen de fuera de nuestro sistema solar, normalmente de la Pléyades. Personalmente no creo que sea así. No existe contacto abierto entre nuestra civilización y la de las Pléyades.

Propaganda negativa contra los Ovnis

Si hablamos a las personas sobre la 'estrella' y las naves espaciales, a menudo dicen que las personas son abducidas y vuelven con cicatrices y microchips implantados. ¿Cómo refutamos esto? ¿Qué podemos decir para dejar claro a otras personas lo que estamos diciendo? (Marzo 2010)

Sencillamente no es cierto. Simplemente no sucede. Hay muchas personas que van a ver películas de ciencia ficción y ven presentaciones de los extraterrestres como malvados, monstruos conspiradores buscando formas y medios para conquistar la Tierra. Si esta fuese la intención de los Hermanos del Espacio, podrían haber conquistado todas las ciudades del mundo hace mucho tiempo. Estas personas perturbadas tienen imaginaciones astrales vívidas que son tan efímeras como los sueños, que relacionan con su experiencia aterradora de estas películas de ciencia ficción. Estas imaginaciones astrales son aceptadas ampliamente debido a la denigración generalizada de los Hermanos del Espacio y sus vehículos por parte de gobiernos y otros organismos durante más de 60 años. Existe una agencia en Estados Unidos cuyo único propósito es distorsionar la realidad de los ovnis. El gobierno de Estados Unidos, como todos los demás gobiernos, saben que los ovnis existen. Saben por experiencia que son inofensivos. Probablemente saben que tienen que hacer un trabajo importante. Los gobiernos del mundo estarían encantados de tener todos los secretos tecnológicos de los Hermanos del Espacio, y al mismo tiempo desean ocultar de sus pueblos las evidencias que prueban que los Hermanos del Espacio son inofensivos, benévolos, de ayuda y tan superiores de los gobiernos bajo los cuales las personas viven aquí en la Tierra.

Si los Hermanos del Espacio son tan avanzados, y su tecnología tiende a mostrar que tienen que serlo, entonces, nosotros, el público, diríamos: "¿Quién desea el gobierno de Norteamérica, Gran Bretaña, Francia, Alemania, o cualquier otro gobierno conocido en el mundo? Permitamos que las Personas del Espacio vengan, aterricen y nos cuenten los secretos de sus éxitos. Entonces podríamos quizás seguir la misma senda".

Los gobiernos saben que esto es lo que harían las personas. Perderían el poder sobre el pueblo que actualmente sustentan. También temen del pánico, porque han sembrado tantas semillas de odio, violencia y prácticas ocultas misteriosas en las mentes del público sobre los Hermanos del Espacio.

Orson Welles realizó una adaptación radiofónica del libro de HG Wells *La Guerra de los Mundos* en 1938. Cuando Welles anunció en ese programa que el planeta Tierra había sido invadido por Marte, durante días las personas estuvieron totalmente aterrorizadas. Creían que habían sido invadidas desde el espacio, que los marcianos estaban llegando y a punto de hacer caer sus bombas letales. El programa fue sólo una broma, una broma muy irresponsable, pero así es Orson Welles. Los gobiernos han sembrado las semillas y continúan con el proceso de incrementar el temor que ya han suscitado en las mentes de las personas de la Tierra, en sus propios países y en el extranjero.

Existen las así denominadas abducciones y mutilaciones de ganado. ¿Debería uno tomarlas seriamente? ¿Cuál es la verdad de esto en relación con los ovnis? (Julio/Agosto 2004)

Nadie ha sido abducido jamás en una nave espacial. Aquellos que afirman haber sido abducidos tienen experiencias de una naturaleza astral emocional en la cual se imaginan que están en naves espaciales. Nadie nunca es trasladado a una nave espacial en un cuerpo físico. Es imposible. Esas naves espaciales no son de físico sólido. Para ser trasladado a una nave espacial, tienes que salir del cuerpo físico denso y vas en etérico a la nave espacial, que por sí mismas están en etérico. Es aún físico, pero físico etérico.

Ahora, las personas afirman que son trasladadas y se experimenta con ellas, se colocan cosas en su piel, etc. Los Hermanos del Espacio lo conocen todo sobre nosotros, no necesitan hacer esto. Para mí es una tontería, porque son tan avanzados en todos los sentidos que no necesitan hacer ningún tipo de experimento. Ya conocen las respuestas. Es una completa tontería que tengan que realizar experimentación genética y sexual con personas de este planeta cuando tienen una tecnología que está más avanzada en varios miles de años a cualquier cosa que podamos pensar en la actualidad. Es estúpido, es una ceguera, una forma deliberada de atacar el concepto de personas sabias, superiores y espiritualmente orientadas. De esta manera, las personas que controlan, o están detrás, de los gobiernos del mundo, retienen su control.

¿Quién realiza las mutilaciones de ganado? (Marzo 2010)

Como he dicho, existen agencias, especialmente en EEUU, cuyo trabajo durante muchos años ha sido denigrar a los Hermanos del Espacio. Son agencias gubernamentales pero no necesariamente conocidas a los funcionarios de la administración. Dudo que los recientes presidentes de EEUU conozcan algo sobre esta agencia y su trabajo contra los platillos voladores. Lo encontrarían difícil de creer. Esas personas mutilan ganado, las desparraman sobre los pastizales y los desiertos, y luego echan la culpa a esas 'horribles' Personas del Espacio. Utilizan cualquier truco vil para mantener oculto todo esto. Algunos de ellos, creo, lo hacen por diversión. Compiten entre ellos para idear formas de denigrar a los Hermanos del Espacio.

Son expertos en su línea específica de trabajo, que tiene que ver con corromper mentes humanas para que no crean algo que es tan obvio y cierto para cientos de miles de personas inteligentes. Continuarán con esto hasta que vean que ya no pueden hacer nada. Ahora están llegando al fin de su capacidad de mantener en secreto esta realidad.

¿Cuánto el deseo de poder y control figura dentro de la razón de que los gobiernos oculten información sobre ovnis del público? (Marzo 2010)

Es de suma importancia. Es la ignorancia y el temor lo que impulsa a los gobiernos a actuar como lo hacen. Ellos saben que si la humanidad supiera que los Hermanos del Espacio existen realmente, y que estas naves espaciales con tal control del espacio y el tiempo existen, podríamos pedirles ayuda, porque nuestros gobiernos obviamente no saben qué hacer. Ellos podrían aconsejar y enseñar a la humanidad. ¿Quién necesita gobiernos como los que tenemos actualmente cuando tenemos a estos seres benévolos e inofensivos esperando para ayudarnos?

¿Darán los gobiernos un paso adelante y reconocerán a los Hermanos del Espacio? (Julio/Agosto 2004)

Los gobiernos actuarán sólo cuando se vean forzados a hacerlo. Cuando Maitreya sea conocido abiertamente. Maitreya es el Instructor del Mundo, el líder de nuestra propia Jerarquía planetaria, que está comenzando a regresar al mundo cotidiano. Cuando Ellos sean conocidos, cuando Maitreya sea conocido, se le formularán preguntas como las que se me están formulando a mí ahora, y la verdad sobre la relación entre este planeta y los otros planetas será conocida. Entonces las personas de otros planetas aterrizarán y la realidad de su existencia será conocida.

En primer lugar, el conocimiento, la aceptación de la realidad de los Hermanos del Espacio vendrá a través de la aceptación de Maitreya y los Maestros de nuestra Jerarquía Espiritual. Ellos confirmarán que los Hermanos del Espacio son reales, que las naves espaciales son reales, que los otros planetas tienen sus ciudadanos que no tienen sino buena voluntad, que son inofensivos, que desean ayudarse entre ellos y que se ayudan entre ellos, y que ayudan a este planeta en la medida que lo permite la ley del karma. Cuando los aceptemos y veamos lo que están haciendo, y cómo nos están ayudando, entonces el desarrollo de este planeta avanzará rápidamente.

El Vaticano parece estar diciendo públicamente que la vida podría existir en otros planetas. ¿Está el Vaticano facilitando a su rebaño la noción de que la vida existe en otros planetas, de que los ovnis y todos los fenómenos que los acompañan son reales? ¿Qué hay detrás de esta política? (Julio/Agosto 2008)

¡Sencillamente, sí! La verdad está comenzando a salir a la luz y el Vaticano no puede permitirse no ser consciente de lo obvio.

¿Cuál sería el impacto en la conciencia de la humanidad saber sobre la existencia de vida en otros planetas y el hecho de que los Hermanos del Espacio están aquí para ayudarnos? (Marzo 2010)

Tendría un impacto enorme. Para cientos de miles de personas cultas que creen en los platillos voladores, que les han visto y han dibujado sus movimientos, que han venido al sur de Inglaterra, entrado en los círculos de las cosechas y percibido las energías de los diferentes círculos (las energías de los círculos de las cosechas marcianos y venusianos son diferentes), para ellos sería una reivindicación de lo que ya creen.

Pero la masa de personas que no saben qué creer, sería una revelación. Al principio podrían temer la idea por la forma en que fueron presentados, pero pronto lo superarían cuando nada negativo sucediera.

¿Cómo podemos superar la tendencia de los principales medios de comunicación de marginar la historia sobre los Hermanos del Espacio? (Marzo 2010)

Obviamente no puedes. El tiempo y los acontecimientos lo harán por sí mismos. Simplemente tienes que distribuir la información sobre Maitreya, sobre la exteriorización de la Jerarquía, y la parte que los Hermanos del Espacio desempeñan en este suceso extraordinario.

¿Ahora que los Hermanos del Espacio están presentes, en qué formas podemos interactuar conscientemente con ellos? (Marzo 2010)

¿Ahora que están presentes? Siempre han estado presentes. ¿Cómo están actualmente presentes de una forma que no lo estaban antes? He hablado y escrito sobre ellos durante años y también lo han hecho otras muchas personas. He resaltado el regreso de Maitreya y los Maestros al mundo. Esa es la información de suma importancia que se me ha pedido que diera a conocer.

Antes de eso trabajé para los Hermanos del Espacio. Cuando se me pidió, siempre incluí todo o parte de lo que sé de los Hermanos del Espacio. Nunca he buscado ocultar el hecho de su presencia o menoscabar su papel en este trabajo.

La venida de Maitreya y la realidad de los Hermanos del Espacio están relacionadas. No es una u la otra. Nuestro trabajo siempre ha sido resaltar el hecho del regreso de la Jerarquía al mundo cotidiano. Pero no regresan solos. Ellos regresan con la ayuda, de muchas formas, de los Hermanos del Espacio. Tanto la Jerarquía, como los Hermanos del Espacio, tienen un objetivo espiritual que está en la base de todas sus acciones, tanto si son de esta Tierra, de Marte, de Venus o de otros planetas.

¿Por qué es importante ahora revelar la información de los Hermanos del Espacio? ¿Por qué es éste el "Momento de la Revelación"? (Marzo 2010)

Es el momento de la revelación porque hasta ahora su existencia ha sido relativamente desconocida o negada por los gobiernos y los medios de comunicación. Las actividades de los Hermanos del Espacio está incrementándose todo el tiempo. La última manifestación es la 'estrella', el heraldo de la aparición pública de Maitreya. Cuando se presenta la 'estrella' es imposible evitar presentarla como una nave espacial y cuando se pregunte a Maitreya en sus entrevistas públicas sobre los ovnis, Él abiertamente reconocerá su existencia.

George Adamski y otros contactados

*George Adamski
(foto: © AFU)*

Desmond Leslie fue coautor del libro *Los platillos volantes han aterrizado* (1952) junto con George Adamski. En el libro, Leslie explica una experiencia que tuvo cuando iba al Museo Británico. Leslie experimentó un repentino impulso de entrar en una librería que vendía libros raros e inusuales. Un hombre en la tienda se acercó a Leslie y le dijo que estaría interesado en un cierto libro que este hombre dio la casualidad de tener en su mano. El libro era sobre naves aéreas que fueron utilizadas durante los días atlantes y era justo lo que en ese momento interesaba a Leslie para su libro. El hombre fue descrito como alguien con ojos penetrantes que parecía mirar dentro de lo más profundo del ser interior. ¿Podría preguntar si este hombre era un Maestro, un Hermano del Espacio, o ambos, o alguien completamente distinto? (Julio/Agosto 2005)

El hombre era Maitreya.

Recientemente he leído un libro maravillosamente informativo e inspirador de George Adamski titulado *Dentro de las Naves Espaciales*. Su descripción del amor, sabiduría e inteligencia superior de los Hermanos del Espacio es aleccionadora. Su capacidad de vivir en armonía con los Principios Universales, con un sentido de la Divinidad en todos los seres y en toda vida objetiva es apasionante. No obstante, mi pregunta: ¿es parte de esta información (quizás sólo en algunos detalles) imaginada? (Mayo 2002)

No, es en su totalidad la experiencia directa de Adamski dentro de una de las naves nodrizas. Lo único que omitió decir es que él estuvo fuera de su cuerpo durante toda la experiencia. En una persona del nivel de Adamski, él podía conscientemente abandonar el cuerpo y en plena conciencia entrar en la nueva situación. El regresaría al físico con plena memoria de lo que hubiera experimentado. Estas naves espaciales y sus tripulaciones son básicamente de materia etérica-física en vez de densa-física. Las tripulaciones pueden reducir el nivel vibratorio para entrar dentro de nuestro umbral de visión pero sólo de forma temporal. La Nave Nodriza específica del relato de Adamski era venusiana, tripulada por Maestros de Venus, pero fue en realidad construida en Marte.

Antes de hacerse famoso en el mundo con sus libros *Los platillos voladores han descendido* (1953) y *Dentro de las naves espaciales* (1955), George Adamski escribió una novela titulada *Pioneros del espacio: un viaje a la Luna, Marte y Venus* (1949). Los escépticos han afirmado que el tomó "material ficticio" de este libro y lo presentó como un hecho en sus libros posteriores, presentándolo como sus propias experiencias. (1) ¿Podría ser que Adamski describiera las verdaderas experiencias en su primer libro que él no recordaba como tales debido a que tuvieron lugar fuera de su conciencia despierta? (2) ¿O presentó sus propias experiencias en una primera novela para comprobar la reacción del público a la idea de vida en otros planetas? (Abril 2007)

R. (1) No. (2) Sí.

El escritor Dibitonto afirma en su libro *Ángeles en Astronaves* (1990) que él fue llevado a bordo de una nave espacial por su contacto, Rafael, que le presentó a Orthon y Firkon (contactos alienígenas de George Adamski) y a un Hermano del Espacio de nombre George que, según Rafael "vivió durante un tiempo en la Tierra, donde escogió venir en una misión". (1) ¿Fueron las experiencias de Dibitonto reales o imaginarias? (2) ¿Era el Hermano del Espacio que conoció el mismo al que conocemos como George Adamski? (3) ¿Realmente conoció a los contactos alienígenas de Adamski conocidos como Orthon y Firkon? (Octubre 2008)

(1) Reales, pero fuera del cuerpo. (2) El mismo ser. (3) Sí.

En su libro *El Peón de su Creador* (1995), Henry Dohan escribe que George Adamski fue preparado, bajo la orientación de un iniciado, para su futura misión como testigo de la existencia de civilizaciones extraterrestres. Como el padre de Adamski falleció cuando él era aún un niño, fue tomado bajo la tutela de un amigo de la familia al que Adamski se refiere como "tío Sid" y que organizó su visita al Tíbet como adolescente para estudiar con los Maestros. (1) ¿Era el "tío Sid" un Hermano del Espacio o un iniciado? (2) ¿Fue realmente Adamski al Tíbet durante varios años para estudiar con los Maestros? (Octubre 2008)

(1) Ambas cosas. (2) Sí.

La calidad poética, el ritmo y el color, del Preludio en el último libro de George Adamski, *Cosmic Philosophy* (Filosofía Cósmica) (1961), me recuerdan a los escritos de un Maestro. (1) ¿Se originaron este Preludio, titulado 'La Magnífica Percepción', y/u otras partes de este libro en una fuente superior? (2) ¿Fue quizás inspirado por el Maestro Venusiano cuyas enseñanzas Adamski registró en su libro *Dentro de las Naves Espaciales*? (Octubre 2008)

(1) Sí. (2) Sí.

George Adamski describe la forma de las Naves Nodrizas (naves espaciales) con forma de cigarros. ¿Son las 'estrellas' similares? ¿Qué tipo de nave son? (Diciembre 2009)

Muchas de las naves más grandes que trabajan para nuestro beneficio tienen forma de cigarro pero algunas tienen forma de campana, algunas tienen forma de pez y algunas tienen formas de platillos. La 'estrella' que anuncia la presencia de Maitreya es también una nave espacial capaz de transformarse en diferentes formas y colores.

¿Cuál es el punto de evolución y la estructura de rayos de George Adamski (1891-1965), que vivió en California, EEUU, y tuvo contactos con seres del espacio hacia el año 1950? (2) ¿Todavía hay seres del espacio que viven entre nosotros, como vivieron entonces? (Marzo 2004)

(1) Alma: 2; Personalidad: 4 (6); Mental: 1 (4); Astral: 6 (2); físico: 7 (3). Era un iniciado de 2.0 grados. (2) Sí.

De la información que los Hermanos del Espacio dan en el libro de Dibitonto Ángeles en Astronaves (1990) parecería que la mayoría, sino todos, los ángeles y muchos de los profetas del Antiguo Testamento eran Hermanos del Espacio. ¿Podría comentar esto por favor? (Octubre 2009)

Ninguno de los profetas eran Hermanos del Espacio sino miembros de la Jerarquía Espiritual de la Tierra. Algunos de los 'ángeles' fueron realmente visitantes de otros planetas.

La 'bendición cósmica' que Dibitonto describe en el capítulo 15 de su libro involucra a Hermanos del Espacio que el autor se refiere como "la Mujer Bendita" y "el Señor", en una ligera y velada referencia a

la Virgen, y Jesús o el Cristo, respectivamente. ¿Estuvo el suceso que Dibitonto describió aquí presenciado por el Maestro que fue la Virgen y el Maestro Jesús? ¿O eran Ellos Hermanos del Espacio de la misma 'estatura' si uno puede utilizar tal término? (Octubre 2009)

Ellos eran el Maestro que fue la Virgen y el Maestro Jesús.

En varias ocasiones los Hermanos del Espacio parecen advertir de sucesos catastróficos que les esperan a la humanidad debido a sus pensamientos y acciones erróneos, que evocan el Apocalipsis bíblico. ¿Podría ser que los Hermanos del Espacio más bien advierten sobre el colapso de nuestras anticuadas estructuras actuales, mientras que el autor interpretó estas advertencias según su propia comprensión (aparentemente cristiana) de los sucesos que envuelven la Segunda Venida? (Octubre 2009)

No. Ellos estaban advirtiendo sobre las catástrofes del calentamiento global y la degradación de nuestro medio ambiente, el planeta.

Encuentros con Naves Espaciales

Un encuentro ovni muy conocido tuvo lugar el 5 de noviembre de 1975. Siete leñadores iban de camino a sus hogares en el Bosque Natural de Apache-Sitgreaves en el estado de Arizona, EEUU, cuando divisaron un "disco dorado" de unos 4,5 a 6 metros de diámetro flotando inmóvil silenciosamente a unos 6 metros sobre el suelo. Un leñador, Travis Walton, se acercó a la nave. Cuando estaba a unos 2 metros debajo de la nave, un rayo azul verdoso le enfocó desde la parte inferior de la nave. Mientras yacía inconsciente sus compañeros se alejaron rápidamente por temor de sus vidas. Durante cinco días Walton estuvo ausente, durante ese tiempo se realizó una intensiva pero infructuosa búsqueda. Cuando Walton regresó, él afirmó haber sido abducido por "alienígenas". Su información es que nadie es abducido por los Hermanos del Espacio y que tales afirmaciones son el resultado de una imaginación astral sobreestimulada. No obstante, siete personas fueron testigos del suceso. (1) ¿Cuál es la historia real? (2) ¿Existen aspectos oscuros en el ejército y gobierno de EEUU que en realidad secuestran a personas y les colocan en sus

cabezas las experiencias de abducción para causar temor sobre las Personas del Espacio y así mantener oculta la verdad? (Marzo 2006)

(1) Se trató de un encuentro genuino de Hermanos del Espacio con una nave marciana. Él no fue abducido sin invitado a subir a bordo bajo su propio libre albedrío. Él fue sacado de su cuerpo que se volvió invisible y fue protegido, y llevado a una nave nodriza. Él pasó un tiempo maravilloso (en ambos sentidos). Luego fue devuelto a su cuerpo. Se le pidió que hiciera saber su 'aventura' pero me temo que no se sintió capaz de hacerlo. Él temía ser ridiculizado o algo peor. (2) Sí. El ejército está detrás de las historias de abducciones en su mayor parte.

En el año 329 a.C., Alejandro el Grande divisó varios objetos brillantes en forma de escudo que emergían desde un río en la India. Él estaba convencido de haber presenciado naves sobrenaturales. (1) ¿Se trató de ovnis reales? (2) Alejandro el Grande pasó los restantes seis años de su vida buscando estas naves en una campana de inmersión. Algunos especulan que él intentaba encontrar y conquistar el único reino que aún le rehuía: Atlántida. ¿Tenía realmente Alejandro el Grande ilusiones grandiosas sobre la conquista de Atlántida? (Marzo 2006)

(1) Sí, de Marte. (2) No, pero él deseaba encontrar la fuente de estas 'naves sobrenaturales'.

En la mañana del 7 de febrero de 1989 en los alrededores de Los Angeles, California, varias personas, incluyendo aquellos que estaban de pie en la orilla y submarinistas, fueron testigos de un objeto grande y oscuro que emergió del océano y liberó cerca de una decena de naves más pequeñas. El objeto volvió a introducirse en el océano y fue seguido por radar (o sónar) en su rumbo sur hacia el Canal de Santa Catalina. (1) ¿Era este ovni una nave espacial grande del tipo 'portaaeronaves'? (2) ¿De qué planeta provenía esta nave, si era un ovni real? (3) ¿Tienen los Hermanos del Espacio bases en los océanos del mundo o bajo los océanos en la Tierra o posiblemente incluso entre la Isla Catalina y California? (4) Un fenómeno conocido como "osni" (objeto submarino no identificado) se refiere a los ovnis en los océanos. ¿Viajan los Hermanos del Espacio por los mares con tanta facilidad como lo hacen por la atmósfera? (Marzo 2006)

(1) Sí. (2) Marte. (3) Sí, muchas. (4) Sí.

Existe una teoría denominada 'agujero de gusano' que sugiere que existen sitios dentro del universo en donde el espacio y el tiempo se entremezclan de alguna manera y donde es posible viajar a grandes distancias en el espacio en cuestión de segundos. Hemos oído que el tiempo y el espacio son una ilusión, ¿entonces, es precisa esta teoría de algún modo? (Junio 2007)

No es que el espacio y el tiempo 'se entremezclen' sino que en realidad el tiempo y el espacio a un nivel superior no existen, son una ilusión. Aquellos que ya son maestros del Espacio, los Hermanos del Espacio, pueden desplazarse a 'distancias' enormes, así como las vemos nosotros, en segundos de 'tiempo'.

El 10 de junio de 2004 en Guadalajara, México, una flota de unos 100 ovnis fue filmada. ¿Se trataban de naves espaciales reales, y, si es así, de qué planeta procedían?

El 5 de marzo de 2004 un avión de la fuerza aérea mexicana del escuadrón del aire 501 realizaba una patrulla rutinaria de la frontera sur del México. Detectaron una aeronave en su radar y comenzaron a perseguirla. La tripulación conectó su sistema FLIR (Radar Infrarrojo de Visión Delantera) para ayudar a localizar la aeronave. Pronto el sistema FLIR detectó varios objetos brillantes, a veces hasta 11, navegando alrededor del avión. Este incidente suscitó mucha atención de los medios de comunicación en México. ¿Se trató de naves espaciales genuinas, y, si es así, de qué planeta procedían? (Marzo 2007)

En ambos casos los ovnis eran naves espaciales de Marte.

El 24 de abril de 1964 un oficial de policía, Lonnie Zamorra, de Socorro, Nuevo México, EEUU, oyó un gran estruendo como de una explosión. Él condujo hasta una zona cercana donde había una cabaña con dinamita, pensando que había estallado. En su lugar divisó un objeto oval. El objeto tenía pies de aterrizaje como también una escalera que llegaba al suelo, y dos personas del tamaño de dos niños pequeños fuera. Al ver al oficial Zamorra, entraron en la nave e inmediatamente se marcharon. (1) ¿Procedía este vehículo y las dos personas fuera del mismo de uno de los planetas de nuestro sistema solar, y, si es así, de cuál? (2) Usted ha comentado que las naves utilizadas por los Hermanos del Espacio son indestructibles. No obstante, ¿padecían de un 'problema de motor' por así decirlo, o

(3) aterrizaron y se manifestaron en forma densa física para que el oficial Zamorra pudiera verles e informar a otras personas lo que vio? (Marzo 2007)

(1) Sí, de Marte. (2) No. (3) Sí. El ruido explosivo fue simulado por los ocupantes de la nave para atraer la atención.

Parecería, por todas las noticias en Internet y en los medios de comunicación habituales, que hay mucha actividad ovni en los países latinoamericanos. ¿Por qué existe tanta actividad ovni allí? (Abril 2007)

En realidad no está confinado a Latinoamérica. Hay una creciente actividad ovni en muchas partes del mundo. Esto continuará a una escala cada vez mayor y más allá del Emerger público de Maitreya

El 17 de abril de 1981 un carguero japonés, el Taki Kyoto Maru, se alejaba de la costa japonesa en una zona del océano conocida como 'El Triángulo del Dragón' cuando la tripulación percibió algo equivalente a ondas de choque que atravesaban el buque. Un osni (objeto submarino no identificado, o un ovni debajo del agua) brillante y en forma de platillo de unos 15 metros de diámetro surgió del océano. Los cuadrantes, brújulas y motor del buque sufrieron 'una desorientación'. El osni dio vueltas alrededor del buque durante unos 15 minutos y volvió a sumergirse en el mar causando olas enormes que a punto estuvieron de hacer zozobrar al carguero japonés. El tiempo en la radio en comparación con el tiempo de los relojes de la tripulación mostraba que la tripulación había perdido 15 minutos. (1) ¿Por qué el equipamiento sufrió 'una desorientación' cuando el ovni se acercó? (2) ¿Por qué la tripulación experimentó una pérdida de tiempo de 15 minutos? (3) ¿Existe algo en esa zona como una base ovni submarina que podría causar perturbaciones electromagnéticas y distorsiones del tiempo, o fue quizás antigua tecnología lemuriana aún operando bajo el mar, etc.? (Noviembre 2007)

R. (1) Esto es usual en tales encuentros. El efecto de 'ceguera' electromagnética. (2) Misma razón. (3) Sí, una base ovni (no tecnología lemuriana).

(1) ¿Hay alguien que recibe mensajes de "la Fraternidad de Sirio"? (2) ¿Si es así, los publican? (3) Si nos encontramos con material impreso que contiene lo que se afirma ser lenguaje de Sirio –saludos

y exhortaciones– deberíamos en general descartar su validez? (Diciembre 2002)

(1) Por debajo del nivel de un Maestro de 5º grado, no. (2) No. (3) Yo ciertamente lo haría.

El trabajo de Benjamin Creme con los Hermanos del Espacio

¿Cómo se involucró con el trabajo de los Hermanos del Espacio? (Julio/Agosto 2004)

A principios de enero de 1959, fui contactado por uno de los Maestros de nuestra Jerarquía Espiritual y comenzó mi trabajo –he hablado y escrito sobre ello en otro sitio. El trabajo era con las personas del espacio, las personas que utilizan los ovnis, y mi Maestro actuó como contacto entre nosotros, por así decirlo. Para mí cobraron mucha identidad; el hecho de haber leído a Adamski me dejó muy abierto a la posibilidad, aunque no pensé mucho sobre ello. Pero inmediatamente fui introducido al fenómeno volador y formé parte de un grupo, del cual Adamski formaba parte, que se reunía sólo fuera del cuerpo. Para el mundo exterior, trabajábamos secretamente, pero para nosotros no había secreto –nos reconocíamos y formábamos parte de un comité y realizábamos cierto trabajo que se nos había asignado que tenía que ver en su totalidad con el fenómeno ovni.

En mi experiencia, lo que llamamos ovnis, los platillos voladores, vienen de los planetas de nuestro propio sistema. No de las Pléyades, o Sirio, o de algún lugar de fuera de nuestro sistema solar, sino, principalmente, de Marte y de Venus. Otros pocos planetas como Júpiter o Mercurio están involucrados, pero la inmensa mayoría de los avistamientos de los ovnis vienen de Marte y Venus. Prácticamente todos ellos son construidos en Marte, incluso los venusianos. Son venusianos en diseño, y son bastante diferenciados, diferentes en diseño y tecnología, pero en realidad son construidos en Marte. Y todos son construidos por el pensamiento.

¿Qué es lo más importante que aprendió de trabajar con los Hermanos del Espacio? ¿Cuál fue el propósito de su contacto con los Hermanos del Espacio? (Abril 2010)

He aprendido cuánto los acontecimientos y acciones de las personas de la tierra, si afectan al mundo en su conjunto, preocupan a los Hermanos del Espacio. Ellos trabajan seria y consistentemente en una misión espiritual para la Tierra.

En su charla [2009] usted mencionó que los Hermanos del Espacio son discretos y sutiles. (Abril 2010)

Es obvio por la forma en que se han presentado a través de los círculos de las cosechas, las cruces de luz en los edificios, etc, que son capaces del tipo de acercamiento más discreto. Eso es normalmente parte de la forma en que trabajan.

Ellos no desean infringir el libre albedrío humano o crear desolación. Su enfoque es tangencial. Lo realizan muy discretamente, sólo mostrándote, si tienes ojos para ver y mente con la que pensar, que han dejado su tarjeta de visita, afirmando claramente: "Somos del espacio, de los otros planetas de vuestro sistema. Hemos venido para ayudarles. Estamos involucrados en un trabajo en vuestro nombre. Aquí hay un ejemplo de nuestro trabajo. Esperamos que os guste el 'dibujo'."

Tenemos que preguntarnos de dónde provienen los círculos de las cosechas. Aparecen en el medio de los campos en Wiltshire y otros sitios, cosas enormes. No pueden ser hechas por manos humanas y no obstante no hay nada que muestre cómo fueron hechas. En realidad se crean en unos pocos segundos, por más grandes que sean. El plano ya ha sido dibujado, la maquinaria está preparada, y mientras la nave se mueve durante unos pocos segundos sobre un trozo de terreno, el giro, cruce y curvatura del tallo del cultivo tiene lugar automáticamente mientras ellos guían a la nave. Todo ha sido planeado por adelantado para que la nave no haga nada más.

Pero es discreto. Los cultivos son estacionales y al final de la estación, cuando todo se corta, no queda señal del círculo de la cosecha. Algunas personas dicen, "Nunca he visto un círculo de la cosecha en mi vida. Sé que algunas personas dicen que existen círculos, pero no me lo creo". Las personas pueden decir eso porque los cultivos han sido cosechados cuando los visitan.

Los Hermanos del Espacio trabajan discretamente. En ese sentido, creo que son discretos. Pero cuando trabajas para los Hermanos del Espacio, tienes que estar entregado a su trabajo porque no tienen la capacidad de cansarse. Son incansables en su devoción para ayudar a la Tierra, y esperan lo mismo de aquellos que trabajan con ellos.

¿Cuáles han sido sus experiencias en relación a los Hermanos del Espacio? ¿Cómo el trabajo con los Hermanos del Espacio desembocó en su trabajo con el emerger de Maitreya ahora? (Abril 2010)

Participé en el trabajo de un grupo en Londres que afirmaba tener conexión con al menos tres Personas del Espacio: un venusiano y dos de Marte. La información dada por los marcianos era severa y presentada más bien rígidamente. La proporcionada por el venusiano era más suave en su presentación, menos severa. Esto me dio una experiencia de la forma en que trabajan. La mayor parte del trabajo que realizaron a través de este grupo fue la liberación de sus energías a través del grupo, como dando una Transmisión. Era una transmisión de energías al mundo, pero no se denominaba Meditación de Transmisión. No era una meditación. Las personas estaban simplemente allí y mientras estaban allí los Hermanos del Espacio enviaban sus energías a través de ellos al mundo.

El grupo cambió su naturaleza en cierto momento y se me pidió que me retirara del mismo, lo que hice. Entonces fui contactado por uno de los Maestros y el resto ya lo conocéis. He estado haciendo este trabajo desde ese momento. Al principio fue con y para los Hermanos del Espacio, y mi Maestro actuó como intermediario entre ellos y yo.

Existen tantas facetas de trabajo con los Hermanos del Espacio que es muy difícil dar más que sólo una diminuta pista. Ellos trabajan con grupos. Yo trabajé con un grupo del que Adamski formaba parte. Sólo nos reuníamos fuera del cuerpo. No nos reuníamos en el cuerpo físico. No nos reuníamos en un club o nada parecido. Algunos de nosotros nos conocíamos en el plano exterior pero no nos reuníamos como un grupo excepto fuera del cuerpo. Allí debatíamos. Probablemente es difícil para vosotros imaginar de qué hablábamos. Pero puedo sólo deciros esto: había planes que debatíamos, lo que debía hacerse y lo que podía hacerse, lo que no podía hacerse y por qué, etc. Cuanto más tiempo uno trabajaba para los Hermanos del Espacio más se involucraba uno. Yo también tenía un trabajo específico que hacer en conexión con los ovnis, las naves reales. Yo no tenía un coche para entonces y no había aprendido a conducir. Nunca sentí el impulso o necesidad de conducir. Pero el trabajo que estaba haciendo con los Hermanos del Espacio, desde su punto de vista, se haría mejor si yo aprendía a conducir, así que aprendí a conducir un coche.

Me temo que no puedo hablar abiertamente sobre la naturaleza de mi trabajo con los Hermanos del Espacio pero finalmente condujo al trabajo que estoy realizando actualmente, preparar el camino para la exteriorización de nuestra Jerarquía Espiritual con Maitreya a su cabeza.

65

El peligro invisible

Por el Maestro —, a través de Benjamin Creme

Si los hombres vieran el estado del mundo como Nosotros, los Maestros, lo vemos, estarían sorprendidos, perplejos y atemorizados, todo al mismo tiempo. Tan lejos de la realidad está la visión del hombre sobre las condiciones en la Tierra, y tan falto de juicio está sobre las posibilidades futuras, que, sin ayuda, el hombre presenciaría el languidecimiento y muerte de su hogar planetario.

Como está, el planeta Tierra se encuentra en una triste y peligrosa condición mientras que el paso de cada día le acerca más al punto crítico. Muchas voces han articulado advertencias sobre el calentamiento global, y muchos puntos de vista se han expresado, pero incluso la más terrible profecía se queda corta de la calamidad a la que se enfrenta el mundo hoy. Pocos hay que ven la inminencia de la amenaza y la urgencia de los pasos necesarios para contrarrestarla.

Grande como es el peligro planteado por el calentamiento global, éste, desafortunadamente, no es el mayor, o más peligroso, al que se enfrenta la humanidad hoy. Si lo supiera, el hombre está ocupado en una lenta pero constante intoxicación creciente de la raza y de los reinos inferiores. La toxicidad, las contaminaciones, de todos los tipos, y en todos los campos, son ahora el mayor peligro para los hombres, los animales y la Tierra misma. Todos están envenenados y enfermos a su manera.

Desconocido para los hombres pero evidente para Nosotros, el mayor daño soportado por los hombres y el planeta en esta triste historia está causado por la radiación nuclear. Los hombres se han extraviado mucho en el desarrollo de esta fuente de energía tan peligrosa. Corrompidos por la codicia, y la falsa esperanza de grandes beneficios, ellos han concentrado sus experimentos en 'subyugar' a la fuente de energía más peligrosa jamás descubierta por el hombre, desatendiendo, mientras tanto, un uso alternativo totalmente seguro de la energía del átomo. La fusión atómica, fría e inofensiva, podría ser suya a partir de un simple isótopo del agua, disponible en doquier en los océanos, mares y ríos, y en cada lluvia.

El hombre debe cesar su 'juego con la muerte'. La fisión atómica es el resultado de las bombas atómicas que destruyeron Hiroshima y Nagasaki; que estalló en Chernobyl y causa, sutilmente, muerte y enfermedad actualmente. Es "aquello que está donde no debiera" y a lo que debería renunciar el hombre si desea progresar más.

Los científicos terrestres están confiados de que ellos han subyugado, realmente, al monstruo, y que pueden mantenerlo bajo control. Ellos no comprenden que sus instrumentos son realmente rudimentarios, que sólo miden los aspectos inferiores de la radiación nuclear, que extendiéndose sobre estos niveles físicos-densos existen niveles más sutiles y más peligrosos para la salud y bienestar de todos. Si no fuese por los esfuerzos incansables de nuestros Hermanos Extraplanetarios en aliviar este peligro invisible hasta donde la ley kármica lo permite, nuestra grave situación sería realmente peligrosa. ¡Despierta, humanidad!

(*Share International*, Junio 2006)

Materia etérica y ciencia actual

¿Por qué nuestros científicos afirman que no existen humanos en otros planetas? (Julio/Agosto 2004)

Las personas en cuerpos físicos en Marte y Venus, Mercurio, Júpiter, etc., no están al mismo nivel o vibración física que lo que pensamos. Sólo conocemos tres aspectos del físico: físico sólido, físico líquido y físico gaseoso. Por encima del gas existen aún cuatro niveles adicionales de materia física que hasta ahora no ha sido descubierta en este planeta. Cuando lo sean, comprenderemos mucho más sobre la naturaleza y origen de la enfermedad, el propósito de la vida en este planeta y de la realidad de la vida en otros planetas.

Los seres de Marte y Venus y los otros planetas están en los cuatro niveles superiores físicos. Si uno fuera a Marte o Venus no vería a nadie pero, de todos modos, están en materia física, y tienen cuerpos hechos de esa materia física sutil y más fina a la que damos el nombre de etérica. Nosotros mismos tenemos cuerpos de físico denso, físico líquido, físico gaseoso, y los cuatro planos físicos etéricos –pero aún no hemos descubierto estos últimos.

Su existencia la demostró el gran científico y psicólogo, Wilhelm Reich, que fue compañero y asistente de Freud. Él falleció en una prisión norteamericana en 1975. Fue arrestado por pretender tratar enfermedades con instrumentos, que él afirmaba (correctamente), atraían materia de los planos etéricos, que él denominó "energía orgónica". Él lo veía como un vasto plano de energía orgónica, que el consideraba, correctamente, que estaba en todas partes del universo, soportando al plano físico sólido exterior. Los esoteristas comprenden el plano etérico como cuatro planos, que se hacen cada vez más finos mientras se van elevando. El cuarto etérico está justo por encima del gas, y es invisible a menos que uno tenga visión etérica. La realidad de esta energía etérica, de lo que él denominaba "energía orgónica", fue demostrada de forma palpable por Wilhelm Reich en varios experimentos sencillos. Sin embargo, fue arrestado porque utilizó instrumentos que el denominó el "acumulador orgónico", cajas que acumulan la energía etérica de algunos niveles, normalmente de los dos niveles inferiores, y el cuarto y tercero etérico, para tratar enfermedades incluido el cáncer y otras dolencias. En Norteamérica eso era considerado ilegal. La Administración de Drogas y Alimentos le arrestó, se negaron a permitirle probar su trabajo, y él falleció en prisión.

A menos que uno comprenda la realidad de los niveles etéricos de la energía como niveles de materia más finos y sutiles, uno no puede comenzar a comprender el fenómeno ovni, y uno no puede comprender la creación de los círculos de las cosechas –porque están todos relacionados.

¿Cuán cerca están los científicos de descubrir los cuatro niveles de materia etérica? (Marzo 2010)

Realmente bastante cerca. Ellos ya han postulado algo que ellos denominan "materia oscura". Saben que está allí, pero no pueden localizarla. Sus cálculos les muestran que hay algo que se están perdiendo. Exista cierta sustancia material que es invisible. No pueden probarla pero todos sus cálculos indican el hecho de la existencia de tales niveles. Estos son los niveles etéricos de la materia. Sólo tienen que leer cualquier publicación esotérica para informarse sobre el etérico. Pero en su lugar construyen un ciclotrón que cuesta 20.000 millones de libras esterlinas, e invierten años enviando corrientes eléctricas a través del mismo, acelerándolo cada vez más para descubrir lo que es la materia. Lo podrían descubrir tan fácilmente si sólo abrieran los ojos, por ejemplo, en *La Doctrina Secreta* de HP Blavatsky.

Algunos científicos conocen los hallazgos de Wilhelm Reich, que descubrió lo que denominamos orgón en 1939. El orgón no es más que los cuatro planos etéricos de la materia. Reich los veía como un campo de materia. Es en realidad un campo dividido en cuatro planos, cada uno más refinado. Algunas personas continuaron sus experimentos. A qué nivel y cuán lejos han llegado en un sentido mundano, lo desconozco. Muchos astrónomos actualmente hablan sobre la materia oscura. Saben que existe algo que todos sus experimentos teóricos muestran su existencia pero que aún no han probado que sea más que una idea.

Así que la materia oscura es la misma que el orgón y la misma que los planos etéricos de la materia. Relativamente muy pronto los científicos descubrirán por ellos mismos o se les dará. Cómo será, no lo sé.

Usted ha mencionado previamente que los Hermanos del Espacio están trabajado con científicos en Rusia y Norteamérica. ¿Simplemente les impresionan mentalmente o están trabajando conjuntamente en el laboratorio? ¿Están los Hermanos del Espacio trabajando con científicos altruistas o científicos militares? (Marzo 2010)

Es cierto que están trabajando hasta cierto punto con científicos en Norteamérica y Rusia. Tanto les impresionan sus mentes como trabajan juntos en el laboratorio. ¿Están los Hermanos del Espacio trabajando con científicos altruistas o científicos militares? De hecho, con ambos.

¿Qué se debe hacer para que los científicos reconozcan los peligros de la radiación nuclear que está amenazando el planeta Tierra? (Marzo 2010)

Hazlo saber una y otra vez. Escribe a periódicos, escribe a la televisión y la radio. Habla a tus periodistas y periódicos locales. Haz que entre en los periódicos locales y de allí irá a los principales periódicos. Se precisará a Maitreya y lo que Él dice para convencer a nuestros científicos de las limitaciones de sus mentes 'brillantes'. Ellos comprenden una parte y piensan que es el todo.

¿Qué se ve en el primer plano etérico y en qué se diferencia del segundo plano etérico? ¿Cuál es la diferencia con el tercer plano etérico? ¿Qué se ve en el cuarto plano etérico? (Marzo 2010)

R. Es como todo lo demás. Ves el nivel en el cual te encuentras. Cada expansión de conciencia, que es lo que es la iniciación, proporciona una capacidad creciente de experimentar la realidad como es. Todos verán lo que ven dependiendo de cuán desarrollada tengan su visión etérica. Para simplificarlo, y no necesariamente de forma exacta, cuanto menor sea la visión etérica más rudimentario será lo que se vea en los planos etéricos. Cuanto más desarrollada la visión etérica, más sutil será su campo de visión. También es posible saltarse un plano y ver materia etérica sutil en vez de rudimentaria.

A partir de ahora se encarnarán más niños que ya tendrán desarrollada cierta visión etérica. Es un desarrollo del ojo. Cuando suficientes niños demuestren que pueden ver lo que otras personas no ven, los planos etéricos serán conocidos y aceptados.

Contaminación y radiación nuclear

Hace poco hemos oído hablar en las noticias del proyecto ITER (Reactor Experimental Termonuclear Internacional) que es un reactor nuclear basado en fusión nuclear. Sustituirá a los reactores actuales que funcionan con fisión nuclear. Consiste en un reactor de 500 megavatios (los reactores de fisión alcanzan los 1000 megavatios) pero sólo será operativo en unos 30-40 años. Se dice que es más seguro que un reactor de fisión.

(1) ¿Es eso cierto? Para ser funcional estos reactores necesitan una enorme temperatura comparado con la fusión nuclear fría. (2) ¿No es la fusión nuclear la mejor solución o (3) produce la fusión nuclear fría muy poca energía en comparación con la fusión nuclear 'caliente'? (Marzo 2004)

(1) Sí. (2) Sí. (3) No.

Usted ha dicho que la energía de fisión nuclear es peligrosa y que la fusión no lo es. En Japón existe una instalación de experimentación con fusión y se dice que la fusión es peligrosa. (Julio/Agosto 2006)

Podrían existir experimentos sobre la fusión nuclear, los hay en muchos países del mundo, pero hasta ahora nadie ha encontrado un dispositivo que en términos comerciales valga la pena desarrollarlo. Existe un proceso, aún por descubrirse, que es barato y seguro, utilizando un simple isótopo de agua.

También, y esto es criminal, existen casos en los cuales se desarrolló cierto proceso de fusión y fue comprado por las autoridades de fusión nuclear y espera en un cajón, o en una caja fuerte de esa institución, esperando desarrollo, que nunca tendrá lugar porque interferiría con los millones de dólares que se generan para algunas personas por la fisión nuclear.

También existen muchos proyectos para coches que no necesitan gasolina guardados en las cajas fuertes de los grandes fabricantes de automóviles hasta que se acabe el petróleo.

Nuestro planeta cojea, se duele, a través del espacio. De nuestro abuso de los recursos, de la competencia insana entre las naciones, hemos hecho enfermar a nuestro planeta. El restablecimiento de la salud de nuestro planeta debe convertirse en nuestra primera prioridad después de salvar a las millones de personas que padecen hambruna.

La peor contaminación que envenena todo –las aguas, el aire, los ríos, los mares– es la radiación nuclear que incluso no podemos ver ni medir. Construimos centrales nucleares en todo el mundo pero nuestros científicos no pueden ver los efectos de sus acciones ignorantes.

El 16 de julio de 2007 un terremoto de magnitud 6,8 afectó a la mayor central nuclear del mundo en Kashiwazaki, Japón, causando el incendio de un transformador como también vertidos y fugas en la planta. (1) ¿Fue la fuga nuclear en Japón peor de lo que el gobierno informó? (2) ¿Hubo alguna actividad ovni sobre la zona antes o después de que el reciente terremoto causara el daño? (Septiembre 2007)

R. (1) Sí. (2) Sí, tanto antes como después.

He leído en uno de sus libros que la fusión nuclear es segura y que producirá energía ilimitada. ¿Cuán cerca están los científicos de conseguir esto a una escala lo suficientemente grande para que todo el mundo se beneficie? (Enero/Febrero 2008)

Existen varios enfoques a la fusión nuclear y varios científicos aislados han logrado ciertos progresos para desarrollar este proceso. Sin embargo existe una forma sencilla aún por descubrir: utilizando un isótopo del agua, disponible en todas partes. Si existiera la voluntad, y si una fracción de los billones que se invierten en centrales de fisión nuclear se centraran en esta tarea, no pasaría mucho tiempo hasta que la fusión nuclear estuviera disponible en todas partes. La continuada presencia de la bomba nuclear hace que los políticos y los científicos continúen con su equivocado uso de la fisión nuclear. El temor de quedarse atrás en la 'carrera' nuclear.

¿Cuán grande es el peligro de las armas nucleares? (Julio/Agosto 2009)

La humanidad es la clave. Si no escucháis el consejo de Maitreya de compartir, de justicia, de paz y de correctas relaciones, esta Tierra cesará de existir. O compartimos o morimos. Ahora poseemos el arma más poderosa que jamás se ha concebido, el arma nuclear. Japón sufrió el lanzamiento de dos bombas atómicas al final de la Segunda Guerra Nuclear. Comparadas con las bombas actuales, esas eran como juguetes, pero mataron a muchos miles de personas. Actualmente, se cree que nueve naciones en el mundo poseen armas nucleares. Estas son las cifra oficiales, en realidad existen 24 naciones que tienen bombas nucleares, de forma abierta o no. Si fuesen vueltas a utilizar, sería el fin de la vida en el planeta Tierra durante millones y millones de años.

Tenemos que librarnos de la radiación nuclear en todos sus aspectos lo antes que podamos.

Si se construye un reactor nuclear, pero nunca es operativo (i.e. nunca se enciende) (1) ¿puede aún suponer una amenaza de contaminación para el medio ambiente y la atmósfera? Igualmente, (2) si el reactor se cierra, ¿puede aún suponer una amenaza si está parado o durante el proceso de desmantelamiento? (3) Si es así, ¿cuán grave sería la amenaza? (Octubre 2009)

(1) Sí. (2) Si. (3) Depende de la pericia al manipularlos.

En Francia existen grupos antinucleares que afirman que 50 millones de personas han muerto directa o indirectamente por la energía nuclear y pienso que eso incluye la contaminación. ¿Podría su Maestro corroborar si esa cifra es correcta? (Enero/Febrero 2009)

No sé cómo han llegado a esa cifra. ¿Cómo miden cuántas personas han muerto como resultado de la radiación nuclear? A menos que seas un Maestro es imposible de ponderar. Mi Maestro dice que en los últimos tres años, cerca de 200.000 personas han muerto como resultado de la radiación nuclear a niveles que no se saben que afectan a las personas para nada. Es una cifra aproximada pero no 50 millones.

¿Cuál es el significado del incidente de Chernobil en términos de la viabilidad de la energía nuclear como una forma segura de energía? (Junio '86)

Es evidente que este desafortunado accidente demuestra, una vez más, cuán volátil y potencialmente peligroso es nuestro actual método (de fisión) de utilizar la energía nuclear. Significativamente, los científicos rusos involucrados han dicho que la explosión y posterior sobrecalentamiento de la barra de fisión ocurrió de una forma que no podría haber sido vaticinada por el conocimiento científico actual. Si esto es cierto, por consiguiente, la misma situación peligrosa puede existir perfectamente en cada central nuclear del mundo. Siendo eso así, únicamente hay una respuesta al problema: el cierre definitivo de todas las centrales nucleares y el abandono del método actual de fisión para extraer la energía del átomo. Esto liberaría los recursos para la investigación a gran escala en el proceso de la fusión, ya teóricamente posible. Empleando un simple isótopo de agua, disponible en todas partes, el proceso de fusión del futuro nos dará energía ilimitada para todas nuestras necesidades, con seguridad.

Casualmente, mi Maestro, comentando sobre el accidente de Chernobil, dijo que fue grave, pero que la amenaza de radiación no fue ni con mucho tan extendida o tan peligrosa como los medios de comunicación occidentales difundieron, ni tampoco el número de personas muertas en nada cercano a la especulación occidental. Esto ha sido admitido por la dirección norteamericana por la Agencia Internacional de la Energía Atómica. Mi Maestro también dijo que aproximadamente una semana después del accidente, los Hermanos del Espacio comenzaron a neutralizar las peores concentraciones de radiación nuclear, hasta los límites de la ley kármica. Ellos pidieron y recibieron permiso de los Señores del Karma, para actuar en nuestro beneficio de esta manera.

Un investigador de ovnis, Robert Hastings autor de *UFOs and Nukes: Extraordinary Encounters at Nuclear Weapons Sites* (Ovnis y Nucleares: extraordinarios encuentros en recintos de armas nu-

**cleares) (publicado en 2008) escribió sobre varios incidentes en una
entrevista (*SI*, Marzo 2010) donde grupos de misiles nucleares en
recintos de lanzamiento de las Bases de las Fuerzas Aéreas en EEUU
sufrieron fallos simultáneamente en el momento en que fueron avis-
tados ovnis flotando inmóviles sobre los silos de misiles. El ex personal de la Fuerza Aérea que Hastings entrevistó pareció pensar que
los ovnis estaban demostrando deliberadamente que tenían la capacidad de interferir con el funcionamiento de los misiles nucleares y
se ordenó al personal que hubiera experimentado esos fallos nunca
hablar sobre esos incidentes.**

**¿Podría confirmar de que los ovnis que él mencionó, flotando sobre
varios recintos nucleares, bases de misiles y centrales nucleares,
estaban llevando a cabo operaciones de 'limpieza' de parte de las
filtraciones de radiación a la atmósfera? ¿O estaban demostrando
sus capacidades? (Marzo 2010)**

No. Su presencia era en carácter de observación. Estaban comprobando
la fuerza de la radiación proveniente de los recintos nucleares. Las in-
terrupciones fueron involuntarias. Muchas personas han informado a lo
largo de los años que sus coches se habían detenido o luces apagado si
había ovnis en las cercanías. La energía de estas naves espaciales tienen
un efecto en los motores de los coches. Es común, pero algo pasajero.

**En la misma entrevista de Robert Hastings, él relato informaciones
sobre el incidente de Chernobyl de que "un globo, un objeto esférico
fue avistado flotando inmóvil durante unos pocos segundos sobre el
destruido reactor que había estallado. Dos haces de luz carmesí fueron vistos emanando de este globo hasta el mismo reactor". ¿Estaba
este ovni neutralizando los efectos de la radiación? (Marzo 2010)**

En el caso de Chernobyl, sin embargo, hubo un intento deliberado de
disminuir la radiación destructiva sobre Rusia y Europa.

Salvar el planeta

**En un reciente programa de televisión británico se afirmó que gran
parte del calentamiento global está causado por los océanos y es
completamente natural. ¿Podría comentar sobre esto? (Mayo 2007)**

Ésta es una idea muy peligrosa y ampliamente creída por aquellos que de buena gana aceptarían que no necesitamos hacer nada para prevenir o reducir nuestras emisiones de gases de carbono que causan el calentamiento global. Es muy importante que aprendamos a hacer frente no sólo al calentamiento global sino también todos los cambios que están teniendo lugar en el entramado de nuestro planeta. Existen muchos científicos en ambos bandos de esta cuestión, y los abastecedores de petróleo no pierden tiempo en utilizar a aquellos que dicen que hay nada de que preocuparse. Según los Maestros, que son las únicas personas que pueden saber con certeza, el 80 por ciento del aumento de la temperatura en el mundo se debe al calentamiento global causado por el hombre. Veinte por ciento se debe a ciertos cambios en la relación entre el sol y la Tierra que Maitreya mismo provocó, en parte para llamar nuestra atención sobre la urgencia de abordar este peligro para nuestra vida planetaria.

Algunos científicos afirman que plantar árboles para combatir el cambio climático es una pérdida de tiempo, dado que la mayoría de bosques no tienen un efecto generalizado sobre la temperatura global; y aquellos más lejanos al Ecuador podrían incluso empeorar el calentamiento global. Cuando viajo en avión escojo hacer una contribución a un proyecto de reforestación para subsanar las emisiones de carbono. ¿Es una pérdida de tiempo? ¿Podría comentar sobre esto? (Enero/Febrero 2008)

Mi información es que esta afirmación 'científica' sencillamente no es cierta. Los bosques ecuatoriales poseen realmente el mayor factor de absorción de carbono, pero los bosques de cualquier sitio tienen al menos un 30 por ciento de factor de absorción de dióxido de carbono que intercambian con un porcentaje similar de oxígeno.

¿Es el reciclado de los residuos realmente beneficioso en la lucha contra el cambio climático? Algunos expertos afirman que se necesita más energía para reciclar que simplemente para incinerar. (Enero/Febrero 2008)

El objetivo de reciclar es economizar en el uso de los recursos básicos así que casi siempre es la forma menos destructiva de los bienes del planeta.

¿Vale la pena hacer todas estas pequeñas cosas como no utilizar demasiada agua, apagar las luces, utilizar bombillas de bajo consumo, etc., o sólo se trata de una forma de evitar solucionar el gran problema? (Enero/Febrero 2008)

El problema real es global y debe abordarse desde un acuerdo global para reducir drásticamente nuestras demandas sobre los recursos del mundo. Las naciones desarrolladas, en particular, tendrán que simplificar su forma de vida. Esto podría resultar difícil para muchas personas. Comenzar con las formas que ha sugerido es una forma muy buena de entrenarse día a día. Considere estas medidas como un buen entrenamiento para el futuro.

¿Qué piensa sobre la tecnología de captura y almacenamiento de carbono, capturar y almacenar el dióxido de carbono bajo tierra durante largos períodos? (Enero/Febrero 2009)

Durante miles de años. El principal problema en todas estas ideas es la necesidad de librarse de los desechos. El uso de la energía nuclear en sí misma no es visto como un problema. Los científicos nucleares no ven un problema en deshacerse de los desechos producidos al utilizar la energía nuclear, incluso se arroja en los océanos, en recipientes de acero y cemento. Cambia profundamente la ecología de los océanos. Es lo suficientemente malo actualmente, y si no fuese por el trabajo de los Hermanos del Espacio, sería infinitamente peor.

El clima está siendo cambiado. La vida de peces de todo tipo está siendo modificada, todo debido al almacenamiento de la radiación nuclear. Todos los desechos que tienen es lo que ellos denominan 'radiación nuclear de baja intensidad'. Bueno, no tiene nada que ver con la intensidad. Si colocas los desechos en el mar, está contaminado desde el mismísimo comienzo y ellos sólo tienen instrumentos capaces de medir la radiación hasta cierto punto. Por encima de eso, no poseen la tecnología para medirla. Así que asumen que no es relevante. Pero es el nivel de radiación más peligroso, y no saben nada de ello.

El almacenamiento de carbono tiene un problema similar. Tienen que almacenarlo en algún sitio, en algún sitio en el que no sea nocivo. Bueno, ¿dónde no es nocivo? No en mi patio trasero, digo yo y también todos los demás. No existe ningún sitio en el que sea seguro. ¿Dónde colocas carbono almacenado en contenedores muy profundo bajo tierra durante miles de años donde no sea nocivo? No saben el daño que ocasionará y no saben cuándo se escapará, filtrándose por las fuerzas de la tierra misma como un terremoto, digamos, y vuelta a estar libre.

Es abordar un problema siempre desde el ángulo incorrecto. No buscamos la causa y la abordamos. ¿Qué está causando el problema? ¿Qué está causando la radiación nuclear? ¿Qué está causando el calentamiento global? Si el calentamiento global está causado parcialmente por la destrucción de los árboles, entonces debemos acabar de talar nuestros árboles, especialmente los antiguos bosques primarios del mundo, cuyos árboles almacenan grandes cantidades de dióxido de carbono y devuelven a nuestra atmósfera oxígeno en su lugar. Nuestra atmósfera está sufriendo un proceso de dioxidación y el dióxido de carbono no tiene sitio adonde ir, así que crea el calentamiento global. Pero si no fuésemos tan derrochadores en nuestro uso del bosque, podríamos reducir una gran fuente del calentamiento global.

No buscamos las causas porque no nos gustan las causas. Las causas tienen que ver con leyes, como en causa y efecto, y no nos gusta. Preferimos estar fuera del alcance de la disciplina de la Ley. De alguna forma la mente mecánica moderna nunca busca la causa porque no desea cambiar su tecnología. Podríamos afirmar que no podemos existir sin el bosque. Pero lo que los países ricos hacen es preservar su propios bosques firmes y comprar lo que necesitan de los países más pobres, como Brasil, países de África y de otros lugares. Estos países se ven forzados a talar, o permitir que les talen, sus bosques ancestrales, que son totalmente esenciales para la vida humana.

Así que si queremos saber qué hacer sobre cualquier cosa buscamos la causa. Y si la encontramos, buscamos remediar esa causa. Todo es sencillo. Podemos construir ciclotrones de una longitud de 23 kilómetros y que llevan 20 años construir y cuestan miles de millones de dólares. Pero si le preguntas a un esoterista, él te dará las respuestas. Gratis. En un minuto.

Los biocombustibles están siendo fuertemente promovidos como una fuente alternativa viable de combustible. Pero los biocombustibles se cultivan a expensas de las personas locales, sus cultivos, los bosques y todas las formas animales y aviares en ellos, el aire, la tierra y las fuentes de agua. Parecería que estamos desastrosamente atrapados entre la espada y la pared. Podría dar sus sugerencias o comentarios por favor. (Diciembre 2007)

Otra decisión equivocada de la humanidad, impulsada, como lo están la mayoría de nuestras decisiones en la actualidad, por las fuerzas del mercado (las fuerzas del mal, como Maitreya las denomina) en nuestro afán por encontrar una alternativa a la dependencia del petróleo. Se necesitará a Maitreya para que indique el camino a la cordura.

¿Cuál es la forma más efectiva de limpiar la contaminación del suelo, a menudo contaminado con cadmio, plomo y muchos otros productos químicos? (Diciembre 2007)

Para la solución final y perfecta debemos aguardar el consejo de los Maestros, pero hay mucho que podemos hacer por nosotros mismos, sobre todo, cesar de utilizar la tierra, los ríos y los océanos como cubos de basura para nuestro codicioso impulso de crecimiento.

¿Dicen realmente los ecologistas que al planeta Tierra sólo le quedan entre 15 y 20 años? ¿Es esa una exageración? (Abril 2008)

No los ecologistas sino los Maestros han dicho que no tenemos entre 50 y 100 años (como muchos ecologistas creen) sino entre 15 y 20 años para rescatar el planeta antes de que alcance un punto en el cual los problemas sean irreversibles.

¿Cómo podemos mejor arreglar y solucionar el dilema ético tanto de la superpoblación y el consumo excesivo para salvar la Tierra para los futuros terrícolas? (Octubre 2008)

Compartiendo los recursos del mundo.

(1) ¿Podría su Maestro expresar su opinión sobre un tema científico muy complejo, como que acelerar el desarrollo de tecnología verde lo máximo posible no será suficiente para detener los peligros del calentamiento global, una opinión recientemente expresada por personas como la periodista científica Sharon Begley y el destacado científico James Lovelock? (2) Si es así, ¿sugeriría Él utilizar el método de reducir los desechos agrícolas a carbón quemándolo en un entorno bajo en oxígeno, aislando así el carbono que las plantas toman del aire cuando crecen en forma sólida? (3) ¿O estaría Él de acuerdo con Freeman Dyson, una de las personas más sagaces del mundo, que dice que deberíamos parar de preocuparnos y que el problema terminará siendo un gran fraude como lo fue el tema del efecto 2000 en los ordenadores al comienzo del milenio, tranquilizando así a personas como yo cuyas propias opiniones van fluctuando de un extremo a otro? (Mayo 2009)

(1) Sí. Existen otros factores además del calentamiento global, por ejemplo, la deforestación. La pérdida de tantos árboles antiguos ha dado como resultado una inmensa pérdida de oxígeno que debe restaurarse. (2) Sí,

eso es algo que podríamos hacer para empezar. (3) No, esa actitud de uno de las personas más "sagaces" del mundo acabaría en un desastre total.

¿Cuando su Maestro dijo que las ciudades del futuro estarían diseñadas más humanamente y también con menos población, se estaba refiriendo a una reducción de la población global, tanto rural como urbana, y si es así, sería esto causado por los mismos factores, cualquiera que sean, que son los responsables del descenso de la población en Rusia, Japón y algunos países europeos? ¿O es un descenso global de la población inevitable por las razones dadas por James Lovelock, autor de *La Hipótesis Gaia*? Lovelock dice que un calentamiento global de al menos 2 grados Celsius tendrá lugar con toda seguridad debido a los gases de efecto invernadero que ya están en la atmósfera, donde permanecerán durante cientos de años, y que el resultado neto sería que para finales de siglo, nuestro planeta sólo sería capaz de sustentar una producción agrícola suficiente para una población de aproximadamente 1.000 millones de personas. (1) ¿Es esta predicción demasiado pesimista en su opinión? (2) ¿O es precisa y como dice Lovelock, no realmente desalentadora, dado que 1.000 millones de personas son muchas, considerando que, la humanidad ha pasado por 'cuellos de botella' demográficos mucho más severos en el pasado distante y sería mucho más sabio y contundente tener que hacerlo nuevamente? (Septiembre 2009)

R. Si fuésemos a hacer poco o nada para superar el calentamiento global hasta cierto grado, la proyección de Lovelock posiblemente sería bastante precisa aunque el calentamiento global, al mismo tiempo, pondría a disposición enormes zonas para el cultivo en las regiones subárticas del norte de Europa, Rusia y Canadá, que podrían producir enormes cantidades de alimentos para el mundo. De cualquier forma, es probable que Lovelock no haya oído sobre la presencia de Maitreya y de Su pronto emerger. Si respondemos, Maitreya y Su grupo de Maestros saben lo que se necesita hacer para limitar y superar el calentamiento global. Mi Maestro indicó que este mundo podría soportar y alimentar confortablemente a unas 4.500 millones de personas, y con el tiempo, la población de la Tierra será esa, no debido a la hambruna o la falta de alimentos, sino por un control social natural de la función sexual y una vida social y cuidado más justos por todos los grupos. Por ejemplo, las enormes familias de personas en los países más pobres están gobernadas por la necesidad de apoyo de los padres en la vejez. Ellos deben tener muchos hijos porque saben que la mayoría de ellos morirá antes que ellos. Es su forma de seguro para la vejez. Cuando el compartir y la justicia sean realidades en el mundo, esta ignominia cambiará y la población disminuirá de forma natural.

La 'Estrella' que anuncia el Emerger de Maitreya

El 12 de Diciembre de 2008 Share International distribuyó un comunicado de prensa anunciando que, en el futuro muy cercano aparecería una "luminaria semejante a una estrella" anunciando la primera aparición de Maitreya en la televisión norteamericana. La 'estrella' fue vista por primera vez alrededor de las Navidades de 2008 en Noruega y poco después en todo el mundo. Esto continuará hasta el Día de la Declaración.

La 'estrella' es una de las cuatro naves espaciales gigantescas colocadas en nuestros cielos al norte, sur, este y oeste para que así puedan verse en todo el mundo.

Primera entrevista de Maitreya

Por el Maestro —, a través de Benjamin Creme

En el futuro muy cercano, las personas de todas partes tendrán la oportunidad de presenciar una señal extraordinaria y significativa, de una naturaleza tal que sólo se ha manifestado antes una vez, en el nacimiento de Jesús. Entonces, según la enseñanza cristiana, una estrella apareció en los cielos y condujo a tres hombres sabios de Oriente al lugar de nacimiento de Jesús. Pronto, una vez más, una luminaria semejante a una estrella de brillante poder será vista en todo el mundo. ¿Qué significa eso? ¿Cómo es posible?

La respuesta yace en el hecho de que este evento misterioso es una señal, y anuncia el comienzo de la misión abierta de Maitreya. Pronto después de que la señal aparezca en nuestros cielos, Maitreya dará Su primera entrevista a los medios en una televisión norteamericana.

En esa ocasión abierta y pública, aún no anunciado como Maitreya, el Instructor del Mundo presentará Sus puntos de vista sobre el actual caos económico y financiero que ahora asola al mundo. Él explicará sus orígenes y su resultado final, y presentará, hasta cierto punto, Su receta para la mejora de la actual y pesada carga de los pobres del mundo. Así Él preparará el camino para un anuncio más detallado y específico de Sus ideas.

¿Cómo responderán los espectadores? Ellos no conocerán Su trasfondo ni status. ¿Escucharán y considerarán Sus palabras? Es demasiado pronto para saberlo con certeza pero lo siguiente puede decirse: Nunca antes habrán visto o escuchado hablar a Maitreya. Tampoco, mientras escuchan, habrán experimentado Su energía única, corazón a corazón. También, éste es un momento único en la historia con naciones enteras desconcertadas y temerosas por el futuro. Por tanto puede asumirse que muchas personas que oirán Sus palabras estarán abiertas y ávidas de oír más. No es por nada que Maitreya ha esperado pacientemente este momento para entrar en el mundo público; Norteamérica, por ejemplo, no hubiera respondido antes. Ahora, por primera vez en muchos años, una nueva Administración tiene que ocuparse del caos financiero, el desempleo y el malestar social a una escala masiva. El momento de la verdad para Norteamérica y el mundo ha llegado.

No sólo en Norteamérica sino en todo el mundo, las personas están despertando a la necesidad y la posibilidad de cambio. Los políticos y economistas llaman a la presente situación un 'bache' y una 'recesión'. En realidad, estamos presenciando los últimos trompicones del viejo orden. Millones de personas se están volviendo conscientes de que la competencia y la codicia desenfrenadas no son el sendero más seguro para los hombres, de que tales doctrinas materialistas crean un 'terreno pantanoso' para los imprudentes, y, finalmente, para la crisis internacional que padecemos hoy.

Por supuesto, muchas personas de crecientes fortunas permanecen apartadas de la actual pérdida de confianza en las formas que les han hecho ricas, y piensan que sólo 'es cuestión de tiempo' hasta que volvamos a encarrilarnos y prosperemos de nuevo.

¿Prestarán atención a Maitreya y reconocerán el sentido de Su argumento? Perdidas en su arrogancia y autoestima, posiblemente no. Sin embargo, muchos son menos optimistas sobre un regreso al status quo. Muchos han sufrido dolorosas pérdidas y han perdido la fe en los viejos métodos. Las personas de las naciones están maduras y listas para el cambio. Ellas piden el cambio y una vida más significativa. Maitreya recordará a los hombres de lo fundamental sin lo cual no hay futuro para el hombre: Justicia y Paz. Y el único camino hacia ambas es a través del compartir.

(*Share International*, Enero/Febrero 2009)

[Nota: El 14 de Enero de 2010, Benjamin Creme anunció en su conferencia pública en Friends House, Londres, que Maitreya había dado Su primera entrevista en la televisión norteamericana, y que millones de personas le habían escuchado hablar tanto en televisión como en Internet.]

La 'estrella' que anuncia el emerger de Maitreya

¿Qué podemos hacer para que el emerger de Maitreya sea más pronto y cuándo Él emergerá aproximadamente? (Octubre 2008)

Mi información es que Él emergerá muy, muy pronto, incluso para nuestros estándares. Se me ha dicho durante 30 años y pico que Él emergería 'pronto', pero es según los estándares de tiempo de los Maestros. Ellos trabajan en ciclos de 2.000 años, así que unos pocos años para los Maestros es como una tarde de domingo.

El emerger de Maitreya está basado en ciertas leyes, sobre todo las leyes que gobiernan nuestro libre albedrío. En cualquier momento desde 1982 Él podría haber sido invocado por la humanidad, con la humanidad llevando a cabo sólo unas pocas acciones que le hubieran permitido presentarse.

En una conferencia de prensa en mayo de 1982 hablé a casi un centenar de periodistas de las principales cadenas de EEUU, además de la BBC, y revelé exactamente el paradero de Maitreya, la comunidad asiática de Londres, que yo ya sabía desde hacía unos años, pero que no se me había permitido divulgar hasta entonces. Les invité a ir a Londres y realizar los pasos de buscar a Maitreya. No tenían que encontrarle. No podían encontrarle sin Su ayuda. Pero si uno o dos o tres periodistas de reputación, y por tanto de influencia, hubiera venido a Londres y simplemente hubieran realizado los pasos de buscarle, Maitreya se les hubiera presentado. Y nadie hizo nada.

Así que Maitreya tuvo que tomar el sendero largo y lento de salida al mundo que ha llevado más de 30 años debido a que la humanidad no estaba preparada o no hizo que los medios de comunicación actuaran. Los medios de comunicación no actuaría a menos que fuesen presionados por la humanidad, y así nada se hizo.

Ha llevado tiempo hasta que los eventos mismos tuvieran lugar como la caída de las bolsas que está teniendo lugar, el colapso bancario. Las burbujas económicas están estallando, como bien sabéis, no sólo en EEUU sino en Europa y en otras partes del mundo. Maitreya realizó esa predicción en 1988, Él dijo que el colapso tendría lugar y que comenzaría en Japón. Comenzó en Japón en 1989 cuando el índice Nikkei cayó de los 40.000 puntos hasta los 7.000 puntos y permaneció entre 7.000 y 10.000 durante una década o más.

El momento de Su emerger depende de la humanidad. Si no actuamos, Maitreya no puede actuar. Existen leyes que gobiernan a un Avatar de tal estatura como Maitreya. Él simplemente no puede presentarse cuando tú o yo lo deseemos, o incluso cuando Él lo desee.

¿Qué indicios tendremos de que Maitreya está realmente emergiendo? (Noviembre 2008)

Cuando Maitreya esté a punto de darse a conocer las personas verán una inmensa, reluciente y brillante estrella, visible a todos. Yo podría no deciros cuál es Su aspecto, no porque sea un juego, sino porque es importante que creáis en lo que Él está diciendo. No tiene importancia si pensáis que Él no es Maitreya. Si veis a un hombre que habla sobre compartir, justicia y libertad para todos, un completo cambio en las relaciones del mundo, entonces podríais pensar: "¿Quizás ese es Maitreya?"

Maitreya no es el único que habla sobre libertad y justicia, y yo no soy el único que dice estas cosas. Yo soy el único que las relaciona con Maitreya, pero las personas han estado hablando de estas ideas durante años.

En el nacimiento de Jesús apareció una gran y brillante estrella, que condujo a los tres Reyes Magos hasta Él. En la actualidad, una semana antes de que Maitreya se apareciera milagrosamente en Nairobi, Job Mutungi informó en el Kenya Times que "se podía ver una gran estrella brillante desde la ciudad". (1) ¿Fueron estas realmente estrella, y si no, qué fueron? (2) ¿Ocurre esto con la venida de cada nuevo Instructor? (Abril 1996)

(1) Eran naves espaciales. (2) No.

(1) ¿Existieron realmente las genuinas figuras históricas conocidas como los "tres reyes magos"? (2) ¿Quiénes eran? (3) ¿Por qué buscaban a Jesús? (Enero/Febrero 2009)

(1) Sí. (2) Eran Maestros. (3) Ellos no estaban "buscando" a Jesús. Vinieron a mostrar sus respetos a Aquel que sería adumbrado por el Cristo.

(1) ¿Es la nueva 'estrella' el regreso de la estrella de Belén o la "señal del Hijo del Hombre" como profetizó Jesús? (2) ¿Son todas las cosas que han estado sucediendo en el pasado reciente señales de Él apareciendo pronto? (3) ¿Cómo explica la profecía de la Biblia en Mateos 24:29-31, donde Jesús dice que Él vendrá "sobre las nubes del cielo con poder y gran gloria"? Y la escritura que dice: "y enseguida vendrá a su Templo el Señor a quien vosotros buscáis; y el Ángel de la alianza, que vosotros deseáis, he aquí que viene, dice Jehová de los Ejércitos" (Malaquías 3:1). Esto habla claramente sobre un templo real en Israel (al menos, para mí). El problema es que el pueblo judío no ha reconstruido el antiguo templo de Salomón. Este profecía aún debe cumplirse. (4) ¿Cómo ve que esto vaya a suceder? (Julio/ Agosto 2009)

(1) La 'estrella' es, simbólicamente, la señal del Hijo del Hombre y anuncia la primera aparición de Maitreya, el Instructor del Mundo, en la televisión de EEUU, entrevistado no como Maitreya, sino como un hombre normal y corriente. (2) Sí. (3) Maitreya descendió de Su retiro en los altos Himalayas el 8 de julio de 1977, permaneció algunos días en Pakistán, luego vino desde Karachi a Londres, Reino Unido, el 19 de Julio de 1977, en avión, así "viniendo sobre las nubes" que actualmente todos pueden hacer. (4) El 'templo' al que se refiere este texto simbólico es al 'templo de la verdad'. Maitreya ha dicho: "Yo soy el Arquitecto, sólo, del Plan. Vosotros, hermanos Míos, sois los dispuestos constructores del Templo de la Verdad", una humanidad purificada y saneada viviendo en correctas relaciones humanas.

Estoy confuso sobre la conexión entre Maitreya y seres de otros planetas, ej. las grandes naves espaciales que están apareciendo como la 'estrella'. ¿Cuál es la conexión entre Maitreya y estos Seres? ¿Por qué se involucrarían en Su venida? (Octubre 2009)

Todos nosotros vivimos en el mismo sistema solar que funciona como un sistema unitario. El público podría generalmente no saber, o creer, en la realidad de la vida en otros planetas de nuestro sistema pero las

Jerarquías de todos los planetas están en contacto. Existe realmente un tipo de Parlamento Interplanetario que representa a todos los planetas. Los Hermanos del Espacio están aquí para ayudar a las personas de la Tierra a superar las dificultades que con nuestra ignorancia hemos creado y trabajan con Maitreya, y nuestra Jerarquía Espiritual en su conjunto, en el trabajo de salvación.

¿Tienen las cuatro 'estrellas' otras funciones además de anunciar el emerger de Maitreya? (Marzo 2010)

Sí, también representan la realidad de los Hermanos del Espacio, es decir, cuando se sepa que no son realmente 'estrellas', porque las estrellas están a millones de kilómetros de distancia y éstas son sólo luminarias semejantes a estrellas. ¿Así qué son? En realidad son naves espaciales, y han venido de diferentes planetas para realizar la tarea de ser un heraldo del emerger de Maitreya, al igual que una lo hizo hace 2.000 años en el nacimiento de Jesús, cuando una nave espacial fue enviada a guiar a los tres Maestros a Belén. Ésta es una repetición de ese evento, sólo que ahora no sólo son los tres reyes magos, sino que toda la humanidad tiene que saber sobre ello.

El hecho de que fuéramos capaces de predecir la aparición de las 'estrellas' [12 de Diciembre de 2008] es una prueba de que esta información es correcta. Comenzaron a ser vista poco después de Navidad 2008 y ahora son avistadas por personas en todo el mundo. Anuncian la primera aparición en televisión de Maitreya.

Cuando suficientes personas estén respondiendo a las enseñanzas de Maitreya, le pedirán que hable a todo el mundo a través de las cadenas de televisión conectadas. Sólo entonces Él revelará Su verdadero status. Maitreya estará en la televisión de todo el mundo así que por primera vez todos en todo el mundo podrán verle. Esa es la razón por la que se dice en la Biblia, "Y todos los ojos le verán". Se precisa la televisión para hacer eso posible.

La llegada de la 'estrella' es un heraldo. Es una representación simbólica de ese acontecimiento hace 2.000 años para convencer a aquellos que están preparados para ser convencidos, aquellos que tienen una mente suficientemente abierta para verlo como simbólico, para prepararles para lo que va a suceder, la venida al mundo del Cristo, el Instructor del Mundo, pero esta vez reconocido mundialmente.

Cuando el Cristo vino la última vez, él no fue realmente reconocido como el Cristo. Él vino a los judíos a través de Jesús como el Mesías judío. Ellos esperaban al Mesías. Cuando Jesús vino no fue reconocido ni incluso como el Mesías exceptuando por un grupo muy pequeño de personas. Alrededor suyo había sólo 12 discípulos, un grupo más amplio de unos 75 discípulos no tan estrechos y alrededor de 500 personas que eran desconocidos interesados. Ese era el total. Difícilmente parecería como la venida del Cristo al mundo, que en realidad sí lo fue.

Los últimos tres años de la vida de Jesús, que él pasó siendo el vehículo para el Cristo, adumbrado por Maitreya, cambiaron la faz del mundo. Ahora hemos llegado al final de esa fase. Estamos entrando en una nueva fase en la cual el Cristo viene Él mismo abiertamente al mundo para toda la humanidad.

La restauración del mundo

Por el Maestro —, a través de Benjamin Creme

Desde casi todos los puntos de vista la situación a la que se enfrentan los hombres en todas partes se hace cada vez más dolorosa a diario. El caos económico resultante de años de codicia desenfrenada y competencia despiadada asola el honesto esfuerzo y aspiración de incontables millones de personas. En general, los hombres de dinero continúan despreocupadamente, sus riquezas intactas, mientras hombres y mujeres en cada país se enfrentan al desempleo, la pobreza y el temor. Lecturas más precisas de los cambios climáticos muestran a los hombres cuán cerca está este planeta de la calamidad irreversible, y las campanas de alarma suenan alto en muchos frentes políticos, elevando a nuevos niveles el factor de estrés.

¿Cuánto más de esta tensión puede soportar la humanidad? ¿Durante cuánto tiempo aceptarán los hombres, ligeramente, su destino? Los hombres desesperados realizan actos desesperados y ya en sus mentes, aunque no sea aún en sus acciones, muchos contemplan la revolución.

Detrás de la escena, Maitreya observa cuidadosamente estos acontecimientos, y proporciona socorro donde la Ley permite. Él espera, pacientemente, el aumento de la respuesta a la señal de Su Emerger, la "luminaria semejante a una estrella de brillante poder" a la cual muchos fijan ahora la mirada con asombro e incluso amor.

Lo que es deseable es alguna medida de debate público sobre la trascendencia o significado de la Estrella, indicando así el emerger de Maitreya, el Instructor del Mundo. Cuanto más amplio y público el debate, en mayor medida prepara el camino a la entrada de Maitreya. Pronto será innegable. Muy pronto, Venus se moverá más allá de la visión de los hombres y así dejará la plataforma de los cielos abierta a la Estrella. Entonces no habrá duda de que la Estrella está allí para que todos la vean.

Si el suficiente debate puede fomentarse en los diversos medios de comunicación e Internet, no pasará mucho tiempo hasta que los hombres vean y oigan hablar a Maitreya. Él no será así nombrado, para que los hombres puedan juzgar Sus ideas en vez de Su status.

Al profundizarse la crisis económica, una reacción singular está apareciendo en muchos países: junto al temor, la bravata y la creciente desesperación existe una nueva comprensión de las razones del crack – la codicia y el espíritu competitivo en el centro de nuestros sistemas y, por tanto, la necesidad de compartir. Por sí mismos, muchos están despertando a esta verdad básica y ven el compartir como la respuesta a la injusticia y la guerra. Así están muchos preparados para la Llamada de Maitreya. Esta realización crecerá mientras la crisis muerde cada vez más profundamente en el inestable tejido de nuestras anticuadas formas y estructuras que ya no funcionan, que no pueden nunca hacerse funcionar durante mucho tiempo.

Cuando Maitreya hable, Él mostrará que esto es así, que el mundo está preparado para la adopción de nuevas y mejores formas, basadas en las verdaderas necesidades de los pueblos de todas partes. Suya es la labor de centrar y fortalecer esta creciente realización de la unión y la unidad de los hombres, de su mutua dependencia y divinidad que despierta. Así Maitreya y la humanidad trabajarán juntos para la restauración de este mundo.

(*Share International*, Abril 2009)

Dando a conocer a la 'estrella'

Durante más de 20 años el emerger público de Maitreya no ha tenido lugar porque primero tenía que haber un colapso bursátil mundial. Maitreya predijo un colapso en 1988. Finalmente hay un crack bursátil, y las personas de todo el mundo pueden ahora ver la necesidad de cambio que Maitreya reclama. No obstante no hay emerger público. Ahora hay una 'estrella' en el cielo anunciando su aparición, pero tiene que haber un debate público sobre el significado de la 'estrella' antes de que tenga lugar su emerger. No comprendo por qué parece ser que haya ahora una nueva condición para el emerger de Maitreya. ¿Podría explicar por qué sucede esto? (Mayo 2009)

Como usted ha dicho, Maitreya realmente predijo, a mediados de 1988, un crack de los mercados bursátiles que Él dijo que comenzaría en Japón. En 1989 el Nikkei estaba en 40.000 puntos. De repente se derrumbó hasta los 7.000 puntos. Actualmente se mueve en los 10.000 puntos. Maitreya denominó la prosperidad japonesa hasta 1989 "una 'burbuja' que inevitablemente estallaría". A esto le siguió el colapso de los mercados de los países del sudeste asiático: Tailandia, Malasia, Hong Kong, Singapur, Indonesia. Luego se derrumbaron los mercados en Rusia, Brasil, México y Argentina. Norteamérica y Europa han sobrevivido a una serie de 'conatos' de colapsos hasta la última debacle. ¿Realmente se imagina que Maitreya puede emerger justo al día siguiente? Lo que Él ha proporcionado es una "luminaria semejante a una estrella de brillante poder" como una Señal, un Heraldo de Su Retorno. Él desea que hubiera un debate abierto en los medios de comunicación para crear una expectación generalizada de Su Emerger. Yo no he dicho que Su Emerger dependa de eso. No es así, pero obviamente alertaría a millones de personas de lo que está sucediendo. Usted sabe e, impacientemente, espera ver y oír a Maitreya pero millones de personas no. ¿Tienen ellas también derecho a saber? ¿Qué mejor forma de informarles de Maitreya, y, al mismo tiempo, afirmar la realidad de los Hermanos del Espacio y sus naves espaciales, los así denominados ovnis?

Las personas no saben nada de la inmensidad de esta iniciativa, ni de las leyes que la gobiernan. Ellas desean algo y están impacientes de experimentar su deseo cumplido. ¿Pero qué hacen para ayudar a que tenga lugar? Generalmente, poco o nada. Como Maitreya dice: "Nada ocurre por sí mismo. El hombre debe actuar e implementar su voluntad".

Mis colegas y yo hemos tensado al máximo cada nervio y tendón durante muchos años dando a conocer esta información. No ponemos una fecha a la aparición de Maitreya. Sabemos que Él está aquí y que Él emergerá abiertamente en el momento más pronto posible.

Estuve en su conferencia en Londres el 23 de abril de 2009 y usted habló con mucha urgencia sobre la necesidad de hacer llegar la existencia de la 'estrella' a los medios de comunicación (radio, televisión, Internet, etc.), para que así haya una discusión/debate público abierto sobre su significado. ¿Por qué es tan importante? (Mayo 2009)

Maitreya desea el mayor debate posible, de lo contrario se perdería la función de la 'estrella' de anunciar Su acercamiento.

¿En nuestra aproximación al público y los medios de comunicación, deberíamos hablar más sobre la 'estrella', los Hermanos del Espacio, en relación al emerger de Maitreya? (Abril 2010)

Como miembro de este grupo, no existe diferencia entre hablar sobre la 'estrella' o sobre la reaparición del Cristo y los Maestros de Sabiduría.

Forman parte del mismo proceso. No es uno u lo otro. Todo forma parte de un todo. Es la última fase en un proceso que ha tenido lugar durante años, por el cual Maitreya y el grupo de Maestros que vienen con Él hacen su reentrada abierta en el mundo. Ellos ya han estado en posición en el mundo durante años. Ésta es una nueva fase y la 'estrella' está allí como un heraldo para este proceso de trabajar abiertamente, contactando a la humanidad a través de la radio y la televisión.

La 'estrella', por supuesto, no es una estrella. Es una de 4 enormes naves espaciales. Las naves ovni exploradoras 'usuales' 'cotidianas' sólo miden entre 7,5 y 9 metros de diámetro, grandes pero no tan grandes. La 'estrella' es gigantesca, del tamaño de cinco campos de fútbol juntos.

Si la realidad de la 'estrella' puede presentarse al público consigue dos cosas: es un heraldo para el advenimiento de Maitreya en el mundo físico cotidiano, y también es una prueba de la realidad de los Hermanos del Espacio. Esas 'estrellas' tienen que haberse fabricado en algún sitio. No puedo probar a nadie que fueron hechas en Marte y Venus, pero esa es mi información, y la presento para todo aquel que quiera saberlo.

Estas dos cosas importantes se juntan en esta historia: el acercamiento de Maitreya al público comenzando con Su presentación por televisión en el futuro muy cercano (aunque no presentado como Maitreya), y también el conocimiento de los ovnis como una realidad. No puedes hablar de uno sin hablar del otro.

¿Cuánta energía debería el grupo invertir en dar a conocer la 'estrella' a los medios de comunicación y a los astrónomos? (Abril 2010)

Tanta energía como podáis. Dar a conocer la 'estrella' es dar a conocer a Maitreya. No están separados. Sólo hablamos sobre la 'estrella' porque está relacionada con Maitreya. La 'estrella' sólo está allí debido a Maitreya.

Crear diferencias de enfoque al dar a conocer la presencia de Maitreya o hablar sobre la 'estrella' no es muy útil. Es todo uno. Cuanto más das a conocer la 'estrella', más das a conocer a Maitreya. No puedes hablar sobre ellos separadamente. La 'estrella' no tiene significado separadamente.

Las personas tienen la tendencia a pensar en la 'estrella' en términos de su identidad ovni y por tanto conectada con los platillos voladores más que con Maitreya. Pero es un heraldo de la venida de Maitreya. Al mismo tiempo, no puede ser un heraldo y conocerse como un heraldo para Maitreya sin ser conocido como un extraordinario tipo de ovni.

Trae a la conciencia de las personas el hecho de la realidad de los ovnis, y la identidad del trabajo de los ovnis con el trabajo de la Jerarquía, de que existe una gran Jerarquía en el sistema solar. Cada planeta tiene su propia Jerarquía individual como parte del trabajo interrelacionado de todos los planetas trabajando juntos a la orden del Logos Solar. Así que no debéis compartimentar este trabajo en vuestra mente. Todo forma parte de un todo.

¿Cuál sería la mejor manera de llamar la atención de los medios de comunicación sobre la 'estrella'? (Abril 2010)

Dejaré eso para cada persona. Cada persona en cada grupo tiene ideas, mirad qué funciona para vosotros. No esperéis demasiado de los medios de comunicación, pero eso no debería desanimaros para abordarlos. Cuando contactas con los medios de comunicación, ellos podrían consultar a astrónomos de un observatorio o a algún aficionado que piensa que lo sabe todo sobre el espacio. Ellos dirán: "Muchas gracias. Tenemos nuestra información sobre esto. Sólo era Júpiter o Venus o Sirio o alguna otra luminaria".

Los medios de comunicación quieren que la reaparición del Cristo y todo lo relacionado con ellos les sea puesto en bandeja. Todo sobre ello ya está allí disponible y sólo tienen que buscar y ver a Maitreya, al Maestro Jesús y a todos los demás Maestros, y la 'estrella' justo sobre sus cabezas. Ellos quieren todo en una bandeja.

Lo que hay que recordar es que vemos a la 'estrella' en nuestra propia atmósfera. Sólo está a unos pocos miles de metros de distancia. Cuando observas a los aviones, está a unos 9.000 o 10.000 metros. No puedes tocarlos, pero no percibes que están en el espacio exterior. No piensas que son estrellas o planetas. Sabes que son aviones. De la misma forma, por sus giros, sus cambios de color, sus movimientos erráticos, la 'estrella' se presenta de tal forma como si tuviera lugar dentro de nuestra atmósfera. Cuando ves a la 'estrella' no tienes la impresión de que está a millones de kilómetros de distancia como las estrellas. Pero nunca piensas que las estrellas están justo sobre tu cabeza. La 'estrella' es parte tan integral de nuestro cielo que es obvio que no es una estrella o planeta. Es alguna otra cosa. De hecho, es una enorme nave espacial.

El principal problema que tenemos al contactar con los medios de comunicación y los astrónomos es que la 'estrella' no se ha visto típicamente de forma estacionaria durante suficiente tiempo para que ellos dirijan su atención hacia ella. ¿Sabe si esto probablemente cambiará en algún momento pronto? (Abril 2010)

¿Te refieres a si tendrás información sobre cuándo una 'estrella' aparecerá y estará estacionaria allí, por ejemplo a las 19:00 el martes de una semana? Este tipo de información es imposible de dar.

Os aventuráis al verla. Aquellos que no ven la 'estrella' sencillamente no han invertido el tiempo buscándola. La 'estrella' está allí. No está allí todo el tiempo porque no puede estar allí todo el tiempo. Existen cuatro 'estrellas', no 104, y tienen que recargar sus baterías. Eso significa estar fuera de servicio durante un número de horas y luego pueden estar activas por otro número dado de horas. No aparecen continuamente para que cada vez que mires hacia arriba y esté despejado puedas ver la 'estrella'. No funciona así.

Existe un problema potencial cuando se contacta a los medios de comunicación y a los astrónomos cuando la 'estrella' está en la vecindad de un objeto celestial conocido (Venus o Júpiter, por ejemplo). Esto afecta su aceptación del fenómeno. ¿Se clarificará esta situación con el tiempo? (Abril 2010)

No, no creo que lo haga. Esta es la respuesta sabida de expertos y cualquier persona entendida. Cualquier cosa que caiga dentro de su campo de disciplina específica cae también dentro del rango de sus inhibiciones, su credibilidad, antagonismos, predilecciones, su sentido de conocimiento de todo lo que existe dentro de su propia disciplina.

Debéis recordar que la idea de que los platillos voladores existen ha sido desacreditada por la mayoría de países del mundo a través de los medios de comunicación. Los medios de comunicación han mostrado su reticencia a realizar una investigación clara e imparcial de este fenómeno durante 60 años. Nada les hará cambiar su enfoque ahora.

Más personas, como nunca antes, creen en la existencia de los ovnis. Pero han sido desacreditados por los medios de comunicación durante 60, así, esperar un enfoque de mente abierta hacia la 'estrella' por las personas con autoridad, esperar que los astrónomos den crédito a este fenómeno, yo no diría que sea ridículo, pero se acercaría a lo milagroso.

Los medios de comunicación no están de tu parte. Es una lucha darlo a conocer. Pero eso no significa que debas rendirte o ponerte agresivo. Simplemente deberías afanarte en presentar la información a los medios de comunicación. Ya, canales no oficiales como YouTube están plagados de historias sobre la 'estrella', algunas bajo el nombre de la 'Estrella' de Maitreya, otras bajo el nombre de ¿Qué es este Objeto Extraordinario? ¿Es un ovni?

Eso es lo que queremos hacer comprender a los medios de comunicación. No tienen que ser los medios de comunicación convencionales al principio. Pero hubo una noticia en la CNN en Houston, Texas, creo, en las primeras semanas de la aparición de la 'estrella', cuando alguien la filmó y envió el vídeo. Ellos emitieron el vídeo por televisión y yo lo vi en YouTube. Es bastante claro que es la 'estrella'. Ellos no sabían qué era, pero la presentadora estaba entusiasmada con ella. Felicitaba al hombre que hizo el vídeo de este objeto extraordinario. Ha habido más cobertura mediática desde entonces, pero nunca se ha profundizado en ello. Así que es posible hacer que los medios de comunicación cubran esta historia, aunque no a voluntad.

Gracias por todo el gran trabajo que ha realizado distinguidamente durante tantos años. Tengo una pregunta que me ha estado rondando con insistencia en mi mente durante varias semanas: ¿Por qué usted ha estado llamando la luz en el cielo 'la estrella', cuando algunos de sus lectores habituales saben que es uno o más ovnis?

Parecería que muchas personas rápidamente se confundirán más por sus referencias a 'la estrella', en especial después de ver las fotos (y el texto que las acompaña) en el sitio web de Share International que indican claramente que aparece y desaparece en una gran variedad de diferentes ubicaciones, colores y formas, y que se mueve aleatoriamente (a diferencia de cualquier otra estrella) como lo haría una nave espacial.

A mi entender llamarla una 'estrella', hace muy tentador para el público (incluyendo a todos aquellos abiertos a los ovnis), descartar la historia como una tontería. Así, ¿por qué no suprimir la pretensión y llamarla un ovni? (Mayo 2009)

No existe pretensión. Conociendo la naturaleza de la 'estrella', como cuatro naves espaciales gigantescas de varios planetas de nuestro Sistema, he tenido una gran dificultad en decidir cómo presentarla al público en general y a los medios de comunicación. Decidí seguir el ejemplo de mi Maestro. Él la ha llamado una "luminaria semejante a una estrella de brillante poder", y la relacionó con la 'estrella' que guió a los 'tres reyes magos' al lugar de nacimiento de Jesús. Algunos de nosotros sabemos que esa 'estrella' también era una nave espacial, pero es aceptada por millones de personas como una estrella milagrosa.

Fue justo antes de Navidad así que la denominé una 'estrella de Navidad', seguro de que sería más interesante y magnético que una predicción sobre un ovni. En Gran Bretaña, al menos, las personas son mucho más escépticas de los ovnis que en EEUU, por ejemplo. Por supuesto, en cada conferencia dejo claro que lo que parece una estrella es, de hecho, una de cuatro enormes naves espaciales. En una conferencia, uno tiene tiempo y oportunidad de profundizar sobre el tema y el significado y propósito del fenómeno. En un comunicado de prensa o un anuncio uno tiene espacio limitado y debe ser sucinto. El resultado del público ha sido alentador: ilusionados, entusiasmados y asombrados por la pura belleza del espectáculo. La respuesta de los medios de comunicación ha sido casi nula, como si hubiese un embargo sobre mencionar algo tan importante como el heraldo del Cristo. Sin embargo, es posible que el interés de los medios de comunicación esté comenzando ahora.

Comportamiento de la 'estrella'

¿Cambia la 'estrella' de posición y color de forma sutil para que sea lo suficientemente discreto para alertar a las personas pero no para atemorizarlas? (Abril 2010)

Sí, precisamente. Esa es la forma en que se comportan los Hermanos del Espacio y la forma en que crean los círculos de las cosechas, por ejemplo. Desean contactar con la Tierra. Desean permitir a las personas entender lo que están haciendo, quiénes son y de dónde provienen, pero conocen todos los espejismos de la humanidad. Saben cuán fácilmente nos atemorizamos. Presencian el temor en las personas. Muy a menudo cuando aterrizan en la noche, las personas que caminan por un sendero en el campo podrían encontrarse con un platillo que ya ha aterrizado y cuando lo ven, se aterrorizan tanto que huyen corriendo.

Esto sucede una y otra vez en todo el mundo. Se debe al hecho de que han sido retratados de forma tan adversa por organismos gubernamentales y películas.

Los Hermanos del Espacio no quieren atemorizarnos. Tienen un trabajo a realizar. Les gustaría que lo conociéramos y reconociéramos y supiéramos conscientemente lo que está sucediendo, pero saben que deben ir con pies de plomo. Así que realizan su trabajo 'privadamente', de tal forma que uno pueda hacerse su propia idea. De esta forma nuestro libre albedrío se mantiene indemne. Ellos nunca infringen el libre albedrío humano.

¿Por qué la 'estrella', la nave espacial, se parece tanto a Júpiter, y por qué se encuentra actualmente cerca de Júpiter? ¿Qué sentido tiene si el propósito es llamar la atención hacia ella? ¿Por qué está cerca de Júpiter? (Abril 2010)

No está cerca de Júpiter. Júpiter está en una línea de movimiento. No puede alterar su curso. Gira alrededor del Sol. Tiene su propia elipse y no puede alterarla. Pero la 'estrella' no tiene que obedecer esa realidad astronómica. Es un agente libre, y puede elevarse o descender, según lo decida.

Así que no es cierto decir que las 'estrellas' se comportan como Júpiter. Ellas no se comportan como ningún planeta. Sus movimientos pueden ser erráticos. Aparecen más grandes y luego más pequeñas; desaparecen, luego regresan; cambian de color, rotan, suben y bajan o se mueven a los costados. Los planetas no cambian de color. Tienen su color y permanece igual. La luz emitida por un planeta es la misma todo el tiempo, en lo que a nosotros nos concierne. Pero con la 'estrella', existe una secuencia de colores. Cambia de uno a otro a través de toda la gama del arco iris.

Cuando Venus estaba en lo alto del cielo todos pensaban que la 'estrella' era Venus. Ahora que Venus está bajo, Júpiter ha ocupado su lugar. Muchas personas que creerían, y afirman creer, que la historia del regreso de Maitreya al mundo es lo más cercano a sus corazones, encuentran muy difícil creer el tema de la 'estrella'.

Me he demostrado que cuando algunas personas ven cosas con sus propios ojos, aún no creen los indicios porque esos indicios no cuajan bien con su temor. Las personas tienen temor a todo este fenómeno, y eso es lo que impide incluso a personas que realmente creen en Maitreya tener la misma convicción con la 'estrella'. Se desaniman por otras personas que ellos piensan saben más, al oír, "Oh, probablemente es Venus o Júpiter o Sirio, o alguna otra luminaria en el cielo".

¿Cuál es la mejor manera de ver la 'estrella'? (Abril 2010)

La mejor manera es que todos consigan un trípode y una cámara de buena calidad con un teleobjetivo para poder hacer un zoom hasta la 'estrella'. Si haces un zoom a Marte, Júpiter, Venus, o cualquier planeta, aún sólo verías el planeta. Pero si haces un zoom de la 'estrella' de Maitreya, la nave espacial, la ves como una nave espacial, normalmente con una forma de diamante redondeado.

Quizás podríamos aprender a utilizar nuestra intuición, o de lo contrario información factual, para así saber que es la 'estrella'. Cuando estemos seguros de nuestra información, podemos presentarla al público o a los medios de comunicación. (Abril 2010)

La he detallado. He descrito todo lo que la 'estrella' hace que los planetas y estrellas rotundamente no hacen. Si ves un objeto moviéndose en el cielo, acercándose y alejándose, rotando o cambiando de color, sabes que no es Júpiter ni Venus. Utiliza el sentido común. Realmente es un tema de sentido común. Las personas tienen una idea mística sobre la 'estrella' pero no hay nada místico sobre ello.

Maitreya desea que la 'estrella' se conozca en todo el mundo y le prepare el camino, así que las personas creen que debe mostrarse cada minuto del día y la noche. Las personas dan por hecho que debe ser como ellas esperan cuando no saben lo que puede hacerse. ¿Cuán frecuentemente tiene lugar este fenómeno? Han pasado 2.000 años desde que algo parecido a este evento tuvo lugar, y entonces fue a una escala diminuta, una sola nave espacial.

Éste es un proyecto colosal. Estas inmensas naves espaciales tienen un sistema de propulsión que necesita cargarse directamente desde el sol. Durante algunas horas cada una de ellas se eleva en la atmósfera para estar más cerca del sol y así recargar las baterías. Eso significa que no pueden verse todo el tiempo. Tienen un número de horas de actividad y un número de horas de inactividad.

¿Por qué las personas imaginan que existe una forma mejor de hacer las cosas que la forma en que lo hace la Jerarquía de Maestros? Los Maestros son los seres más avanzados en el planeta Tierra. ¿Por qué uno asume que uno tiene una mejor comprensión de lo que debe hacerse con el propósito de dar a conocer la 'estrella', y por tanto a Maitreya, que el mismo Maitreya?

¿Están los gobiernos o los medios de comunicación ocultando información sobre la 'estrella'? (Abril 2010)

Los gobiernos no están ocultando información sobre la 'estrella', pero algunos medios de comunicación sin duda lo hacen. La actitud de los medios de comunicación es que no existe suficiente demanda, no hay suficiente ruido sobre ello. No tienen suficiente información. Les gustaría enviar a sus reporteros para fotografiarla, si sólo supieran dónde está con antelación. Igualmente, si les hubiera dicho cuándo Maitreya iba a aparecer en un programa específico, todos hubieran estado allí con sus cámaras. Hubieran evaluado si ese podría ser Maitreya o no, y al final no lo hubieran sabido. Tan diferente es Maitreya a su idea del Cristo que ellos probablemente ignorarían sin más a esa persona específica como un posible Maitreya o Cristo.

Cuando Él fue a la oficina de la BBC, ellos lo rechazaron. Él estuvo en la oficina de la BBC alrededor de 1986. Tuvo entrevistas con el director general de la BBC y colaboradores. Se les mostró las últimas horas de Jesús en la cruz como si estuvieran allí. Presenciaron esto. Lo vieron con sus propios ojos. Lo experimentaron. Vieron la agonía, la sangre, las personas y todo eso.

Maitreya le pidió al Maestro Jesús que viniera a la oficina y vino, así que también conocieron al Maestro Jesús. Él podría haber estado en Roma, pero vino de todos modos, para que también conocieran a Jesús. Se les pidió, y estuvieron de acuerdo, en organizar una gran conferencia de prensa. Maitreya aparecería en la conferencia de prensa, hablaría con los periodistas y respondería a todas sus preguntas.

Pero no hicieron nada sobre ello. En su lugar, dieron a conocer la información a la Reina, que, como jefa de la iglesia y el estado, pensaron que debía ser la primera en saberlo. Ellos probablemente sabían lo que la Reina haría, que fue llamar a sus consejeros en la iglesia, al Arzobispo de Canterbury y a los obispos. Ellos se reunieron y su punto de vista fue que no había forma de que éste pudiera ser el Cristo sin que ellos lo supieran.

Así que hubo un completo embargo sobre esta información. Esa es la razón de que Maitreya haya tenido que tomar este largo y lento trayecto alternativo de cerca de 30 años, trabajando detrás de la escena, preparando gradualmente el camino, haciendo posible presentarse ahora cuando una ventana de oportunidad ha sido creada con el colapso de la economía mundial, que el predijo en 1988.

A veces las personas en el grupo piden a la 'estrella' que aparezca, y lo hace, y a veces las personas piden a la 'estrella' que se aparezca y no lo hace. ¿Por qué aparece a veces y otras veces no? ¿Deberíamos pedir a la 'estrella' que se aparezca? (Abril 2010)

Personalmente no creo que uno debería pedirle a la 'estrella' que apareciese. O crees que está allí y lo dejas estar, y si la ves, bien. Y si no la ves, también está bien. No todos en todos los grupos ven la 'estrella', y no es tan importante verla. Pero es importante que un número suficiente de personas la vean y puedan responder a ella de una forma que haga que los medios de comunicación la tomen en serio. Cuanto más se hable de ella en los medios de comunicación, más prepara el camino para Maitreya, porque la 'estrella' y el emerger de Maitreya están interconectados.

No lo hagas algo personal. Encuentro cuando voy de grupo en grupo, que casi todos los individuos están llenos de deseos de ver la 'estrella'. "¿Por qué no veo la 'estrella'? Sé que hay personas que la ven. ¿Sencillamente son afortunadas? ¿Qué no he hecho que no me permite verla? Conozco a algunas personas que piensan que tienen la 'estrella' al otro lado de un cable y pueden hacer que haga todo lo que deseen. Y yo no puedo ver a ninguna".

Esto es personalizarla. No tiene nada que ver con las personalidades de los grupos.

La Nave de Luz de Maitreya

¿Para qué necesita Maitreya Su nave de luz? ¿Para qué la utiliza? (Abril 2010)

Maitreya tiene una nave de luz. A menudo se ve como una esfera roja o naranja rojiza, y puede llevar a bastantes personas. La utiliza para desplazarse y para mostrar a personas eventos antes de que sucedan.

Maitreya vive en una variedad de templos en Londres, pasa unos pocos años en cada uno, entrena a los swamis y luego los envía a enseñar por todo el mundo. Mientras hace esto, a menudo lleva a personas en Su nave de luz.

Los Maestros ven los eventos antes de que tengan lugar. Ellos saben que estos eventos se van a precipitar en el plano físico y será algo que vais a leer en los periódicos dentro de dos días, por ejemplo. Maitreya lleva a personas y les muestra el evento sucediendo en ese plano superior, y lo ha hecho una y otra vez, catástrofes, como la explosión de plataformas petrolíferas, o el fin de un secuestro en un avión.

En una ocasión específica, había tres o cuatro terroristas del Norte de África, que habían secuestrado un avión con unas 60 personas a bordo, así que tenían a 60 rehenes. Fueron volando de sitio en sitio, y nadie les dejaba aterrizar durante mucho tiempo. Repostaban combustible para ir a otro sitio, pero nadie les quería en su país. Esto continuó durante un par de días. Los medios de comunicación mundiales cubrían la noticia día a día. El grupo amenazó con matar a los rehenes uno a uno hasta que se cumplieran sus demandas. De hecho mataron a un hombre y arrojaron su cuerpo del avión. Al final, aterrizaron en Argelia, creo, y se les dio asilo allí. Pero aún eran violentos y, al principio, bastante seguros de que seguirían adelante y matarían a todos los rehenes, si fuese necesario.

Maitreya llevó a un grupo de personas en Su nave de luz hasta Argelia, sobre el aeropuerto donde podían ver el avión. Maitreya enfocó a las personas en tierra para que los que estaban en la nave de luz pudieran verlas como si estuvieran mirando a través de un telescopio. Podían ver las expresiones de los secuestradores. Estaban muy enfadados y perturbados porque las cosas no salían como querían. Para entonces, no deseaban pasar por el proceso de matar a todos los rehenes. Al mismo tiempo, pensaban que era la única forma de obtener lo que querían, asilo con impunidad, libres de cualquier daño.

Maitreya dijo a las personas en Su nave de luz, "Ahora observadles. Ahora están comenzando a cambiar de opinión. Hay un cambio en su resolución". Las personas en la nave les observaron. Los secuestradores comenzaron a estar muy divididos y Maitreya dijo, "Están preguntándose si vale la pena. Están pensando: 'No sé cuánto podremos aguantar con esto'." Maitreya dijo, "Ahora, mirad", y Él señaló con Su dedo al líder y lo movió ligeramente.

Maitreya utilizó una cierta cantidad de energía de Sí mismo, a través de Su dedo, y tocó el alma, el centro corazón en la parte derecha del pecho, sólo lo tocó lo suficiente para no infringir su libre albedrío: ya tenían que estar a punto de ceder. Estaban tan confundidos que comenzaban a discutir acaloradamente entre ellos. Maitreya vio que estaban cerca del punto de ceder. Él sólo se aseguró que tuviera lugar. Pero Él no lo hubiera hecho hasta que estuvieran preparados. Interiormente, ya habían comenzado a ceder.

En tierra, el líder sonrió y luego todos sonrieron y realizaron una pequeña danza juntos agarrándose entre ellos por los hombros. Danzaron así por el avión. Luego arrojaron sus armas y todo terminó. Es para este tipo de cosas que Maitreya utilizar Su nave de luz, para llevar a personas a eventos antes de que sucedan.

Una de mis primeras grandes experiencias cuando Maitreya me dijo que tendría un trabajo que hacer en Su presentación ante el mundo, si yo lo aceptaba, fue que se me dio una visión de cómo los Maestros ven la realidad. Yo estaba en una gran esfera de luz. En esa luz si giraba mis ojos hacia la derecha, podía ver todos los eventos del pasado, que aún están teniendo lugar, algunos los reconocí como sucesos históricos. Si giraba mis ojos hacia la izquierda, veía los eventos del futuro, como si ya estuviesen teniendo lugar frente a mí. En ese nivel tan elevado ya estaban teniendo lugar pero aún no se habían precipitado hacia abajo a través de los planos hasta el plano físico denso. Así que aún no eran eventos pero lo serían.

Mi vi a mi mismo hablando a multitudes de personas. Vi a multitudes corriendo por las calles, llorando de alegría de que el Cristo hubiese regresado, etc. Fue extraordinario, como lo veréis. después del Día de la Declaración. Durante semanas después, las personas estarán totalmente emocionadas. Pude ver todo esto. Ya había pasado, pero aún no en el plano físico. Tenemos que entender que no existe pasado, presente o futuro. Sólo existe este momento ahora. Eso es todo lo que hay. Este momento exacto es la realidad.

Nuestra visión distorsionada, nuestro carácter ilusorio, nos hace pensar en el pasado y el futuro, pero esencialmente sólo existe el ahora. Así es cómo los Maestros ven la realidad. Esa es la razón de que sea tan difícil para los Maestros dar a cualquier evento una fecha correcta y precisa, en nuestros términos y significado de fecha.

Muchas personas están decepcionadas de que Maitreya parezca estar retrasando Su presentación. Él no la está retrasando. Sencillamente lleva más tiempo para que el momento indicado del evento en el plano físico se funda con el evento que ya ha tenido lugar en el nivel superior.

También somos responsables de cuándo un evento tiene lugar. Esto es algo que las personas dejan totalmente fuera de la ecuación. Tenemos una tremenda influencia en lo que sucede y, por tanto, en el momento indicado de cualquier evento. Si no hacemos nada entonces tendrá lugar en cierto momento. Pero si respondemos y actuamos según nuestras creencias, creamos circunstancias que imponen un factor tiempo sobre ese evento, tanto para retrasarlo más o para adelantarlo.

Las personas que están más preocupadas y decepcionadas, las que más anhelan acción por parte de Maitreya para darse a conocer a los medios de comunicación, para continuar con el trabajo, estas mismas personas son aquellas que no hacen nada de nada para que suceda. Nunca han impartido una charla sobre Maitreya. Nunca han hablado con nadie o les han contado a sus familias sobre lo que realmente piensan y esperan. Lo mantienen todo para ellos mismos como un secreto interior.

Nosotros necesitamos hacer que las cosas sucedan. "El hombre deba actuar e implementar su voluntad", dice Maitreya. "Nada sucede por si solo" Si deseamos que algo suceda, tenemos que implementar nuestra voluntad, y no sólo dejarlo al destino o la Jerarquía o al tiempo o a que alguna otra persona lo haga. Nosotros tenemos que hacerlo.

Segunda Parte

Educación en la Nueva Era

Los tres artículos reproducidos a continuación del Maestro de Benjamin Creme son analizados por Benjamin Creme en su charla, 'Educación en la Nueva Era', y en las preguntas y respuestas que le siguen.

La nueva educación

Por el Maestro —, a través de Benjamin Creme

Al buscar percepciones sobre la dirección que podría tomar la educación en la nueva era, resultará útil establecer el propósito básico al cual la educación sirve y así arrojar luz sobre las insuficiencias de los actuales enfoques educativos. En primer lugar, se debe entender para quién existe la educación y el proceso por el cual efectúa su función. Esto podría ser menos obvio de lo que a primera vista pudiera parecer, pues durante mucho tiempo el hombre ha permanecido ignorante de su verdadera naturaleza y constitución, tomando la parte como la totalidad, e ignorando, en gran medida, su ser esencial.

El hombre, como un alma en encarnación, es un Dios emergente, y, mediante la Ley del Renacimiento, está avanzando lentamente hacia la demostración, en todo su esplendor, de esa divinidad. La educación, en su sentido auténtico, es el medio por el cual un individuo, mediante una expansión gradual de la conciencia despierta consciente, es dotado y se dota a sí mismo para esa meta. Todo aquello que ayuda a este proceso es la educación, por muy formal o informal que sea el método.

En el sentido actual, la educación es algo verdaderamente débil, asegurando únicamente los requisitos mínimos para una comprensión y control del entorno del hombre. Pocos hay que aprenden más que los rudimentos del significado y propósito de la vida, atrapados, como lo está la mayoría de la gente, en la lucha cotidiana por la existencia.

Naciones enteras, hoy, son casi analfabetas todavía. En otras partes, mentes llenas de datos permanecen inactivas por la falta de un trabajo con sentido. La educación para puestos de trabajo ha reemplazado a la educación para la vida mientras, cada vez más, las presiones y tensiones de tal desequilibrio estallan en violencia de todo tipo.

La educación se debería entender como el medio por el cual se contacta, se conoce y se da expresión al Dios que mora en el interior. Tradicionalmente, la religión se ha entendido que servía para este propósito y la educación religiosa permanece hoy como un baluarte en muchos países. Sin embargo, la religión no es más que uno de los muchos senderos hacia Dios, y se deben encontrar las formas que permitan a todos los hombres conocer y expresar su experiencia de la divinidad.

Hacia este fin debería dirigirse la nueva educación. La realidad del alma, el Intermediario Divino, debe lograr una aceptación general y las técnicas de contacto con este principio superior lograr ser de uso común.

Cuando la estructura del rayo, el desarrollo evolutivo y los propósitos del alma sean conocidos y documentados, se podrá dar un enfoque más científico a la educación tanto de los niños como de los adultos, y dar un nuevo significado al proceso por el cual los hombres aprenden a convertirse en Dioses.

Todo esto espera los esmerados esfuerzos de aquellos que trabajan en el campo educativo. La capacidad para realizar semejantes labores debería ser el objetivo de todos los que aspiren a enseñar a los jóvenes. Nunca se ha presentado una mejor oportunidad de servicio para aquellos que están preparados para los desafíos de la educación para la vida en la nueva era que se abre ahora ante todos nosotros.

Un nuevo panorama de posibilidades pronto aparecerá mientras los hombres lidian con los problemas de la separación y la división. Esto liberará las fuerzas e inspirará las técnicas de formación y enseñanza que a su debido tiempo conducirán a los hombres a los pies de Dios.

(*Share International,* Enero 1988, y reproducido en *Un Maestro Habla*)

La familia

Por el Maestro —, a través de Benjamin Creme

La unidad familiar es la base de toda vida social. Su importancia no se puede enfatizar lo suficiente. Hoy, su preeminencia está siendo erosionada por la negligencia, la experimentación y una falta de comprensión de las necesidades esenciales de los niños.

Todos los niños necesitan un trasfondo estable en el cual crecer y los modelos de tal proceso, una madre y un padre. Que no todos los padres proporcionan esa estabilidad u ofrecen ejemplos dignos es, tristemente, demasiado cierto, y muchos factores están involucrados en esta desafortunada condición: falta de educación, pobreza, vivienda inadecuada, enfermedad, y adultos irresponsables e incompetentes, inmaduros y no aptos para los rigores de la vida familiar.

También debe decirse que millones de personas en cada país, asolados por la pobreza y privados de todo servicio, luchan valientemente, y la mayoría triunfan contra todas las adversidades, en mantener sus familias unidas y proporcionar un ejemplo estable y amoroso para sus jóvenes. Son los héroes olvidados de la raza que, a través de la tenacidad de propósito y el autosacrificio sin fin, representan lo mejor que la humanidad puede mostrar.

La nueva educación debe abordar este problema fundamental y establecer la capacitación y requerimientos para la vida familiar. ¿No es extraño, verdad, que este aspecto tan básico de la vida social reciba tan escasa atención, y se abandone a los caprichos del azar hasta tal punto?

En la mayoría de países, el derecho a conducir un coche está regulado y controlado por la edad y los exámenes, más o menos severos. Los médicos y enfermeras, pilotos y conductores de trenes, todos ellos, pueden realizar su útil servicio sólo después de una debida capacitación y preparación meticulosa. Y con toda razón. No obstante se permite a millones de jóvenes entrar en este campo de servicio –el más difícil del mundo– desprovistos, en su mayoría, de cualquier tipo de capacitación. El simple impulso biológico por reproducirse, y la dominación del 'reloj del tiempo' de la mujer, son considerados suficientes para otorgar el derecho a multiplicarse y aumentar la congestión del mundo.

Las parejas jóvenes comienzan el sutil y difícil arte de educar y nutrir a almas en encarnación con poco más que su condicionamiento para guiarles. Ese condicionamiento ellos traspasan debidamente a sus hijos y así los desatinos y la ignorancia se perpetúan. Así la necesidad de la luz de un nuevo enfoque a este sagrado servicio.

Hoy, existe un giro añadido y creciente al problema. La incrementada experimentación sexual en el campo de la vida familiar está conduciendo a una distorsión y falta de comprensión de la verdadera naturaleza de la relación padres-hijos. El niño es un alma en una familia de almas. Esto proporciona a la unidad familiar las oportunidades para resolver el desarrollo kármico de muchas encarnaciones juntos, en diferentes relaciones.

La jerarquía no es enemiga de los homosexuales, pero la creciente demanda de hombres y mujeres homosexuales del derecho a criar niños es errónea y de poca ayuda para el pequeño.

Todas las personas, de cualquier inclinación sexual, deberían pensar profundamente sobre la naturaleza y el propósito de la encarnación: la nutrición de alma que necesitan de una madre y de un padre que proporcionen modelos, orientación y oportunidad kármica para crecer y evolucionar de acuerdo al Plan. Si, por cualquier razón, las personas se sienten inadecuadas para la tarea, un sabio autosacrificio en esta vida podría ser el rumbo más sabio.

(*Share International,* Octubre 2002, y reproducido en *Un Maestro Habla*)

La Era de la Luz

Por el Maestro —, a través de Benjamin Creme

En cada siglo, emergen unos pocos hombres que destacan de sus contemporáneos. Sus dones son manifiestos, su genialidad brilla para que todos la vean y aclamen. Les conocemos como los grandes descubridores, pintores, escritores, músicos y científicos cuyo trabajo ha conducido a la humanidad hacia adelante en una creciente conciencia despierta de sí misma y su potencial.

En los tiempos recientes, su énfasis ha estado en la ciencia y la expansión del conocimiento humano. Esto ha preparado el camino para un extraordinario despertar de la mente de los hombres a un nivel más allá de lo que se esperaba alcanzar hasta ahora. El hombre permanece hoy en el umbral de una nueva iluminación, de descubrimientos que ensombrecerán todos los logros previos.

Esta época venidera será conocida como la Era de la Luz, y la Luz en todos sus significados y manifestaciones se convertirá en el origen del hombre. Ya, las señales están ahí para que los que disciernen que el hombre está llamando a la puerta que conduce a la Cámara de la Luz. La antigua oscuridad e ignorancia se están desvaneciendo a medida que los hombres intentan resolver las implicaciones de las nuevas percepciones y tecnologías. Pronto, la Ciencia de la Luz, la Ciencia Divina, se revelará ante la atónita mirada del hombre, y se habrá alcanzado un hito muy importante en el viaje evolutivo del hombre.

Hasta el momento, sólo los pocos especialistas tienen acceso a esta Ciencia de la Luz, pero, ya, se están tomando las medidas para que sus beneficios estén disponibles para todos. Las necesidades de todos de energía y luz serán satisfechas de forma segura y sencilla, aprovechando al sol mismo en esta causa.

Unidos por el amor bajo el Estandarte de Maitreya, los hombres forjarán nuevos senderos hacia las estrellas. A medida que el hombre explore sus misterios, la naturaleza cederá sus secretos, y revelará la ordenada belleza subyacente a todo.

De esta manera comenzará una nueva y más sencilla vida bajo la orientación de Maitreya y Sus Discípulos. Con alegría, los hombres abandonarán las divisiones del pasado y entrarán en una nueva armonía con todo aquello que vive.

Durante mucho tiempo, los hombres han buscado en vano la clave a esta añorada armonía. Siempre, sus aspiraciones y esfuerzos más elevados han sido inútiles. Ahora, por primera vez, la comprensión naciente de la unidad está influenciando a los hombres para compartir, y regular su forma de vida según unas líneas más justas y seguras.

La Nueva Era, la Era de la Luz, está sobre nosotros, y en esta época venidera los hombres encontrarán la inspiración y orientación que sus antepasados carecieron o ignoraron. Ahora, por fin, los hombres y los Maestros trabajarán y avanzarán juntos, unidos en el vínculo común de la Fraternidad y la Confianza. Nuestro ejemplo inspirará a los hombres hacia esfuerzos y logros sobrehumanos, y traerá la Luz a los corazones y mentes de todos. Así será. Así los grandes secretos de la creación serán revelados. Y así el hombre se convertirá en el creador y regulador de su propio destino, un Ser a semejanza de Dios, merecedor del nombre de Hombre.

(*Share International,* Septiembre 1989, y reproducido en *Un Maestro Habla*)

La Educación de la Nueva Era

*El siguiente artículo es una versión editada de una charla impartida por Benjamin Creme en la Conferencia de Meditación de Transmisión celebrada cerca de San Francisco, EEUU, en Agosto 2008. (Publicada en **Share International**, Enero/Febrero 2009.) Las citas utilizadas fueron seleccionadas de los siguientes artículos del Maestro de Benjamin Creme: 'La Nueva Educación', 'La Familia' y 'La Era de la Luz', reproducidos en páginas anteriores.*

El tema de la conferencia de este año es "Educación en la Nueva Era". Voy a hablar sobre un tipo diferente de educación del que existe actualmente, con objetivos diferentes, diferentes formas y métodos. Si la dirección es como lo sugiere el Maestro, cambiará completamente la educación en el planeta Tierra.

Propósito básico de la educación en la nueva era

"Al buscar percepciones sobre la dirección que podría tomar la educación en la nueva era, resultará útil establecer el propósito básico al cual la educación sirve y así arrojar luz sobre las insuficiencias de los actuales enfoques educativos."

Esto es obviamente cierto. Si no conocemos el propósito de la educación, si no conocemos la naturaleza del ser de las personas a las que se nos pide que eduquemos, y si los actuales métodos y enfoques educativos no se cambian, entonces es obvio que no progresaremos mucho en la capacitación de jóvenes y adultos para la experiencia de la vida en la nueva era.

La vida en la nueva era será completamente diferente de todas las experiencias anteriores en este planeta. Ninguno de nosotros, exceptuando los más evolucionados, habrá experimentado las etapas de la iluminación, y el creciente significado de sus vidas, bajo la instrucción de los Maestros de Sabiduría.

En este tiempo venidero, los Maestros vivirán abiertamente en el mundo. Ya hay 14 Maestros, además de Maitreya, en el mundo. Con el tiempo habrá unos 40, aunque no todos involucrados en la educación. Sin embargo, un gran número de Maestros están involucrados en la educación de algún tipo. Sus discípulos se convertirán en los instructores, en primer lugar, de las personas que con más probabilidad realizarán la tarea principal de entrenar y educar a todos los grupos, jóvenes y mayores, en este tiempo venidero.

Cuando se comprenda la naturaleza de la constitución humana, y los propósitos de la vida en el planeta Tierra, cuando el mundo esté cada vez más unido, a través del compartir, la justicia y la paz, así cada vez más personas descubrirán en sí mismas la necesidad de saber: sobre quiénes son, su propósito en la vida, y su etapa en la evolución. Las personas hablarán mucho sobre evolución que se convertirá en el factor más significativo en el planeta Tierra. La evolución de la conciencia humana, y el desarrollo de todos los reinos de la naturaleza, dominarán el pensamiento y el propósito de los hombres y mujeres de todas partes.

Cuando las personas se hagan más conscientes de su identidad como almas en encarnación, comenzarán a expresar más su cualidad de alma. Por tanto, la intuición comenzará a funcionar en personas en las cuales apenas desempeña algún papel actualmente. Cada vez más, intuiremos las posibilidades y los significados detrás de las apariencias externas de la vida. Querremos saber qué somos en todos los aspectos. ¿Por qué nacemos? ¿Hemos nacido realmente antes? ¿Somos realmente el resultado de una sucesión de vidas a través de la Ley del Renacimiento?

Muchas personas aceptarán lo que diga Maitreya en el Día de la Declaración, pero millones de personas ya creen en alguna forma de reencarnación, especialmente si son budistas o hindúes. Millones de personas comenzarán a formular preguntas. Querrán saber cómo sus ancestrales creencias religiosas se relacionan con la nueva información difundida por la Jerarquía, las Enseñanzas de la Sabiduría Eterna, que serán simplificadas al principio y luego gradualmente abordarán el corazón de la verdad.

Las personas comenzarán a comprender que la humanidad viaja junta como un inmenso grupo, en diferentes etapas del viaje evolutivo. Todos estamos viajando juntos por un sendero de evolución hacia algo inmenso que nuestras mentes actualmente encuentran realmente difícil entender.

Es fácil para un Maestro decir: "Os convertís en seres semejantes a Dios que demuestran todas las cualidades de Dios". Nosotros ni siquiera conocemos todas las cualidades de Dios. Pensamos que conocemos la inteligencia de Dios. Tenemos una noción de lo que una poderosa inteligencia podría ser, o una capacidad de amar total e incondicionalmente e imaginamos que el amor de Dios debe ser así. Algo tan misterioso como la Voluntad de Dios comenzará a atraer las mentes de muchas personas. Querrán comprender ese extraordinario misterio, cómo la Voluntad, el Propósito de Dios, pude ser conocido, qué es, cómo se demuestra. ¿Qué aspectos adicionales de Dios debemos reconocer para comprender totalmente los aspectos que pensamos que ya conocemos?

Durante un período de tiempo, todo esto comenzará a preocupar las mentes de más personas. Si quieren sacar algo de ello, deben estar educadas. Es ese tipo de educación a la que se refiere el Maestro cuando Él habla sobre educación para la vida, educación para la nueva era, en la cual hombres y mujeres se reconocerán como dioses potenciales. Si te reconoces como un dios potencial, tu aspiración crece acordemente. Quieres convertirte en esa idea de la divinidad cuando la idea de ser un alma realmente capta la imaginación y suena a verdad en el corazón.

Cuando veáis a Maitreya y a los otros Maestros que aparecerán públicamente con Maitreya, veréis cómo son los hombres semejantes a Dios, cómo se comportan. ¿Qué tipo de inspiración debería eso ser para la humanidad?

"En primer lugar, se debe entender para quién existe la educación y el proceso por el cual efectúa su función. Esto podría ser menos obvio de lo que a primera vista pudiera parecer, pues durante mucho tiempo el hombre ha permanecido ignorante de su verdadera naturaleza y constitución, tomando la parte como la totalidad, e ignorando, en gran medida, su ser esencial."

Según los Maestros, la constitución humana en su nivel más elevado es triple. En el nivel físico, el nivel con el que estamos familiarizados, es el cuerpo físico, el cuerpo emocional y el cuerpo mental. Uno nos hace querer comer, el otro nos hace sentirnos tristes o felices, según sea la causa, y uno nos dice la hora, que si no nos apuramos perderemos el autobús. Para la mayoría de personas, este cuerpo físico aparentemente sólido, que vemos en el espejo, es todo lo que somos. Te ves envejecer cuando te miras en el espejo, la mandíbula se afina, crecen las bolsas bajo los ojos, el cabello disminuye. ¿Quién o qué envejece? Sólo el cuerpo, que es sólo un vehículo. La verdadera constitución humana, según los Maestros, es que somos chispas de lo divino. Lo divino está en todas partes. De hecho, no existe nada más que lo divino. Vivimos en un universo divino y espiritual. Esa es la naturaleza de la vida.

Somos la chispa divina con todo el potencial de lo divino. En este sistema solar, ese potencial estará a cierto nivel. En un sistema solar más elevado, como Sirio por ejemplo, no podemos aún conocer la naturaleza de esa divinidad. Es infinitamente creativo, desde nuestro punto de vista manifestándose a niveles cada vez más elevados. En este planeta, cuando hayamos llevado aquello que es lo más elevado de nosotros a cada aspecto de aquello que es lo más inferior de nosotros, habremos completado el viaje de evolución en el planeta Tierra.

Somos físicos, somos el alma, somos la chispa de Dios. Esa chispa divina se refleja a sí misma como el alma humana individual. Esa alma es una parte individualizada de una gran Superalma, que es el reino humano. El alma humana es la intermediaria entre la chispa divina (la Mónada en terminología teosófica), y la personalidad humana en el plano físico. Los tres aspectos –físico, emocional y mental son los medios por los cuales el alma experimenta la vida a nivel de la personalidad.

Si vemos la vida claramente en este nivel en los planos físico, emocional y mental, el alma igualmente experimenta claramente en este nivel. Desafortunadamente, tan poco evolucionada es la inmensa mayoría de personas en el planeta Tierra, que no presentamos una visión de la vida suficientemente clara y pura para permitir al alma verla adecuadamente. El alma ve exactamente aquello que le presentamos. Es un problema de ilusión. La humanidad vive en la ilusión de su visión de la vida física, emocional y mental. En cualquiera de estos tres niveles, si una persona ve de forma ilusoria, esa es la visión de la vida que presentan al alma.

El objetivo en los planos físico, emocional y mental es purificar la respuesta al mundo que nos rodea. Lo hemos hecho más o menos en el plano físico. Dudo que existan demasiadas personas actualmente que estén 'polarizadas', como se denomina, en el plano físico. Estar polarizado en el plano físico significa que tu pensamiento, tu visión de la vida, tu foco de conciencia está en el plano físico. Quizás existan algunas personas que son poco más que animales inteligentes.

Actualmente el 95 por ciento de las personas están polarizadas en el plano astral, que es una carga pesada en la evolución de la humanidad dado que los planos astrales son específicamente los planos de la ilusión. Sin embargo, en este tiempo venidero esto comenzará a cambiar. Ahora cerca de 5 millones de personas están en el umbral de la primera de las cinco grandes iniciaciones planetarias que cubren las últimas pocas vidas del proceso evolutivo en la Tierra y que culminan en el Maestro resurrecto perfeccionado.

El Plan de evolución está en la mente de ese Ser Cósmico increíblemente elevado y evolucionado que enalma el Planeta Tierra, nuestro Logos Planetario. Nuestro planeta, con todo en él incluyéndonos a nosotros y a todas las criaturas que hayan hollado alguna vez la Tierra, es el medio de expresión de ese gran Ser. Él tiene un plan para la evolución de este planeta en relación al Plan mayor del Logos Solar. El Logos Solar es incluso un Ser Cósmico más avanzado, cuyo cuerpo de expresión es el sistema solar, incluyendo a éste y a todos los demás planetas. Todos los planetas tienen un Logos Planetario cuyos planes se relacionan con el del Logos Solar. Él tiene incluso un Plan mayor porque Él ve un significado y propósito más amplios más allá de lo que los demás Logos Planetarios ven y para lo que trabajan.

En lo que concierne al planeta Tierra, los custodios de este Plan son los Maestros de Sabiduría y los Señores de la Compasión. Su labor es desarrollar el Plan, a través de los reinos humano, infrahumano y dévico en la medida de que sea posible. No todos los Maestros sabrán todo el Plan, dependiendo de su posición. Los Maestros más avanzados como Maitreya obviamente conocerán más de los propósitos del Logos que un Maestro de la quinta iniciación, por ejemplo.

En cada iniciación, con el acto de aplicación del cetro de poder iniciático, los chakras de iniciado son estimulados. Las dos primeras iniciaciones son tomadas ante Maitreya, y la tercera y las más elevadas ante Sanat Kumara, el Señor del Mundo, en Shamballa. Las iniciaciones progresivamente confieren un mayor y más profundo sentido de la extraordinaria magnitud del Plan.

El Plan toca cada aspecto de la vida en el Planeta Tierra, y relaciona estos diferentes aspectos entre ellos. Pensad en los reinos humano, animal, vegetal y mineral, en la extraordinaria variedad y magnitud de las evoluciones dévicas, o angélicas: los elementales infrahumanos, los constructores inferiores, los grandes devas cuyos cuerpos son tan inmensos que podrían abarcar todo un continente. No podemos imaginar la magnitud y la variedad de las evoluciones dévicas. Todos estos reinos y evoluciones están interrelacionadas. Nada está separado.

No existe separación en todo el cosmos. Cada átomo está relacionado con todos los demás átomos. Esto subyace la realidad de las dos grandes Leyes que gobiernan el proceso evolutivo. Algunos creen en ellas, algunos creen que son posibles. Para otros son hechos. Para algunos son un disparate, sólo cuentos de hadas. La Ley de Causa y Efecto, la Ley del Karma, y la asociada Ley del Renacimiento, gobiernan el proceso evolutivo. La humanidad en su conjunto nunca ha aprendido esto. La información ha estado allí durante un largo tiempo, para cualquier que hubiera deseado beneficiarse de ello, pero sólo es la mente inquisitiva la que ha aprovechado la oportunidad. Sólo una cifra muy pequeña de la humanidad, especialmente en Occidente, da importancia a la Ley del Karma. Bromean sobre ella, pero no creen realmente en ella.

Esta Ley relaciona todo con todo. Cuando actúas, pones en movimiento una causa. Cuando hablas, cuando piensas, también pones en movimiento una causa. Es energético.

Vivimos en un universo energético. Sólo hay energía en todo el cosmos, diferentes energías vibrando a diferentes frecuencias. La frecuencia de esa vibración determina la forma que toma esa energía. Podría ser una galaxia, un sistema solar o un planeta. Podría ser un rinoceronte o un ser humano. Todos están hechos de energía. No hay nada más que energía. Éste es el principio más básico del esoterismo. La ciencia moderna ha arrojado cada vez más luz sobre este hecho, pero sólo los científicos más interesados y atrevidos se han aprovechado del conocimiento. Todo lo que es materia puede también considerarse como energía. Todo lo que es energía, igualmente, puede verse como una precipitación hacia abajo en la materia. Materia y energía son parte de un todo y se interrelacionan como polaridades de ese todo.

Durante siglos la humanidad ha visto el cuerpo físico y dice, "Eso es nosotros. Esos son el Señor tal y cual y la Señora tal y cual allí. Esos son sus hijos", y así sucesivamente. Eso es cierto de alguna forma pero sólo es una parte del todo. El todo es un Ser triple: la chispa divina, el alma y su vehículo, la personalidad, en el plano físico. La chispa divina, incapaz de manifestarse en este nivel, crea su intermediario, el alma. El alma es un reflejo de lo divino, pero vibrando a una frecuencia algo más inferior en su propio plano para actuar como el intermediario divino entre lo más elevado y lo más inferior. Lo que consideramos que somos nosotros mismos, este cuerpo físico, estas emociones y esta mente pensante, son sólo un vehículo, unos medios para permitir al alma manifestarse a través del físico denso.

En el proceso de evolución el cuerpo físico inevitablemente muere, y con él los cuerpos emocional y mental. Ellos forman parte del aspecto físico de la constitución triple. Sin embargo, tres átomos permanentes perduran, vida tras vida: los átomos permanentes del físico denso, el astral-emocional y el mental. Estos tres átomos permanentes, pasan de vida en vida, para asegurar la continuación de la genealogía de la persona. Lo que fuimos hace miles de años ha pasado hasta lo que somos ahora en este cuerpo específico, y continuará en cuerpos sucesivos hasta que seamos un Maestro perfeccionado. Alrededor de estos tres átomos permanentes el alma crea el nuevo cuerpo.

Somos almas, absoluta y definitivamente. Si pensamos en nosotros mismos como almas, pensamos en nosotros mismos correctamente. Desafortunadamente la mayoría de las personas no lo hacen. Si son religiosas, probablemente crean en el alma, y piensen que el alma es algo que conocerán después que mueran. Bastante cierto. Te encuentras con el alma cuando mueres, pero tú eres tu alma tanto si estás 'vivo' o 'muerto'.

La divinidad, el aspecto más elevado de nosotros, se manifiesta a través del alma en su nivel, y el alma se manifiesta a través de su reflejo, la personalidad, en el plano físico. El cuerpo del niño es fijado en la matriz por el alma, y traído a la vida por el alma para crear otro cuerpo a través del cual pueda demostrarse a sí misma. Si todo va bien, si no reincidimos, hay una sucesión de cuerpos, cada uno demostrando de forma más perfecta las cualidades del alma. El alma es quién somos.

El Maestro Djwhal Khul, que dio las Enseñanzas de Alice Bailey, escribió en Sus libros que un día la realidad del alma sería demostrada científicamente. Él dijo que sería Francia la que tendría el honor de probar la realidad del alma.

Tomamos la parte como el todo. La mayoría de científicos creen que este cuerpo físico es todo lo que hay. Tenemos un cerebro y de eso trata todo. Es una forma de no ver el bosque por los árboles. Esto es el resultado del 5º Rayo de Conocimiento Concreto o Ciencia, que es el responsable de la tremenda expansión de la conciencia humana en el nivel concreto en todo el mundo. Se expresa a sí mismo en nuestra tecnología moderna que ha realizado avances increíbles en los últimos 100 años. Comparado con los próximos 50 a 100 años incluso eso no será nada, tan grande será la transformación de la vida en la Tierra. Tan grande serán los niveles de comprensión por encima del nivel físico que necesitaremos un tipo muy diferente de científico que pueda apartarse del punto de vista estrecho de miras de ver la parte como el todo.

La influencia del 5º rayo es tanto una ventaja como un impedimento. En los últimos 150 años, el 5º rayo ha estado presente en tremenda potencia. Un esfuerzo especial ha sido hecho por la Jerarquía para introducir este rayo a la humanidad. Ha abierto la mente humana a todas estas extraordinarias e intrincadas manifestaciones de comunicación en el plano físico. Ha alterado nuestra visión de la naturaleza de la tecnología. Estoy seguro que existen mentes que han saltado más allá de lo que es y visto incluso desarrollos más extraordinarios.

Los técnicos de la actualidad tienden, no obstante, a ver la parte como el todo, así que una gran apertura para la educación espera a aquellos que saben. Digo, "aquellos que saben", porque mucho de lo que estoy diciendo no es nuevo para muchos de vosotros. Sabéis en cierto nivel que la parte no es el todo y que existen otros panoramas, niveles de Ser, que deben ser expresados, para realizar el potencial del hombre como dios.

No puedes presentarte como un dios si no se te enseñan los medios. Todas las personas son dioses potenciales pero necesitan educación para realizar ese potencial. Todos se encarnan con el potencial variando según su nivel de evolución, pero un potencial en conjunto más elevado del que demuestran actualmente.

Naciones enteras, como lo indica el Maestro, son casi analfabetas, incluso ahora. Esto es un crimen terrible porque la alfabetización es fácil y barata ahora. No debería haber ninguna nación en el mundo que tenga un gran porcentaje de analfabetismo en su población. No obstante existen millones de personas, en muchas partes del mundo, que son completamente analfabetas, que tienen que poner la huella de su dedo pulgar cuando firman su nombre. Eso es sólo una cuestión de educación.

"El hombre, como un alma en encarnación, es un Dios emergente, y, mediante la Ley del Renacimiento, está avanzando lentamente hacia la demostración, en todo su esplendor, de esa divinidad. La educación, en su sentido auténtico, es el medio por el cual un individuo, mediante una expansión gradual de la conciencia despierta consciente, es dotado y se dota a sí mismo para esa meta. Todo aquello que ayuda a este proceso es la educación..."

Es un proceso por el cual se dota al Dios en el corazón de todas las personas de la posibilidad de manifestarse. Necesitamos educación para permitir que eso suceda.

La educación es una cuestión de conciencia despierta. A través de la conciencia despierta nos abrimos a la vida, teniendo todo el mismo valor para permitirnos hacerlo, dado que existen muchas circunstancias sociales que obstruyen este proceso. La vida vibra como energía, y con la creciente conciencia despierta del significado y efecto de esa energía, evolucionamos, nos hacemos más conscientes del significado y propósito de la vida.

Es un proceso intuitivo. Nuestra intuición es realmente conciencia despierta consciente. Al desarrollarse, al volvernos cada vez más como la naturaleza del alma, nuestra conciencia se vuelve más como el alma. A través de lo que denominamos intuición, que es un aspecto del alma, esa conciencia se vuelve nuestra para demostrarla. Sabes porque sabes. No es la mente racional resolviéndolo. Posees una mente racional para otros propósitos racionales. Si deseas tomar un tren, vas a un lugar específico a una hora determinada para tomar ese tren. Pero si deseas saber, es a través de la intuición, que proviene del alma, que la conciencia despierta te enseña la naturaleza de cualquier experiencia específica.

Al avanzar por el proceso evolutivo, al pasar por las cinco iniciaciones que abarcan las últimas pocas vidas de ese proceso, la intuición crece porque crecemos como un alma. La divinidad, la conciencia despierta y la luz del alma se manifiestan a través de la personalidad del hombre o mujer en el plano físico.

"Todo aquello que ayuda a este proceso es la educación, por muy formal o informal que sea el método". Cuando pensamos en educación, normalmente pensamos en ir al colegio. Te sientas en filas haciendo exámenes. El profesor habla y todos se sientan y escuchan. Por otro lado, la educación puede ser totalmente informal. Como el Maestro lo indica: *"En el sentido actual, la educación es algo verdaderamente débil, asegurando únicamente los requisitos mínimos para una comprensión y control del entorno del hombre"*.

Incluso ni hace eso. Mirad lo que le está sucediendo a nuestro medio ambiente global. No sabemos lo que hacer al respecto. Está más allá de nuestra comprensión. Está más allá de nuestra capacidad de abordarlo. Desafortunadamente, algunos gobiernos, como el actual gobierno de

EEUU, no admiten incluso que deba abordarse, que no hay nada incorrecto con nuestro medio ambiente.

"Pocos hay que aprenden más que los rudimentos del significado y propósito de la vida..." Esto es cierto porque la mayoría de personas están inmersas en la lucha diaria por la existencia. No tienen ni tiempo, ni energía, ni capacidad para buscar y encontrar los libros o profesor necesarios que les familiarice con aquello que buscan. La personas buscan luz, iluminación, no sólo cómo conseguir un trabajo mejor.

"Naciones enteras, hoy, son casi analfabetas todavía. En otras partes, mentes llenas de datos permanecen inactivas por la falta de un trabajo con sentido."

Naciones enteras han llenado las mentes de sus pueblos con datos, y eso se considera educación. No son datos sobre el significado y propósito de la vida. Son datos sobre cómo funciona un ordenador, por ejemplo.

"La educación para puestos de trabajo ha reemplazado a la educación para la vida mientras, cada vez más, las presiones y tensiones de tal desequilibrio estallan en violencia de todo tipo". Las personas se preguntan la razón de que los niños sean tan violentos, de por qué las personas realizan actos violentos que no parecen tener ningún propósito. La terrible tensión que padecen las personas en cada país, las presiones de la vida, la lucha sólo por la existencia, drena la savia de las personas y las deja marchitas y secas. Su visión de la vida está dictada por los límites de la comercialización. Ven que si no poseen un título universitario, no tienen posibilidad de aspirar a más que un puesto de trabajo servil en la mayoría de campos de trabajo en la actualidad. Eso es destructivo. Las personas que se sienten así sólo pueden ver su propio disgusto y dolor durante un límite de tiempo hasta que estalle en violencia. "¡Soy real!", exclaman. "¡Soy real! ¡Soy tan real como cualquier otra persona! No tengo dinero. No sé como conseguir dinero porque no he tenido una educación.". Ésta es la verdad. Las personas no han tenido una educación. Ellas piensan que el propósito de la educación es conseguir dinero. Pero el verdadero objetivo de la educación es comprender quién y qué somos, qué es ser humano, cuál es el propósito de la vida.

El concepto más fundamental de la vida es que no estamos separados. La mayoría de las personas se sienten separadas. Se sienten marginadas de la sociedad y de ellas mismas como parte de esa sociedad. Así que la violencia aumenta. Se juntan en pequeñas bandas. Hacen esto como adolescentes y luego en un gangsterismo más sofisticado. Se introducen en las drogas y arruinan sus vidas y de aquellos que le rodean. Esto causa un inmenso problema en su país.

Es un gran problema en Norteamérica. Las drogas están presentes en el 90 por ciento de todo el crimen en este país. En Inglaterra, está en un 85 por ciento. Es bastante parecido en Francia y Alemania y en cualquiera de los así denominados países modernos y educados. No estamos realmente educados porque no estamos educados para la vida. Sólo estamos educados para trabajar. Algunos países están mejor educados para trabajar que otros, así que lo hacen mejor en la competencia que es la naturaleza de la comercialización y las fuerzas del mercado. Las personas compiten para obtener lo máximo, para estar en la vanguardia, para hacerlo mejor, para conseguir el mercado. Pero eso no tiene nada que ver con la vida real.

"La educación se debería entender como el medio por el cual se contacta, se conoce y se da expresión al Dios que mora en el interior."

¿Cuántos hacen esto? La religión solía considerarse como la forma: los sacerdotes sabían mejor que cualquiera y decían a todos que Dios les quería o no les quería, dependiendo de lo que habían hecho. La humanidad tiene que comprender que todos nosotros somos dioses. Dios no se encuentra sólo en las creencias, los dogmas y las doctrinas de cualquier religión. No existe ninguna religión en la Tierra en la cual exista Dios. Una religión puede ayudarte a comprender y entrar en contacto con lo que denominamos Dios. Como Maitreya indica, la religión es como una escalera, que puede ayudarte a llegar al techo. Una vez que estás en el techo, no necesitas la escalera.

"...la religión no es más que uno de los muchos senderos hacia Dios..."

Las personas tienen que saber que Dios no sólo existe en la religión, de que no tienes que ser religioso para conocer a Dios. Dios debe demostrarse en cada ser humano, en cada aspecto de sus vidas, en cada momento de cada día. Si todos nosotros estuviésemos en un contacto momento a momento con quién y qué somos internamente, entonces eso tendría lugar. En cada momento esa divinidad brillaría a través de nosotros, decidiría lo que haríamos, definiría lo que somos, cómo nos comportamos, y cómo entendemos y demostramos esa luz que es divina. Es para eso para lo que necesitamos la educación.

"...se deben encontrar las formas que permitan a todos los hombres conocer y expresar su experiencia de la divinidad. Hacia este fin debería dirigirse la nueva educación. La realidad del alma, el Intermediario Divino, debe lograr una aceptación general y las técnicas de contacto con este principio superior lograr ser de uso común."

La meditación de cualquier tipo te ayudaría a entrar en contacto con tu alma. Desde el punto de vista de la Jerarquía, la Meditación de Transmisión es la más científica.

Muchas personas aceptarán lo que dice Maitreya después del Día de la Declaración de que somos almas, de que somos divinos. ¿Pero cuánto durará si la evidencia de ello no está disponible? Llevará años de un esfuerzo educativo colosal para que el grueso de la humanidad apenas tenga una comprensión intelectual de la naturaleza del alma y de ser un alma.

Una vez que el principio de compartir sea aceptado y por tanto se cree la confianza necesaria para acabar con la guerra, las personas comenzarán a encontrar más fácil comprender y aceptar internamente, no sólo intelectualmente, la realidad del alma y las "técnicas de contacto con este principio superior llegarán a ser de uso común".

"Todo esto espera los esmerados esfuerzos de aquellos que trabajan en el campo educativo". ¿Cuántas personas en esta habitación creen que están equipadas para trabajar en el actual campo educativo? Hay algunos profesores aquí, ésta es vuestra oportunidad. *"La capacidad para realizar semejantes labores debería ser el objetivo de todos los que aspiren a enseñar a los jóvenes".* Eso es diferente a la actualidad. Capacitaos para tales labores y os capacitaréis para la nueva Era de Acuario.

"Nunca se ha presentado una mejor oportunidad de servicio para aquellos que están preparados para los desafíos de la educación para la vida en la nueva era que se abre ahora ante todos nosotros. Un nuevo panorama de posibilidades pronto aparecerá mientras los hombres lidian con los problemas de la separación y la división. Esto liberará las fuerzas e inspirará las técnicas de formación y enseñanza que a su debido tiempo conducirán a los hombres a los pies de Dios."

Tan pronto como aceptemos los principios de compartir, justicia, correctas relaciones, un final de la guerra, libertad para todos, estos problemas de separación y división desaparecerán. "Esto liberará las fuerzas e inspirará las técnicas de formación y enseñanza" para la vida. Ese es el camino hacia delante para todos.

La Era de la Luz

"En cada siglo, emergen unos pocos hombres que destacan de sus contemporáneos. Sus dones son manifiestos, su genialidad brilla para que todos la vean y aclamen. Les conocemos como los grandes descubridores, pintores, escritores, músicos y científicos cuyo trabajo ha conducido a la humanidad hacia adelante en una creciente conciencia despierta de sí misma y su potencial. En los tiempos recientes, su énfasis ha estado en la ciencia y la expansión del conocimiento humano. Esto ha preparado el camino para un extraordinario despertar de la mente de los hombres a un nivel más allá de lo que se esperaba alcanzar hasta ahora". Existen muchos tipos de luz. Existe la luz del conocimiento. El conocimiento mismo es luz. Existe la luz del alma. Existe la luz de la comprensión, la sabiduría. Existe la luz del plano físico, la luz del sol, la luz de la electricidad, que proviene del sol.

Una nueva ciencia, la Ciencia de la Luz, será establecida poco a poco al hacerse la humanidad cada vez más consciente de su unidad, y a través del compartir, la justicia y la libertad para todos, relegue la guerra al pasado como un medio de acción de cualquier tipo. Cuando se haya renunciado total y completamente a la guerra, y se hayan destruido las armas de guerra, la Ciencia de la Luz será proporcionada a la humanidad. Ésta es una ciencia formidable y ya, como dice el Maestro, se están dando pasos para ponerla en práctica.

Hemos creado la peor arma posible, la bomba nuclear. Es el arma más letal jamás creada por el hombre y el arma más letal jamás utilizada por el hombre. Si se utiliza nuevamente conduciría a la destrucción de toda vida en la Tierra, humana e infrahumana por igual. Así que nunca debe utilizarse. ¿Cómo podemos hacer que las naciones renuncien a la guerra para siempre, renuncien a la bomba nuclear, y también renuncien a sus centrales nucleares, a todo lo relacionado con la fisión nuclear?

La humanidad está muy avanzada en el uso incorrecto de la energía del átomo. La fisión nuclear es el uso más destructivo de la energía que jamás se ha diseñado. Incluso ahora, científicos y técnicos están planificando un enorme incremento de las centrales nucleares en todo el mundo para superar el calentamiento global. EEUU está planeando construir más de 50, Francia y Gran Bretaña igualmente, y de forma general en todo el mundo. Si eso sucediera, supondría una increíble carga adicional para la salud de la humanidad y los reinos inferiores.

Radiación nuclear por encima del nivel del gas es expulsada a la atmósfera desde cada central nuclear de la tierra. Esto es también cierto en relación a toda fase de experimentación con energía nuclear relacionada con bombas y otras diversas armas. Esto ha incrementado diez veces la radiación nuclear existente en nuestra atmósfera. Si no fuera por el trabajo constante de nuestros Hermanos del Espacio –principalmente de Marte y Venus, en sus vehículos, los así denominados ovnis– neutralizando el efecto de esta radiación nuclear, la salud de la humanidad estaría incluso mucho más estresada de lo que está actualmente.

Los Maestros ven la contaminación como el asesino número uno del mundo. Eso incluye la radiación nuclear, que es la peor de todas. La incidencia de la enfermedad de Alzheimer ha aumentado en todo el mundo, teniendo lugar a una edad cada vez más temprana. Esto es el resultado directo de la radiación nuclear en los niveles más elevados, que es vertida a nuestra atmósfera cada día y para la que no poseemos tecnología para medir.

Los científicos deben cerrar las centrales nucleares lo antes posible y cesar de trabajar con todas las formas posibles de radiación nuclear ahora y en el futuro. Éste es un error letal por parte de la humanidad, y supone, cada vez más, una amenaza para la supervivencia de la humanidad. Maitreya y los Maestros, en Su sabiduría, comunicarán esta información y recomendarán que las centrales nucleares sean cerradas rápidamente.

La radiación nuclear y las otras formas de contaminación destruyen el sistema inmune humano (y animal) y nos deja expuestos al envenenamiento de los otros desechos tóxicos vertidos a nuestra atmósfera. Este problema debe abordarse de inmediato antes de que llegue a ser una carga demasiado grande de superar incluso para los Hermanos del Espacio. Ellos pueden, por las limitaciones kármicas, sólo ocuparse de cierta cantidad de nuestra radiación nuclear y otros contaminantes. De otra manera, sería un infringir de nuestro libre albedrío. Ellos obtuvieron un permiso especial para hacer lo que están haciendo. Ellos invierten largas horas a diario en todas partes del mundo neutralizando y reduciendo el efecto de la radiación nuclear como también de los otros gases nocivos que vertimos en la atmósfera. Hemos contraído con los seres de esos planetas una inmensa deuda kármica, que algún día tendremos que saldar.

Los Hermanos del Espacio están llevando a cabo otra tremenda operación. Guarda relación con la nueva Ciencia de la Luz que está siendo traída al mundo, lista para el día en que hayamos renunciado a la guerra y así creado paz y justicia en el mundo. Sin la renuncia a la guerra nunca existirá la confianza necesaria. Ninguna nación confiaría en que las demás naciones no tengan armas nucleares ocultas.

La Tecnología de la Luz y los círculos de las cosechas

¿Cuál es la conexión entre Marte, Venus, los círculos de las cosechas y la Tecnología de la Luz? Los ovnis provienen principalmente de Marte y Venus. La inmensa mayoría de ellos son construidos en Marte. Son creados por el pensamiento y están guiados por una combinación de pensamiento y tecnología. Los Hermanos del Espacio también crean los círculos de las cosechas. Estos son fundamentalmente centros de fuerza, vórtices. Los círculos de las cosechas que han aparecido en todo el mundo están centrados principalmente en el sur de Inglaterra porque allí es donde está Maitreya. Su punto focal en el mundo es Londres. Aunque los círculos de las cosechas no están en Londres, no están muy alejados de allí. Aparecen en grandes números en el trigo y otros cultivos por una razón. Es una forma tangencial que tienen los seres de las naves espaciales de dejar su 'tarjeta de visita', diciendo "Estuvimos aquí".

Los Hermanos del Espacio crean patrones increíblemente complejos, hermosos y cada vez más elaborados en los círculos de las cosechas año tras año. Entonces se recoge la cosecha, los círculos de las cosecha desaparecen, y vuelven a aparecer al año siguiente cuando vuelven a crearse. Son creados deliberadamente en los cultivos porque son temporales. 'Círculos de las cosechas' similares son creados en todo el mundo. Están en montañas, en océanos, en los mares, en los ríos, en la tierra. Los cultivos sólo proporcionan patrones visuales. Aparecen en círculos de las cosechas para que sepamos que ocurren, pero aparecen en todas partes. Algunos de los patrones, especialmente los más recientes, tienen significado. Tan pronto como son descubiertos, las personas dicen, por ejemplo, "Eso parece el símbolo Pi en geometría".

Alrededor de este planeta, como en todos los planetas, existe un campo magnético. Está formado por líneas de fuerza que se entrecruzan unas con otras. Allí donde se entrecruzan en diversas ocasiones, forman un vórtice. Es como un chakra, un vórtice de fuerza. Los Hermanos del Espacio están creando estos vórtices de fuerza en el plano físico. Un círculo de la cosecha es realmente una señal exterior de un vórtice. Una réplica del campo magnético de nuestro planeta se está situando por todo el mundo físico, no tan inmenso ni poderoso como el campo magnético del planeta, pero suficientemente poderoso y extenso para servir como base de la Tecnología de la Luz.

La luz vendrá directamente del sol y se fusionará con el magnetismo del campo magnético. Eso proporcionará a la humanidad toda forma de energía que necesite. Todos nuestros objetos mecánicos, nuestra calefacción, nuestra luz, nuestro transporte, nuestra cocina, nuestra maquinaria serán impulsados por esta Tecnología de la Luz, utilizando luz del sol y el magnetismo del campo magnético de nuestro planeta. Habrá grandes depósitos creados con formas específicas. Las formas mismas estarán relacionadas con el tipo de energía que almacenan. Desde estos depósitos surgirá esta energía ilimitada para todas nuestras necesidades.

Los trenes, por ejemplo, parecerán inmóviles. Nos sentaremos en ellos, charlando, y ni notaremos que nos estamos moviendo. Serán muy rápidos y totalmente estáticos y silenciosos. La fatiga de viaje desaparecerá. Realizaremos un largo viaje en tren y cuando finalicemos el trayecto, será como si no nos hubiéramos movido. Estaremos tan relajados como cuando comenzamos.

Esta fuerza satisfará todas nuestras necesidades energéticas. Impulsará las naves espaciales que llevará a personas a través de la galaxia. En vuestra próxima vida, podríais ser un descubridor de planetas y sistemas solares allí fuera que estén poblados de… no sabemos qué. Serán hombres, por supuesto, aunque podrían no ser como nosotros. Pero son hombres de todas formas. El hombre está en todas partes en el Cosmos. Podréis desplazaros tan lejos como queráis en el espacio. No llevará nada de tiempo. El tiempo realmente no existe.

Las energías de Acuario

La humanidad llegará a una comprensión total de que somos un grupo denominado humanidad, de que no existe nada separado en todo el cosmos, de que todo se relaciona con todo lo demás, de que las leyes que conectan a la humanidad son las leyes creadas por la no existencia de división de ningún tipo en todo el cosmos. Creceremos con el impacto de las energías de síntesis, que fluyen hacia nosotros desde Acuario, hacia este sentido de estar fusionados y mezclados juntos. Esa es la esencia de las energías de Acuario. Sólo trabajan a través del grupo. Las energías no trabajan a través de individuos. La individualidad no desaparecerá, pero será puesta al servicio del grupo.

Las personas actualmente están demasiado dispuestas a demostrar su individualidad. Esa es la razón de que puedan ser tan destructivas, porque esa individualidad está a menudo en manos de personas en puestos de poder pero que no están lo suficientemente evolucionados para gestionar ese poder. Invaden otros países, libran guerras y convierten en infierno las vidas de millones de personas. Esa tan apreciada personalidad de la cual estamos, con razón, orgullosos, debe ser puesta al servicio del grupo.

Acuario trata sobre el grupo. Procura traer unidad, síntesis al mayor número de partes individuales. No procura eliminar la individualidad. No procura deshacerse de las partes, las diferencias. Por el contrario, procura sintetizar en una unidad total el mayor número de partes individuales diferentes. Es unidad en la diversidad. Ese debería ser el lema para todo trabajo futuro.

Unidad con el máximo de diversidad es el objetivo de todos aquellos preparados y dispuestos a trabajar en línea con la nueva Era de Acuario. Cuando los individuos crezcan, cuando estén cada vez más infundidos con la energía y luz de sus almas, desearán servir porque eso es lo que el alma desea hacer. El propósito del alma es servir al Plan de evolución en la mente del Logos. Esa es la razón de que el alma se encarne en primer lugar, y al hacerlo llevar a buen término el Plan.

En este tiempo, bajo la influencia, inspiración y ejemplo de los Maestros, al querer las personas servir cada vez más, el alma lo hará posible. Nadie será dejado sin un campo de servicio. Los Maestros están aquí para servir al Plan, y para inspirar a la humanidad a llevar a cabo el propósito de sus almas.

(*Share International*, Enero/Febrero 2009)

No sabemos quiénes somos

¿Por qué juntó estos dos artículos, 'La Nueva Educación' y 'La Era de la Luz'? (Marzo 2009)

R. Forman parte de una trilogía. *'La Nueva Educación'*, *'La Era de la Luz'* y *'La Familia'* están relacionadas de formas importantes: *'La Nueva Educación'*, sobre educación en el mundo exterior, colegios, negocios, en todas las situaciones; *'La Era de la Luz'* sobre el nuevo enfoque hacia la educación que esa era traerá; y *'La Familia'*, en el sentido más próximo de cómo puede realizarse mejor la educación de los niños y la familia. Pensé que estos tres artículos daban tres aspectos de la educación, cada uno estrechamente relacionado con el otro. El Maestro ha escrito tantos artículos, a menudo sobre los mismos temas de formas diferentes. Probablemente podría haber escogido tres artículos diferentes y haberlos utilizado para decir lo mismo.

¿A qué se refiere Maitreya con "honestidad de mente", "sinceridad de espíritu" y "desapego"? (Marzo 2009)

Tenemos una constitución triple. Somos la mónada, la chispa divina, reflejándose como el alma divina en su propio nivel. Somos la personalidad infundida de alma, por poco conscientes que seamos de ello. Todo funciona en tres. Cuando estamos en nuestra cima, reflejamos la chispa de Dios, lo divino, lo espiritual. Cuando estamos cerca de nuestra cima, estamos reflejando el alma. Es el intermediario. Si estás en correcta relación con el alma, estás en correcta relación con aquello de lo que el alma es un reflejo.

En el nivel físico de la personalidad podría existir un grado de contacto con el alma, pero ninguno con el aspecto más elevado, la mónada, excepto a través del alma, la intermediaria. Actúan como intermediaria durante todo el tiempo que lleva llevar su reflejo, la personalidad humana, a una correcta relación con la mónada.

Dado que tenemos un cuerpo físico, un cuerpo astral y un cuerpo mental, todo necesariamente se refleja a través de estos tres. La honestidad de mente obviamente guarda relación con la mente. La mayoría de personas no tienen honestidad de mente. Si pensamos sobre nuestro uso habitual de la mente, descubriremos que la mayoría de veces pensamos una cosa, decimos otra y hacemos nuevamente otra cosa. No existe una línea directa entre el pensamiento y la acción.

La sinceridad de espíritu se relaciona con el cuerpo astral sensitivo y sensible. Maitreya dice que la mejor manera de pensar sobre esto es pensar en hablar con alguna persona muy amada, un compañero o viejo amigo con el que confiamos. Hablas con esa persona honestamente. No esperas que él o ella sean indulgentes contigo. No intentas hacerte entender por tal persona, o intentas que tengan un mejor punto de vista de ti. Confías que estén abiertas a ti, que te hablen como crees, piensas y sientes que eres, corazón a corazón. Sólo dos viejos amigos pueden tener una charla corazón a corazón, donde confían mutuamente y aceptan al otro tal como es. La sinceridad de espíritu está obviamente relacionada con la honestidad de mente. No son tan diferentes.

El desapego es el nivel más elevado, el desapego del alma. El alma está desapegada. No desea ni necesita nada. Sólo tiene el deseo de servir al Plan. El alma intenta influenciar y traer a su reflejo, el hombre o mujer, a la posición de servir al Plan. Eso lleva lo que consideraríamos mucho tiempo. Desde el punto de vista del alma, no existe el tiempo. Es una visión infinita de la eternidad, así que el alma no tiene prisa. Pero intenta constantemente, vida tras vida, impresionar a su vehículo para desarrollar un creciente desapego –de verse a sí mismo como el cuerpo físico; de la deshonestidad, por tanto, de la mente; de la insinceridad de espíritu, del espejismo de necesitar ser amado, necesitar ser tratado amable e indulgentemente.

Si las personas están realmente desapegadas, la insinceridad no les afecta. Podría ser un fastidio, pero ese tipo de insinceridad es simplemente la agitación en el centro de la persona. No están desapegadas en ellas mismas. Desean que les ames. Las personas siempre están hambrientas de amor. Desean pertenecer. Desean que se les haga sentir bien. Desean ser inspiradas. Desean todas estas cosas.

Básicamente, si estás en realidad trabajando a nivel del alma, te vuelves cada vez más desapegado. Ese desapego es lo más elevado. Es la meta. Cuando te vuelves más desapegado, te vuelves más honesto de mente, más sincero de espíritu. Cuando te vuelves más honesto de mente y más sincero de espíritu, te vuelves más desapegado. Estas tres cosas funcionan juntas.

Estas son las tres cosas presentadas por Maitreya como la base de Sus enseñanzas. Si sólo practicamos estas tres cosas de forma real, lograríamos mucho.

Usted dijo que uno puede tener la experiencia de la unidad o la separación, pero no ambas al mismo tiempo. ¿Qué sugerencia puede ofrecer sobre cómo vivir en la unidad más frecuentemente que no, cada día? (Marzo 2009)

Es un sentido interior de pertenecer al grupo que llamamos humanidad. No sólo somos un grupo de personas, nosotros, la humanidad, somos un centro energético en el mundo. Existen tres centros así: el reino humano, el centro donde la inteligencia de Dios se manifiesta; la Jerarquía, el centro donde el amor de Dios se expresa; y Shamballa, el centro donde la voluntad y el propósito de Dios son conocidos. Estos son los tres grandes centros de energía del planeta Tierra. El reino humano se dedica a conocer, al crecimiento de la mente. Estamos en el proceso de perfeccionar el aspecto mente del hombre.

El cuerpo físico del hombre está más o menos perfeccionado. Habrá cambios muy sutiles, creciente conciencia despierta, especialmente en los ojos para que los planos etéricos sean visibles a la vista cuando cada vez más niños que tienen visión etérica se encarnen. Serán tantos que el etérico será reconocido como algo real.

Perfeccionar el aspecto inteligencia o mente de la divinidad es una responsabilidad inmensa. Desarrollaremos nuestras mentes hasta que podamos crear a través del pensamiento esta lupa, estas gafas, esta mesa. Esto podría parecer imposible pero ya es una realidad, por ejemplo, en Marte. Los marcianos crean la mayoría de naves espaciales que denominamos ovnis, con el pensamiento, algunas de las cuales tienen kilómetros de largo. ¿Os podéis imaginar una nave espacial de 6 o 7,5 kilómetros de largo, justo fuera de nuestra atmósfera, flotando allí fuera en el espacio, llena de laboratorios de todo tipo y de naves espaciales? Ellos abren un hangar y dejan salir las naves espaciales, una detrás de otra. Es una inmensa estructura parecida a una ciudad, pero es una nave espacial construida con el pensamiento.

¿Os podéis imaginar crear esta mesa con el pensamiento? La humanidad desarrollará su mente hasta el extremo de crear por el pensamiento todos los artilugios de nuestra civilización moderna. No al principio, no durante un tiempo, pero en el futuro no tan lejano las mentes de los hombres se expandirán hasta el extremo de que tendremos una noción diferente de lo que es pensar.

¿Podría explicar más sobre "una noción diferente de lo que es pensar"? (Marzo 2009)

Pensar es la capacidad de crear por el pensamiento. Cuando creas un cuadro, estás creando con el pensamiento. Tu pensamiento entra en él. No sucede por sí solo. Tienes que tener la idea. Tienes que tener la coordinación de mano y ojo para llevar la idea hasta la superficie del plano físico del lienzo o el medio que utilices. Si tu medio es la música, tienes que crear con el pensamiento todas las secuencias que constituyen una pieza musical.

Mozart hizo eso, pero él no lo veía como podríais pensar, como música escrita que él fue capaz de plasmar. Él no veía las notas con su ojo interno y las copiaba. Él veía la música como un cuadro plano. Pero él la comprendía no como un cuadro sino como música. Él copió en términos musicales lo que vio como un objeto pintado. Al mirar eso, él sabía cómo debía ser la música. Eso es la mente creativa.

Depende de tu receptividad, de cómo funciona tu mente. Alguien con un sentido visual podría pintar un cuadro. Alguien con un sentido musical podría escribir música. Para ambos es la misma actividad, la mente creativa lo está haciendo. Por mente, no me refiero al cerebro. La mente es distinta que el cerebro.

Los científicos aún están debatiendo si tenemos mente en absoluto o sólo un cerebro. Ellos pueden llevar a cabo experimentos y realizar operaciones en el cerebro. Pero no pueden realizar una operación en la mente porque la mente es diferente que el cerebro, aunque está relacionada con el cerebro por contacto, como en un ordenador.

La mente es un cinturón de energía que impregna todo espacio en el cual se colocan las ideas o fórmulas de los Maestros. Cuando están maduras para su uso, son sintonizadas por las mentes sensitivas de la raza. Científicos como Einstein descubrieron grandes teorías científicas. Científicos prácticos y técnicos descubrieron cómo desarrollar el ordenador, por ejemplo. Todo eso se coloca allí en el cinturón mental. Se necesitan las mentes sensitivas de los descubridores, científicos, pintores o músicos para traer esas ideas y que sean utilizables.

Cuando hayamos desarrollado más nuestras mentes, descubriremos cómo crear fábricas y, en las fábricas, herramientas como robots que crearán todas las cosas que necesitamos a través de nuestro pensamiento.

Es extraordinario pensarlo, pero no está a la vuelta de la esquina, está a la vuelta de la siguiente esquina.

El famoso neurocirujano canadiense Wilder Penfield pensaba que la mente podía interactuar con el cerebro en parte del diencéfalo. (1) ¿Es eso cierto? (2) Si es así, ¿existe una parte específica del diencéfalo que se pueda identificar en donde la mente interactúa con el cerebro? (Noviembre 2008)

R. (1) Sí. (2) No está en una parte, sino en el diencéfalo.

(1) ¿Cuál es la diferencia entre cómo la memoria es almacenada en la mente en comparación al cerebro? Estoy seguro de que la mente almacena memoria, ¿pero también almacena memoria el cerebro? (2) Existe un límite en la cantidad de memoria que puede almacenarse en el cerebro, pero no en la mente, ¿es correcto? (3) ¿Podría explicar la relación de la mente y el cerebro? (Mayo 2009)

(1) El cerebro almacena memoria y la pone a disposición ampliamente. La mente no 'almacena' memoria pero tiene acceso a ella si está lo suficientemente desarrollada. (2) Uno no puede generalizar. Teóricamente, no existe limitación a lo que el cerebro puede almacenar, pero depende del desarrollo y salud de la persona. Igualmente, el acceso de la mente sólo está limitado por el desarrollo y la conciencia despierta. (3) El cerebro es un instrumento, altamente desarrollado y capaz de más desarrollo pero forma parte de nuestro aparato físico. La mente tiene acceso, en una persona saludable, a la memoria almacenada del cerebro.

Se dice que sólo se utiliza el 10 por ciento del cerebro. ¿Qué porcentaje es utilizado por los iniciados elevados y cuánto es utilizado por las personas normales y corrientes? ¿Es realmente el 10 por ciento? (Enero/Febrero 2009)

R. La persona normal y corriente utiliza alrededor del 12 por ciento de sus posibles funciones cerebrales. Un iniciado de, digamos, tercer grado, probablemente utilizaría entre el 60 y el 70 por ciento de su función cerebral.

Las últimas investigaciones parecen sugerir que durante la pubertad existe un nuevo desarrollo, incluso crecimiento, del cerebro. La misma investigación parece indicar que si se utiliza el cerebro creativa, activa y útilmente y se 'ejercita' durante ese periodo, crea un aumen-

to positivo y duradero de capacidad mental. ¿Hay algo de verdad en ello? (Septiembre 2002)

Sí. Es 100 por ciento verdad.

Al comienzo de la conferencia usted solicita a la audiencia que mantenga una mente abierta. ¿Qué significa una mente abierta? ¿Cómo podemos ser abiertos de mente? (Septiembre 2002)

Ser abierto de mente no significa tener la mente vacía. Significa no tener prejuicios. A cada nueva idea le aplicamos lo que en realidad es nuestro condicionamiento, nuestros prejuicios construidos desde la cuna en adelante, por nuestros padres, profesores, la vida que llevamos, las cosas que leemos y así sucesivamente. Eso crea formas mentales en nuestra mente que luego se hacen fijas e impide que podamos ver algo diferente. Significa ser libre. Significa tener una mente que te pertenezca con nada en ella que te impida mirar objetivamente información nueva.

La mayoría de personas, cuando escuchan información nueva, sacan a relucir su idea preconcebida de lo que es eso. Si les gusta lo aceptan. Si no les gusta tienden a rechazarla. Pero en el nivel de la mente no existe la afición o aversión. Sólo existe lo que es verdad. Si es verdad es interesante. Podría no ser tu camino pero es interesante. Eso tiene la experiencia de la verdad porque tú no le has puesto algo diferente en su lugar y lo has rechazado. Si eres libre en este sentido, tu mente está abierta y comienzas a aprender, a educarte a ti mismo. Puedes comprobar en ti mismo si es verdad o no. Si es verdad lo puedes mirar en conexión con todo lo demás. Si es falso no cuadra con nada. Puedes comprobarlo inmediatamente y ver si es falso. La verdad tiene su propio poder, el poder de ser que nada puede destruir.

¿Cómo podemos abrir más la mente, ser menos rígidos o fijados en nuestras creencias? (Noviembre 2008)

Hacerse más tolerante de las diferencias. Conoce a más personas con puntos de vista opuestos e intenta entender su punto de vista.

¿Cuál es la diferencia entre verdadera y falsa esperanza? (Noviembre 2009)

La verdadera esperanza emana del alma y es por tanto una cualidad espiritual. Llena a la persona con el deseo de buscar y visualizar una aspiración para la mejora del futuro y es por tanto una fuerza motriz de la evolución misma. Esa es la razón de que, para la humanidad, la esperanza es un aspecto esencial de la vida.

La falsa esperanza, por otro lado, es la expresión de un deseo emocional de creencia, ayuda y seguridad. Es esencialmente el resultado del temor y frecuentemente conduce a la decepción.

Parecería que exista un consenso entre los psicólogos del desarrollo actual de que la identidad de una persona es el producto del trasfondo cultural y familiar, el entorno escolar, y del grupo paritario. Dado que esto descarta la noción de la reencarnación del alma para su propio propósito, ¿podría explicar el papel del alma en la formación de nuestra identidad? (Julio/Agosto 2005)

La personalidad de una persona es, hasta cierto punto, el producto de las diversas influencias mencionadas en la pregunta. Pero la personalidad no es la identidad. Cada uno de nosotros es un alma en encarnación y, cada vez más, se muestra a sí misma como la identidad a través de la personalidad. El problema radica en que, en su mayoría, los psicólogos del desarrollo rechazan la noción del alma. La psicología no realizará ningún progreso adicional hasta que reconozca el hecho del alma.

La teoría de Freud de cómo la personalidad se forma ha tenido un inmenso impacto en el pensamiento occidental sobre el desarrollo humano, aunque muchos psicólogos ahora refutan la mayoría de sus teorías y afirmaciones. ¿Hay algo de su trabajo que es aún relevante o útil desde el punto de vista de los Maestros? (Julio/Agosto 2005)

Sí. Por ejemplo ha arrojado luz sobre la realidad de la mente inconsciente y sus efectos en las acciones de la mayoría de las personas.

En la introducción a su libro *El Alma y su mecanismo*, Alice Bailey dice que la psicología occidental, con su énfasis en el conductismo (el hombre es el producto de su entorno; el punto de vista 'materialista' del hombre), necesita complementarse con la psicología introspectiva de Oriente, basada en el precepto de una fuerza impulsora interior, el alma, para un punto de vista más amplio y realista. (1) ¿Significa esto que existe un papel para el conductismo al criar y educar a los niños, conjuntamente con el enfoque constructivista al aprendizaje y desarrollo humano? (Julio/Agosto 2005)

Sí, el entorno tiene, obviamente, una influencia en el desarrollo de la personalidad pero incluso así sólo es de aproximadamente un 30 por ciento en relación a una persona normal y corriente. Es considerablemente menos influyente en el caso de un iniciado que avanza, el cual está demostrando más su cualidad de alma.

Intuición y creatividad

Comprendo que uno debe intentar desarrollar la intuición propia: (1) ¿Cómo uno hace eso? (2) ¿Es lo mismo que pensar sobre un problema racional y claramente? (3) ¿Qué obstaculizaría el desarrollo de la intuición? (Mayo 2001)

(1) La intuición proviene del alma. Por tanto, todo aquello que invoca al alma, desarrolla la intuición. La meditación y el servicio son los senderos reales de siempre hacia el alma. Es aconsejable leer los libros de Alice Bailey (Lucis Trust). Fueron escritos por el Maestro Djwhal Khul de tal manera que despierten la intuición. (2) No. Es abordarlo desde el punto de vista del alma. (3) Algunos rayos (2,4,6) son más propicios para el desarrollo de la intuición porque proporcionan un acceso al alma más rápido y fácil.

Leyendo los Sutras del Yoga de Patanjali me encontré con la idea de la 'lectura espiritual'. Deduzco que significa la comprensión y reflexión de los símbolos. ¿Podría explicar que ventaja tiene reflexionar sobre la naturaleza simbólica de las cosas? (Julio/Agosto 2001)

Es necesario en el entrenamiento de la mente *abstracta*.

¿Cómo puede el uso de la intuición ayudarnos a educar? ¿Cómo puede la educación ayudar a desarrollar la intuición? ¿Cómo se relaciona esto con la educación de las personas como almas? (Marzo 2009)

Sin la facultad de la intuición, que es un aspecto del alma, no creo que puedas educar a nadie. Si no tienes intuición, no puedes percibir la necesidad de la persona a la que estás educando. Si estás educando a personas entre 14 y 18 años, por ejemplo, tienes que ser capaz de percibir dónde están en la evolución. No necesitas necesariamente saber que son

1.358 o 0.72. No tiene que ser tan preciso como eso. Pero sabes que se acercan a la primera iniciación, o que probablemente han tomado la primera iniciación, pero que no están muy por encima de ella. Por lo que te presentan, podrían estar alrededor de 1.5 o 1.6 y realizando el cambio de polarización astral a mental. Puedes percibir esto con el uso de la intuición. Esa intuición está basada en conocimiento práctico, experiencia, eso es lo principal. Pero la intuición es básicamente una función del alma y si estás funcionando como un alma, sabes porque sabes. No estás utilizando la racionalización.

Sin embargo, he conocido a muchas personas que piensan que saben porque saben, ¡pero están equivocadas! Lo que ellos toman por intuición no es intuición para nada. Es simplemente su espejismo. Existe un espejismo que ellos confunden por intuición, como existe un espejismo que confunden por conocimiento. Tienes que ser capaz de diferenciar entre espejismo e intuición.

La intuición es una facultad del alma, que sabe todo en su propio plano. El alma conoce el pasado, presente y futuro. No está involucrada en el tiempo. Un aspecto de aquello que denominamos intuición se desarrolla cuando elevas tu conciencia más cerca de la vibración del alma.

¿Cómo pintas un cuadro? Lo haces con la intuición.

¿Qué hace que un pintor sepa qué pintar o un músico sepa qué notas escribir? Algo les está guiando. Mozart, Beethoven, Rembrandt, Leonardo lo están haciendo con la intuición. Tienes lienzos y no hay nada en ellos. Existen hojas de papel con líneas en ellas pero sin notas. ¿Cómo se convierte eso en el manuscrito de música, una sinfonía, por ejemplo? ¿Cómo un lienzo se convierte en un cuadro? Un lienzo sólo es un soporte para un cuadro. ¿De dónde consigues el cuadro? ¿Cómo sabe el pintor lo que poner allí? Con colores puedes poner rojo, amarillo, azul, verde, violeta. Puedes pasar por toda la gama de ellos, pero la mayoría de los pintores no lo hace. Algunos lo hacen y puedes ver el resultado. Algo te hace escoger. ¿Qué es lo que hace que escojas? Escoges un rojo y un azul, o un amarillo y un violeta. Los escoges en un cierto matiz de ese color y un cierto tono de ese matiz. Todo el tiempo estás relacionando el matiz y el tono de un color con el matiz y el tono de otro color. Podrían estar uno al lado del otro o en el otro extremo del cuadro. Todo eso está relacionado con la intuición. Lo haces porque sabes lo que hacer, pero no sabes qué hacer hasta que comienzas a hacerlo.

¿Cómo puede el uso de la intuición ayudarnos a educar? La intuición es necesaria, de otra forma no puedes educar. Puedes haber sido entrenado como profesor. Vas a la universidad y tu cerebro se llena de datos. Aplicas esos datos y eso es educar a niños. ¿Pero para qué? Ciertamente no para la vida. Estás educando a niños para la forma mental en las mentes de los educadores profesionales del país. Los datos impartidos por estos profesores entrenados serán apropiados para aquellos estudiantes para tal y cual nivel de trabajo. No recurre en ningún sentido real a la facultad de la intuición. Eso no quiere decir que algunos profesores no tengan intuición y estoy seguro de que muchos la tienen.

No puedes ser un pintor, un músico, un científico o un profesor de cualquier nivel sin el uso de la intuición. Es la intuición la que te indica que eso es así. ¿Cómo llegó Einstein a $E=mc^2$? Eso es intuición. Einstein no podía hacer matemáticas simples, pero pudo descubrir la fórmula más fantástica que relaciona la energía con la materia. La energía equivale a la masa multiplicada por la velocidad de la luz al cuadrado. Es una extraordinaria conciencia despierta, a la que sólo puedes acceder a través de la intuición. Einstein era un iniciado de segundo grado, obviamente en contacto con el alma y receptivo a la impresión del alma. Él no tenía la intención de educar al mundo, pero el mundo ha sido educado extraordinariamente por su fórmula, su comprensión. Él estaba educando a las personas de su época.

¿Cómo se relaciona esto con la educación de personas como almas? Para traer al alma cada vez más a la vida de la persona, tenemos dos procesos: meditación y servicio. Nada nos ayuda más a invocar el alma que la meditación y el servicio. Son las herramientas dadas, el sendero para infundirse del alma. La infusión del alma es muy lenta. Se desarrolla poco a poco. Cada vida lleva a la persona más cerca del alma. Podría haber algunas vidas muy vagas o vidas de retroceso en donde no se asimila mucho. Pero si todo va bien, el alma transmite su luz a la persona. Las partículas atómicas de cada individuo son cambiadas gradualmente por partículas subatómicas. En lugar de partículas atómicas, el cuerpo está hecho cada vez más por estas partículas de luz, más por la naturaleza del alma.

Cuando la persona medita y sirve de forma correcta, altruistamente, sin sentido del yo, automáticamente absorbe luz del alma, que en su meditación está invocando todo el tiempo. El alma da su luz a la persona en desarrollo, y los cuerpos cambian. En el final de viaje la persona es totalmente subatómica o luz. Ella es un Maestro. La única diferencia en un sentido entre un Maestro y nosotros es que si pudieras ver visualmente el cuerpo de un Maestro, podrías ver que es totalmente luz, mientras que el nuestro es atómico con un grado de partículas subatómicas de luz.

El alma es toda luz, es energía. No necesita un cuerpo físico. Los Maestros per se no necesitan un cuerpo físico. Muchos de Ellos tienen un cuerpo físico, pero muchos de Ellos trabajan en Su cuerpo etérico. Un cuerpo físico sólo es necesario cuando es necesario que se vea la luz. Normalmente lo que denominamos luz se manifiesta sin un cuerpo físico. Cuando más elevada sea la luz, menor es la necesidad de un aparato físico. Somos luz, pero necesitamos un cuerpo físico para para ver la luz. Cuando encendemos la electricidad, vemos la luz que surge como resultado de ella. Pero esa misma electricidad no necesita un montaje eléctrico para manifestarse. Nosotros lo necesitamos, pero la electricidad, que es un nivel del plano físico del fuego eléctrico en el sol, no tiene cuerpo físico. El Sol Central Espiritual, que es en sí mismo luz, se manifiesta en este nivel del plano físico como luz o calor.

El proceso de infusión del alma avanza mientras meditamos y servimos. Una vez que estás infundido del alma, incluso un poquito, no puedes ser otra cosa que infundido del alma.

¿Cuáles son las características de una personas infundida del alma? ¿Cómo manifestamos la infusión del alma? (Marzo 2009)

No lo hacemos. Ese es el problema. ¿Qué es una personas infundida del alma? Pensad en alguien lo mejor que os lo podéis imaginar: sabio, amable, lleno de conocimiento y luz y respeto por todos, lleno de entusiasmo por la vida, la justicia y el compartir. Esas son las características de una persona algo infundida del alma.

¿Cuál es la importancia de la creatividad para la educación? (Enero/ Febrero 2009)

Es de lo que trata la educación. Es de lo que trata la vida. La educación trata de preparar a las personas para la conciencia despierta creativa de su propósito en la vida y de los medios por los cuales esto puede llevarse a cabo. Trata de preparar a un ser, un dios inmortal. Tenemos que aceptar que somos dioses inmortales, dioses imperecederos al máximo nivel de la divinidad de este planeta. Este planeta no es el más elevado en el sistema y no está en un sistema demasiado elevado. Es algo relativo, pero dentro de esa relatividad estos dioses potenciales están buscando educadores que les enseñen las formas y los medios de vivir para permitir a esa divinidad manifestarse. Eso es todo lo que falta: sacar a relucir al máximo cada parte del potencial que en cada vida dada es suyo para dar.

Debido a la Ley del Renacimiento, debemos abordarlo vida a vida. Eso lo hace posible. No hay forma de que puedas dar a una persona al comienzo del viaje evolutivo todo lo que él/ella necesitará para convertirse en un dios porque el aparato no está aún desarrollado: el cerebro no está lo suficientemente evolucionado, el cuerpo físico no es lo suficientemente fuerte, el cuerpo astral no está lo suficientemente calmado, el cuerpo mental no está suficientemente lleno del conocimiento necesario para aprender.

La enseñanza trata de dar a una mente abierta aunque aún limitada, los preceptos, la comprensión, el conocimiento de lo que es ser humano y cómo vivir con otros humanos en paz, con justicia y libertad para todos. Es una labor colosal, para nada fácil. Pero es una labor creativa.

La esencia de todo arte, toda ciencia, toda filosofía, toda religión es la creatividad. Vivimos en un universo espiritual. Ese universo espiritual es un motor en constante cambio, un tipo de gran generador de creatividad que genera diferentes aspectos de esa creatividad, las esparce en el universo, y se van filtrando hacia abajo a través de las diferentes galaxias y sistemas solares. Estas energías de creatividad llegan al pequeño planeta Tierra como ecos distantes de una idea. Esa idea puede galvanizar y transformar el mundo. Es tan extraño, tan simple y tan gigantesco como eso.

Estas grandes ideas emanan dentro de nuestro espacio. Pero les lleva tiempo descender y nuestras mentes deben estar sintonizadas como una creciente conciencia despierta consciente a su significado y sus efectos en nuestras vidas, y tenemos que encontrar la mejor forma de ponerlas en práctica. Esa es la naturaleza de la vida.

Somos almas en encarnación. Eso es creatividad. Es la naturaleza de nuestra vida. No puedes decir: "Bueno, un poco de eso será creativo, pero otro poco no necesita ser creativo". Todo tiene que ser creativo momento a momento. La vida trata de creatividad. La creatividad no es algo que puedas untar como la mantequilla en el pan, simplemente para hacerlo más sabroso. La creatividad es la mismísima esencia, la naturaleza de la vida. Cuando la vida es percibida correctamente, se percibe como significativa, resuelta, y cuando comprendemos el significado y propósito de la vida, nos conduce al nacimiento de esa creatividad en nosotros, de cualquiera de las formas en que le demos expresión. Le damos expresión, por supuesto, como un hombre o una mujer según nuestra experiencia de nuestra vida anterior.

Tenemos que vivir en ese estado creativo, como parte de nuestro ser cotidiano. Así que no es algo que hacemos cuando tenemos tiempo. Es algo que hacemos porque es algo que somos. Si somos creativos entonces siempre somos creativos. Incluso si parece que no estuviéramos haciendo nada, aún podemos ser creativos. La creatividad es un estado de ser, una esencia de ser. Cuanto más cercano mantengamos nuestro foco y nuestra conciencia despierta concentrada en nuestra vida cotidiana, más cerca estamos del estado creativo. Y eso es la Divinidad. Es creación. Es lo que la vida es. Es lo que somos, lo que son todos.

¿Podría comentar sobre el valor de la experiencia personal en el papel de la educación, por ejemplo, el Día de la Declaración? (Marzo 2009)

Nada es tan valioso como la experiencia personal de cualquier tipo. La experiencia personal del Día de la Declaración será extremadamente transformadora. Durante unas pocas semanas quizás las personas se sentirán y comportarán diferentemente. Se gustarán unos a otros. Se dirán 'hola' en la calle. La experiencia es lo mejor de todas las cosas. Sabes por experiencia mucho mejor en todos los sentidos que cualquier cosa que hayas oído de otra persona. Nadie puede quitarte eso. Yo sé que el Cristo está en el mundo porque lo he experimentado. Cuando hablo de ello, lo presento para su consideración, pero yo lo sé. Esa es la razón de que pueda hablar sobre ello con convicción. Cualquier cosa que sea resultado de la experiencia será completamente más transformador que algo que oigas de otra persona.

¿Sentirán la mayoría de personas su propia alma en el Día de la Declaración cuando Maitreya esté hablando? (Abril 2009)

La mayoría de personas experimentarán sus propias almas, incluso si es la primera vez en sus vidas. Será una experiencia extraordinaria para la humanidad. Se sentirán como niños; puros, oyendo desde el corazón estas maravillosas palabras y experimentando una cualidad de vida que han olvidado, que se remonta a su niñez cuando eran simples, confiados, llenos de amor y felicidad.

¿Afectará a nuestra próxima encarnación si experimentamos el Día de la Declaración en esta encarnación? (Marzo 2009)

¿Cómo no lo haría? Si el Día de la Declaración es incluso remotamente como yo comprendo que será, seremos cambiados como nunca antes en nuestras vidas. Todos nosotros, todos en la Tierra, serán cambiados en cierto grado. Quizás los fundamentalistas más inflexibles de cualquier religión no estarán tan felices de haber recibido la experiencia, y quizás no le adscriban ninguna gran importancia a la misma, pero les habrá cambiado. Nadie puede pasar por lo que experimentará en el Día de la Declaración y no ser cambiado de alguna manera.

Los cambios actuales en nuestro sentido de ser serán profundos, y las emociones suscitadas por ello perdurarán semanas. El Maestro dijo: "La humanidad caminará de puntillas durante un tiempo".

Luego la realidad volverá a asentarse. Los problemas aún estarán allí. Aún tendremos el dolor y el sufrimiento de millones de personas que mueren de hambre. Aún tendremos que ocuparnos del medio ambiente, cómo librar al mundo del calentamiento global y detener la destrucción del planeta. Los problemas del mundo volverán a tomar forma en las mentes de millones de personas.

Pero millones de personas se recargarán en su sentido de ellas mismas como seres humanos, y sentirán que cuentan por primera vez en sus vidas. Habrán pasado por una extraordinaria experiencia espiritual, que les habrá limpiado. El Maestro dijo: *"Cada uno… experimentará nuevamente la gracia de la niñez, la pureza de la aspiración limpia del yo"*. Las personas serán como niños nuevamente. Verán el mundo como todos los niños ven el mundo, con un sentido de gracia, alegría, asombro y simple aceptación, confiando en todo. El sentido de confianza crecerá en la humanidad por primera vez en miles de años.

Actualmente nadie confía en la vida suficientemente. Todos están endurecidos y sienten que se han endurecido debido a la comercialización, luchando por un sustento en un lugar donde sólo el mercado cuenta. En el centro de la vida hay competencia.

La cooperación es la naturaleza de la vida para la humanidad. Cuando el hombre descubra su verdadero ser interior como un alma, la competencia desaparecerá por sí sola y, con ella, la mentira de la comercialización. Cada persona, sin excepción, es divina.

En su último libro *From the Mundane to the Magnificient* (De lo mundano a lo magnífico) (1979), la esoterista Vera Stanley Alder describe un episodio intrigante de su vida que tuvo lugar en 1942. Ella relata cómo un ser avanzado, a la que ella llama Rafael, se da a conocer para revelarle aspectos de la realidad en una serie de experiencias 'prácticas' en los planos internos. En la última de estas lecciones, él le concede un deseo de ella por una visión del futuro. Cuando le pregunta cómo un futuro tan brillante puede jamás ser realizado, Rafael le asegura que esto será posible a través de la intervención en el futuro cercano del "Que ha de Venir", el Cristo, conocido en Oriente como Maitreya Buddha.

(1) ¿Podría decir si esta experiencia tuvo lugar en 1942, tres años antes de la decisión de Maitreya de regresar en el momento más pronto posible? (2) ¿Estaba Rafael meramente saldando una deuda kármica, como le indicó a la Sra. Alder, o tenía/tiene un papel específico que desempeñar en relación al regreso de Maitreya? (3) ¿Sabe usted si la Sra. Alder recibió alguna vez una confirmación de su experiencia a través de su información, antes de fallecer en 1984? (Septiembre 2001)

(1) Sí. Fuera del cerebro físico, el tiempo no existe. (2) Ambas cosas. (3) Sí. Ella contactó conmigo y nos reunimos en su casa de Bournemouth, Inglaterra.

¿Cuán receptiva es la humanidad actualmente a las ideas de Maitreya, desde el punto de vista de la Jerarquía? ¿El creciente temor y tensión cierra psicológicamente a las personas a Sus prioridades? (Diciembre 2002)

No, lo opuesto. El temor conduce a las personas a actuar histéricamente, como en EEUU actualmente, o a buscar respuestas a los problemas.

¿Por qué la gente tiene miedo a la diferencia: diferentes culturas, religiones, etcétera? ¿Qué hay de aterrador en lo 'otro'? (Junio 2004)

Porque es desconocida y, por tanto, potencialmente peligrosa.

El artículo del Maestro 'El eslabón perdido' (Enero/Febrero 2002) mencionó que la humanidad había finalizado su aprendizaje. ¡Mi-

rando alrededor, a uno se le puede perdonar por pensar que no hemos aprendido nada! ¿A qué se refiere el Maestro? (Marzo 2002)

La humanidad ha llegado a la 'mayoría de edad', se ha hecho adulta. Desde el punto de vista esotérico éste es el caso. Por primera vez en nuestra larga historia, los vehículos de la personalidad (mental, astral, físico) están ahora ocultamente integrados y alineados correctamente con el alma a una escala mundial. Esto no significa, por supuesto, que, desde un punto de vista vibratorio, la frecuencia de cada vehículo esté sincronizada.

Educando a niños jóvenes

¿Cómo podemos evitar condicionar a un niño y cómo respetamos su libre albedrío y no obstante proporcionamos estabilidad y seguridad con una regulación saludable? (Enero/Febrero 2009)

Esa es la pregunta del millón de dólares. En el mundo, como está actualmente, es casi imposible hacer eso. Eso no significa que no debas intentarlo.

Tienes que observarte a ti mismo. Tienes que ser muy consciente de ti mismo y de las reacciones del niño. Busca que el niño se regule a sí mismo. Elogiar a un niño por algo que ha hecho bien fortalece su autoconfianza pero elogiar en exceso constantemente puede distorsionar su sentido del yo en relación a los demás. Por otro lado, la condena y el castigo de cualquier tipo nunca deberían utilizarse.

El niño es sólo un niño y está sólo siendo el pequeño animalito que realmente es en esa etapa. Actúa completamente por instinto y necesita ser amado, mimado, alimentado y entretenido, escuchado, tolerado y cuidadosamente sintonizado a las posibilidades de la vida. Así que cuando se le pide que esté quieto, puede aprender a estar quieto. Cuando se le pide que no haga ciertas cosas, puede aprender sin castigo a no hacer ciertas cosas. Esto conlleva paciencia lograr eso. Los padres tienen que ser pacientes y nunca esperar que el niño sea paciente porque el niño no sabe lo que es ser paciente.

Pero los niños son sabios, incluso los niños pequeños son muy sabios y conscientes de la madre y del padre, y la familia y las personas a su alrededor. Ellos se vuelven muy conscientes de otras personas como personalidades y perciben muy directamente, aunque sutilmente, lo que están experimentando, amor u odio, aversión o impaciencia, o lo que sea.

Se precisa una gran sensibilidad para no hacer daño al niño, para no infringir su libre albedrío y evitar imponer tu solución al problema que sea. Criar a un niño es siempre un acto de compromiso.

En este mundo actual menos que perfecto, las personas inevitablemente son menos que perfectas y no deberían esperar mucho de ellas mismas o causarse daño por una autocrítica demasiado dura. Y no deberían de ningún modo causar daño al niño con la crítica. El niño no sabe porque no ve la vida de la forma que las personas adultas lo hacen. Las personas a veces tratan a los niños como si fuesen adultos o personas mayores. Pero el niño aún no es un ser humano totalmente consciente. Su conciencia es limitada. Si son muy jóvenes, podrían aún estar viviendo en su experiencia encarnatoria previa.

Así que no existe una respuesta sencilla a la pregunta. Ante todo te tiene que gustar el niño. Y, desafortunadamente, muchos padres aman al hijo, pero a veces no les gusta porque tienen un resentimiento tácito contra él por infringir su libertad. Y el niño siempre está allí, exigiendo y exigiendo, y quizás los padres tienen poco dinero. Ellos no pueden satisfacer las exigencias del niño y le culpan por ello, y hacen daño al niño inconscientemente, sin quererlo. He presenciado hacer esto enérgica y convincentemente pegando, gritando e insultando al niño. Pero esto surge de la ignorancia y el agotamiento. Transmitimos nuestro condicionamiento.

Usted pregunta cómo podemos evitar condicionar al niño. Bueno, si eres una persona normal y corriente no puedes. No eres perfecto. No serás perfecto hasta que el mundo sea más perfecto.

Podemos intentar ser mejor y eso es lo máximo que podemos hacer. Recuerda amar al niño en todas las condiciones, en cualquier situación, incluso cuando te están volviendo loco. Es difícil, pero eso es la vida.

Además de practicar una religión o nuestra meditación, nos podría dar, por favor, algunos ejemplos de cómo los padres pueden educar a sus hijos a conocer, contactar y dar expresión al Dios interior. (Marzo 2009)

La mejor forma por excelencia es con el ejemplo. No hablas a tus hijos sobre Dios. Los niños pequeños no saben nada sobre Dios. Se les debería dejar encontrar a Dios dentro de ellos mismos y a expresar su sentido de ello por ellos mismos. No les das una forma mental de Dios, tampoco les das meditaciones para manifestar el alma. Enseñas con el ejemplo. Los niños son esponjas. Absorben lo que les presentas. Te presentas a ellos como el sabelotodo, el que todo lo aguanta, paciente, amoroso (¡un felpudo en todos los sentidos!), luego ellos lo aceptan y demostrarán sus cualidades del alma.

Tenemos que desear dedicarnos completamente al niño o niños. ¿Cuántas personas pueden hacerlo? Normalmente tenemos que trabajar, y estámos ocupados y temerosos nosotros mismos. No podemos evitar pasar ese temor y sentido de prisa. Nadie tiene tiempo. Estamos dominados un sentido del tiempo. No es la forma de vivir.

Básicamente no existe el tiempo. Es sólo una conveniencia para tomar aviones y trenes, etcétera. Pero no es para vivir, comprender, crecer. Si lleva mucho tiempo hacer algo que valga la pena, bueno, lleva mucho tiempo. Si vale la pena, lleva tiempo. Si no vale la pena, no inviertas tiempo en ello.

Dad a los niños vuestro tiempo, vuestra devoción, vuestro amor, vuestras disposición a contestar cada pregunta. Eso es lo que los niños necesitan. Ellos necesitan el ejemplo. No necesitas darle una religión o una meditación. No están preparados para ello. Dadles vuestro amor.

¿Cuántos niños tienen preguntas sobre reencarnación, ovnis, etc., cuánto podemos nosotros, sus padres, contar a los niños, teniendo en cuenta que profesores y otros padres y grupos de iguales podrían decirles que son tonterías? (Enero/Febrero 2009)

Si el padre o profesor piensa que los ovnis, y otras cosas, son tonterías, eso es lo que les dirán. No hay nada que podamos hacer al respecto, excepto de no ponerlos en manos de esas personas.

La verdadera respuesta depende mucho de la edad de los niños. Hasta los seis o siete años, no pienso que se debería suscitar el interés de los niños en ovnis o cualquier cosa que tenga que ver con lo que generalmente se conoce como esoterismo. No se les debería introducir a ninguna creencia religiosa o cualquier creencia que tengan los padres sobre el esoterismo. Se les debería permitir crecer a su propio ritmo en su proceso vital. Dependiendo de quiénes son como almas en encarnación, eso llevará más o menos tiempo, pero se les debería dejar a ellos crear el momento. A niños mayores desde los ocho a 10 a 14 se les deberían dar respuestas relativamente sencillas a tales preguntas como ovnis y reencarnación.

La reencarnación es un tema muy difícil de abordar. Es una de las leyes fundamentales de nuestra experiencia, la Ley del Renacimiento. Con el tiempo, todos nosotros, esperamos poder saber y creer sinceramente, y experimentar directamente la verdad de esa ley. Pero yo no la pondría en conocimiento de ningún niño menor de seis o siete años.

Siete es un momento álgido, un momento de cambio, y de los siete en adelante se pueden ofrecer algunas cosas al niño en respuesta a sus preguntas pero siempre relacionadas con el hecho de la pregunta y no con el interés doctrinal de los padres. Yo dejaría a todos los niños libres de cualquier traza de creencia religiosa o filosófica de los padres, libres de crearse sus propias opiniones en el momento oportuno.

Conozco a personas que están muy interesadas en la historia de la Reaparición, en los Maestros, en el retorno al mundo del Cristo, y anhelan que sus hijos participen en esta historia desde muy jóvenes. Y he oído varios ejemplos de esto, donde los niños comienzan a participar de forma muy vívida pero completamente distorsionada. Comienzan a recibir 'mensajes' de los Maestros, erróneamente, por supuesto. Los Maestros no darían mensajes a niños de esa edad. Y entonces los padres se ponen en contacto conmigo preguntándose si sus hijos son realmente receptores de consejo y enseñanzas Jerárquicos o si simplemente están repitiendo lo que han oído de sus padres.

En cada caso, por supuesto, simplemente están repitiendo lo que han oído de sus padres, y ha sido un espejismo por parte del niño. Dejad en paz las mentes de vuestros hijos, sus estructuras de creencias y sus aspiraciones religiosas, hasta que sean lo suficientemente mayores para decidir por sí mismos según lo que vean a su alrededor. Incluso si supone el rechazo total a lo que sus padres piensan. Los niños cambian.

Fui criada como una cristiana 'renacida' y ahora soy madre. Por razones de evolución personal por mi parte, siento que sería incorrecto enseñar a mis hijos el cristianismo en el cual fui educada, pero quiero enseñarles algo. Quiero proporcionarles orientación espiritual en sus vidas, algo sobre lo que puedan construir mientras crecen y toman decisiones en el futuro. ¿Ofrece Share International reuniones

de culto para las familias? ¿Tiene alguna recomendación para mí, en cómo criar a niños para que sean seres espirituales progresistas? (Diciembre 2006)

La mejor enseñanza (creo que la única verdadera enseñanza) se da con el ejemplo. Si me atreviera a aconsejarle sería esto: dé a sus hijos el don de libertad del adoctrinamiento y el condicionamiento. Deles la libertad de ser y convertirse en ellos mismos. Manténgales alejados de las 'creencias' y nunca sofoque su espontaneidad, porque de allí surge la expresión de su singularidad como almas.

Muéstreles, con el ejemplo, cómo amar a las personas de todos los colores y tradiciones, cómo ser tolerantes y justos. Enséñeles, con el ejemplo, la ley fundamental espiritual de la vida, la ley de Causa y Efecto, en los términos más sencillos, "lo que siembras, cosecharás", y así la necesidad de la inofensividad en todas las situaciones. Infúndeles, con el ejemplo, con la energía de buena voluntad y muéstreles cómo estar relajados y felices.

La vida espiritual no tiene que ver con creencias y/o cultos. Es un sentimiento de conexión con la divinidad momento a momento, de no estar separados de ello o de su expresión en los demás. Muéstreles esto, con el ejemplo, a sus hijos y ellos crecerán como ejemplos de esa divinidad ante sus ojos.

He leído cinco de sus grandes libros hasta ahora y tengo varias preguntas: (1) ¿A qué edad comienza un niño a acumular karma? ¿Un niño de 3 años que hace daño a su hermana crea mal karma? (2) Estoy diagnosticado de Trastorno por Déficit de Atención y ninguna medicación funciona conmigo (demasiados efectos secundarios). He leído en la página web de Share International que el TDAH podría ser causado por la radiación nuclear y la contaminación. Además de comer alimentos orgánicos, intentar vivir en una zona libre de contaminación y practicar la Meditación de Transmisión, ¿hay alguna forma de curar esta enfermedad? (3) En el plano astral, uno pude viajar a donde desee, tan rápido como uno quiera. ¿Existen lugares peligrosos para ir en ese plano (como otro planeta, el sol, cerca de un agujero negro, o incluso el agujero negro en el centro de la galaxia)? (Julio/Agosto 2008)

(1) Un niño no está sujeto al karma hasta la edad de 7 años. Incluso entonces el karma es mitigado en gran medida hasta la edad de 14 años. (2)

No actualmente. Hasta que podamos acometer los aspectos superiores de la toxicidad nuclear en nuestra contaminación no será posible limitar el TDAH. Sugiero que utilice la 'Mano' de Maitreya y pida Su ayuda.* (3) Sí, desde luego. Los sitios que sugiere, agujeros negros, etc., no son accesible en los planos astrales pero existen muchos peligros en los niveles inferiores de los planos astrales que no deberían abordarse sin la supervisión de una fuente superior.

[* Ver foto de la 'Mano' de Maitreya en la sección de imágenes.]

Educación de la juventud

Cada vez más jóvenes se pierden actualmente a través de la depresión y las drogas. ¿Cómo podemos ayudarles? (Enero/Febrero 2004)

Éste es un problema terrible. Según Maitreya ellos están sufriendo inanición espiritual. Se les debe restablecer el propósito y el significado de la vida. Están cometiendo un suicidio lento tomando drogas, etc. Ellos no saben sobre Maitreya, no saben sobre la transformación de la humanidad que es inevitable y que restablecerá la vida, la verdadera vida, en estos jóvenes. La forma de ayudarles en la actualidad es hablarles sobre la existencia de Maitreya y los Maestros, mostrarles la esperanza que eso trae al mundo, y reforzar así su autorespeto. Ellos han perdido el autorespeto, han perdido la esperanza. Ellos necesitan ayuda de personas que conocen mejor y pueden ayudarles de una forma que ellos puedan entender. Debes transferir la ayuda que recibes.

Un reciente informe británico revela que el uso de drogas entre la juventud está creciendo a pesar de todos los esfuerzos para impedirlo. ¿Podría comentar sobre ello por favor? (Mayo 2007)

Los distribuidores y 'traficantes' de drogas trabajan más arduamente que aquellos que intentan detener la distribución. También trabajan más sistemáticamente, y por la larga experiencia, con más eficacia. El esfuerzo educativo sólo tiene un éxito limitado en impedir el uso de drogas y aunque sea muy extendido, no ha justificado el tiempo y dinero invertido en ello. La razón fundamental, sin embargo, para el incremento del uso de drogas es que a través de lo que Maitreya denomina el "seguimiento ciego de las fuerzas del mercado", el gobierno ha creado una condición de competencia árida como la única baliza de señalización para los jóvenes. Mayoritariamente ellos sienten que no tienen nada de valor que esperar y buscan el efecto transitorio de las drogas para aliviar sus ansiedades internas. Se les debe dar esperanza y suficiente inspiración para encontrar su innato idealismo pero en su lugar encuentran un futuro vacío de tal inspiración. Se sienten en guerra dentro de ellos mismos y marginados de una sociedad que ellos perciben no les proporciona nada de valor.

El aumento del uso de drogas entre los jóvenes, por tanto, continuará en alza en la actual situación política-económica. Se necesitará la presencia abierta de Maitreya para inspirar a la juventud con esperanza y entusiasmo que han perdido o nunca han encontrado.

Niños se están viendo envueltos en asesinatos y crímenes violentos en las calles de Gran Bretaña. ¿Por qué? ¿Qué ha ido mal? ¿Qué puede hacerse para abordar las causas? (Octubre 2007)

Esta triste situación no es exclusiva de Gran Bretaña sino que se hace cada vez más evidente en todo el mundo desarrollado. A través del "ciego seguimiento de las fuerzas del mercado", los políticos en el mundo occidental han creado una sociedad desgarrada donde los ricos se hacen más ricos y los pobres más pobres. Esto es claramente el caso en Gran Bretaña, como lo es en Norteamérica y en otros países 'de éxito'. Estos crímenes violentos tienen lugar principalmente en los sitios más pobres de las zonas deprimidas del centro de las ciudades donde los niños y los adolescentes son desatendidos, no tienen instalaciones para organizar juegos y deportes de grupo, y a menudo tienen poca o carecen de orientación parental. No tienen el sentido de ser queridos, están marginados y en guerra consigo mismos y con la sociedad a la cual pertenecen. Su única familia o grupo son las bandas callejeras que inevitablemente toman su propio lugar. Sienten que la vida no tiene sentido o esperanza para ellos y se vuelven a la violencia para darle sentido. Al mismo tiempo los periódicos están llenos de noticias de 'sobresueldos' récord para los directores de empresas que han conducido a estas compañías a obtener grandes beneficios. Estos sobresueldos pueden ascender hasta los 30 millones de euros anuales. ¿Es de extrañar que estos niños se sientan despojados y busquen venganza?

Durante septiembre y a principios de octubre del 2006, EEUU ha sido testigo de una erupción de tiroteos en colegios con la involucración de adultos que entraban en los colegios y mataban o herían a alumnos o profesores. Una vez usted mencionó que en lo concer-

niente a la violencia estudiantil es el resultado de una sociedad que enseña competencia y justo castigo, como también de personas (obviamente inestables) que responden a las nuevas energías que llegan al mundo. ¿Se trata también de un caso en el un acto de violencia 'provoca' a otras personas inestables a actuar según sus propios impulsos enfermizos? (Noviembre 2006)

Sí.

En muchos países occidentales la incidencia de la depresión está aumentando asombrosamente. En el Reino Unido, por ejemplo, la prescripción de antidepresivos ha aumentado un 700 por ciento en los últimos 10 años. ¿Cuál es la razón de esta 'epidemia'? (Diciembre 2002)

La depresión es la enfermedad social de una sociedad dedicada al materialismo. Es 'hambruna espiritual', y está creciendo cada vez más en todo el mundo desarrollado occidental. La mayor incidencia de la depresión y el mayor uso de antidepresivos y tranquilizantes son en EEUU, seguido de cerca por Europa.

¿Cuál es el efecto en la generación más joven que utiliza dispositivos electrónicos para muchas de sus actividades, tanto educativas como recreativas? ¿Mantiene esto a los niños en un estado más físico o cerebral, más que en un estado intuitivo del alma, atrofiando el crecimiento espiritual de los niños? Si es así, ¿qué podemos hacer para mitigar los efectos? (Marzo 2009)

Las herramientas de la vida moderna, como los dispositivos electrónicos, pueden ser tanto perjudiciales para el sistema nervioso o extremadamente útiles para los niños, dado que no tienen que guardar tantos datos en sus cerebros. En la educación moderna, el 90 por ciento de lo que se enseña son datos. Estos datos llenan los espacios en los cerebros de los niños, especialmente en el mundo desarrollado. Los ordenadores pueden almacenar todos estos datos y evitar que el cerebro tenga que almacenarlos.

Existen ordenadores buenos y ordenadores malos, es decir, ordenadores que te evitan almacenar datos, y ordenadores 'recreativos'. El uso de ordenadores para juegos debería ser supervisado por los padres. Como muchos juegos, podría convertirse en una obsesión. Es como mirar demasiada televisión. Es una droga que absorbe tu energía y te impide experimentar los males y vicisitudes de la vida real.

Usted ha dicho que los juegos de ordenador pueden ser adictivos. ¿Podría decirse lo mismo sobre el uso ubicuo de los reproductores de música digital (mp3), y los teléfonos móviles con su miríada de funciones de comunicación? ¿La constante distracción de la música pop, los mensajes de texto y los chats no socavan la capacidad de una persona de centrarse y concentrarse? ¿Qué efectos tienen estos dispositivos electrónicos personales en el desarrollo mental y espiritual de personas jóvenes? (Mayo 2009)

Todos estos dispositivos tienen una cierta función útil. Sin embargo, como ampliamente se utilizan hoy, su principal efecto es distraer a sus usuarios de experimentarse a sí mismos y a la vida como es. En otras palabras, son un escape de la realidad, si se utilizan en exceso. Se necesitará la inspiración de Maitreya para llenar las mentes de los jóvenes con tal significado y desafío para que no busquen más un escape.

Muchos adolescentes afirman que necesitan dormir mucho. ¿Es esto cierto? ¿Cuál es el comentario de su Maestro sobre esto? (Septiembre 2002)

No. Por supuesto, los individuos varían, pero la mayoría de adolescentes duermen mucho por costumbre o por malos hábitos alimenticios. La mayoría no debería necesitar más de cinco horas de sueño.

¿En el futuro los adolescentes vivirán con sus semejantes en un entorno grupal? (Marzo 2009)

Algunos lo harán y otros no. Algunos ya lo hacen. No es una condición específica que se repetirá en todo el mundo. Algunos adolescentes en algunas partes del mundo, como Norteamérica y Europa, se juntarán en grupo durante un tiempo quizás. Los adolescentes llegarán a comprender que no pueden desarrollarse completamente por sí solos y necesitarán personas mayores, quizás sus padres o profesores de un tipo u otro, para información sobre su sociedad. No pueden apartarse de la sociedad durante un largo período. La sociedad es un todo y ellos forman parte de ese todo. Pero habrá experimentos en muchas direcciones en estas líneas.

Algunos adolescentes dicen que la humanidad es un virus sobre la tierra y que debería ser exterminada. ¿Cuál sería una buena res-

puesta para suscitar una conciencia despierta de su divinidad? (Enero/Febrero 2009)

Bueno, de nuevo, depende de la edad del adolescente. Uno de 19 años necesita una respuesta muy diferente a uno de 13 años, diría, dependiendo nuevamente del punto de evolución, y por tanto, de la madurez de la mente del individuo.

Ellos dicen que es un virus que debería eliminarse y yo diría, "Inténtalo. Intenta eliminarlo". Pienso que eso sería suficiente. Y si ellos preguntan: "¿Cómo?" Yo diría: "No lo sé. Lo que tú pienses". Verás que quedarán perplejos. Es sólo una pequeña idea.

Existen personas en el mundo que actúan de una forma muy peligrosa y destructiva, y en la fase adolescente de la vida, las personas poseen una extraordinaria aspiración. Esa aspiración es fresca y nueva. Proviene del corazón, y están conmocionados por el dolor y sufrimiento que acontece en el mundo. Lo sienten muy intensamente. Pero responder a esa llamada de compasión, que es lo que es, con el pensamiento de aniquilación de la especie es simplemente insensato.

Algunos blanden garrotes contra la sociedad pero también contra ellos mismos como miembros de esa sociedad. Se sienten marginados de la sociedad, correctamente, porque no hace nada por ellos, creen. Cuando miran a su alrededor y ven la comercialización en el mundo, y las tendencias destructivas de gobiernos y políticos, entonces no es de extrañar que se sientan así. Pero debido a que no están muy desarrollados mentalmente, piensan que la aniquilación resolverá el tema. Pronto ven que no lo puede.

Entonces se vuelven más realistas y descubren que pueden influenciar su entorno, pueden influenciar a aquellas personas que conocen con su propio comportamiento. Incumbe a cada uno de nosotros ser lo mejor que podamos de acuerdo con nuestras tradiciones. Si son religiosos y desean ser buenos cristianos, bueno, como diría Maitreya, sé el mejor cristiano que exista, el mejor musulmán, o el mejor hindú, o el mejor budista, o el mejor judío, simplemente que sean lo mejor que puedan.

En algunas ocasiones, como adolescente, me levantaba por la mañana y sentía amor de una manera que realmente nunca había sentido antes. Sentía un amor absoluto hacia todo. Era una sensación muy agradable y me hubiera encantado vivir ese 'estado' constantemen-

150

te. Al cabo de un rato la sensación se disipaba, me imagino debido a que el condicionamiento volvería a asentarse en mi conciencia. ¿Es esto una experiencia, o al menos en parte, de vivir en el momento presente o en el 'ahora'? (Junio 2004)**

Sí. Aunque muy frecuente en niños, tiende a desaparecer gradualmente cuando entran en escena las luchas de la adolescencia.

Ha habido actualmente un incremento del Trastorno por Déficit de Atención (TDA) y del Trastorno por Déficit de Atención e Hiperactividad (TDAH) entre la juventud de EEUU. (1) ¿Cuál es la principal causa de estos trastornos? (2) ¿Puede el hecho de que el cuerpo humano ahora almacene decenas de productos químicos extraños y tóxicos, algunos de los cuales son mortales en grandes dosis, contribuir a alguno de estos casos? (Octubre 2006)

(1) La contaminación, especialmente la radiación nuclear (la más mortífera). También está el efecto en muchas personas de todas las edades de la elevación de las potencias de las nuevas energías cósmicas que fluyen hacia nuestro planeta. (2) Exactamente, sí, esa es la contaminación a la que me refiero.

Cambio en programas educativos y educadores

¿Nos recomendaría como grupo desarrollar clases o un programa de enseñanza relativo al emerger de Maitreya y Sus enseñanzas, y ofrecerlo a colegios? (Enero/Febrero 2009)

Yo recomendaría mucho la creación de tales programas y ofrecerlos al público en general, no necesariamente a colegios. Si es para colegios, entonces sería a los niveles superiores. Yo probablemente lo haría para 14 años en adelante, incluyendo, por supuesto, a las universidades. Sería muy útil actualmente también para el público en general. Tenéis muy poco tiempo para hacerlo. Estas preguntas deberían haberse formulado hace 20 años y yo hubiera dado las mismas respuestas, pero hubierais tenido 20 años de práctica en vuestras espaldas. No sabéis cuán pronto se aparecerá Maitreya. Es en un margen de tiempo muy, muy corto.

Así que la respuesta es sí, en colegios pero sólo para 14 años en adelante. Se os ha informado que sólo adultos, sólo aquellos mayores de 14 años, oirán las palabras de Maitreya telepáticamente el Día de la Declaración. Hasta entonces la persona es un niño y eso debe respetarse. Existe un límite a lo que puede darse a un niño, o debería darse.

¿El cambio educativo tendrá lugar lenta o rápidamente después del Día de la Declaración? (Enero/Febrero 2009)

Para aquellos que intentan llevarlo a cabo, parecerá terriblemente lento. El cambio en la educación tiene lugar muy lentamente después de que las ideas hayan sido debatidas durante años y hayan sido rechazadas y aceptadas, y luego reconsideradas y abandonadas nuevamente, todo sobre las cosas más simples, y estas nuevas enseñanzas no son cambios simples. Así que podéis esperar que parezcan lentos.

Pero vistos desde un punto de vista más largo, parecerán realmente muy rápidos. Habrá cambios espectaculares en el pensamiento y experiencia humanos incluso sin los esfuerzos individuales de las personas en el terreno. La radio y la televisión harán su trabajo. Internet hará su trabajo. Y las personas rápidamente se familiarizarán, y esa es la cuestión, no se educarán sino familiarizarán, con los pensamientos, las ideas, los conceptos que se relacionan con el nuevo tiempo. Y una vez que las personas estén familiarizadas con las ideas, ellos mismos acelerarán o aminorarán la realización de las mismas dependiendo de su propio aparato mental.

Las personas en Oriente saben sobre la Ley del Renacimiento desde hace miles de años. Millones de personas, los budistas y los hindúes, por ejemplo, dan por hecho que el renacimiento como doctrina es cierto, pero no necesariamente comprenden sus implicaciones. Muchos de ellos tienen una idea distorsionada de qué es la Ley del Karma, la Ley de Causa y Efecto, por qué son pobres por ejemplo. Ellos piensan que son pobres debido a que debieron hacer algo en una vida anterior para merecerlo: podrían haber sido, piensan, ricos pero crueles y desalmados, y así son pobres en esta vida. No comprenden que la pobreza tiene una causa política. Tiene que ver con la causa y efecto de las acciones del gobierno indio, por ejemplo. El gobierno indio está ganando mucho dinero actualmente e India está emergiendo como un gigante financiero que ofrece dinero a Occidente para impulsar nuestros bancos para que no se colapsen, no obstante millones de indios padecen hambre no debido al karma sino a que la riqueza de la India no se comparte.

¿Qué curso de acción recomienda usted ahora para profesores para adaptarse a los objetivos educativos fijados por el Maestro? (Marzo 2009)

Leed más. Leed tanto como podáis absorber. Los libros están disponibles, pero pocos los leen en profundidad. Las necesidades están allí, pero no necesariamente son conocidas. Así que no surgen exceptuando en unas pocas mentes. Pero cuando surgen a una escala más amplia, crean una demanda de más luz y por tanto más experimentación. Personas entrenadas se presentarán y entrenarán a otras personas, que entrenarán a otras personas, y así sucesivamente. ¿Cuánto tiempo llevará? ¿Quién sabe?

¿Cuál de los libros de Alice Bailey usted recomienda en relación a la nueva educación? (Marzo 2009)

Yo recomendaría mucho *Educación en la Nueva Era*. Luego *Iniciación Humana y Solar*. Luego los libros sobre los rayos, curación esotérica, astrología esotérica. Examínalos todos. Todos ellos son educativos. Se dieron para estimular la mente y la intuición, y para despertarte a niveles tuyos de los cuales podrías no ser consciente.

Para uno de los temas que enseño a grupos de profesores estudiantes les pido a mis alumnos que lean, entre otras cosas, el libro de Krishnamurti *La Educación y el Significado de la Vida* (1953), que proporciona una comprensión muy relevante y práctica sobre la esencia de la educación correcta en relación a las necesidades de la humanidad y del mundo. Sin excepciones, los estudiantes se quejan que Krishnamurti tiene puntos de vista muy negativos del mundo y de la humanidad y que sus ideas no son prácticas ni realistas. Algunos se convencen cuando indico que sus puntos de vista deberían aplicarse a uno mismo, y que el mundo no se ha convertido en un lugar más seguro desde la Guerra Fría, cuando se publicó por primera vez, al contrario. El otro día finalmente comprendí que quizás, debido a su edad (normalmente entre 22 y 24 años), mis estudiantes simplemente no hayan visto aún suficiente del mundo para ver la urgencia de su mensaje. ¿No debería quizás preocuparme por pedir a mis estudiantes leer este libro debido a su edad? ¿O debería continuar intentando sembrar las semillas? Sus comentarios serán muy apreciados. (Septiembre 2008)

Lleva tiempo y concentración acercarse al significado de Krishnamurti. Siga presentándolo de todos modos, y la luz descenderá. Estos jóvenes pronto oirán a Maitreya por sí mismos. Él es el mentor de Krishnamurti.

Hace algunos años, usted dijo que Maitreya estaba entrenando a educadores en Londres. ¿Esto aún está sucediendo? (Marzo 2009)

Por lo que sé, sí. Maitreya está entrenando a educadores. Algunas personas se han sometido a una forma muy sencilla de entrenamiento, reorientación, y se han creado ciertos grupos en los cuales las personas toman la tutela de colegiales rebeldes, aquellos que causan alboroto, a los que es difícil enseñar, no tienen objetivos en la vida. No sé cuán avanzado está eso. Pero estos experimentos se están llevando a cabo.

Los niños reciben una técnica de control de la respiración muy sencilla. Está diseñada para comenzar un cambio en la dirección del pensamiento en esos niños marginados. Ellos están totalmente marginados de la sociedad de la cual forman parte. No sienten que la sociedad tenga nada para ellos. Tienen exigencias que les gustaría formular a la sociedad. Podrían no ser capaces de formularlas en palabras, pero desean algo de la sociedad –puestos de trabajo, dinero, libertad, justicia– y ellos no consiguen nada de estas cosas. Así que son considerados como 'holgazanes', 'inútiles', pequeños delincuentes. Maitreya ha creado este régimen sencillo con un grupo de personal reducido que trabaja con estos jóvenes, y en muy poco tiempo cambian completamente su punto de vista.

Comienza con un ejercicio de respiración con el cual se perciben a sí mismos como el Ser. Lo realizan cada día, varias veces al día y logran un sentido cada vez más fuerte de su propia identidad.

Maitreya ha dicho, "sin autoestima no puedes hacer nada". Así, ¿cuáles son las diminutas formas en las cuales una persona puede aumentar su autoestima si ésta es baja? (Junio 2009)

El logro, de cualquier tipo, en cualquier dirección, aumenta la autoestima. Por tanto, todo esfuerzo debe dirigirse al logro de algún objetivo, grande o pequeño, y luego, de forma constante, 'elevar' el objetivo, hasta que la confianza que surge con el logro sea constante y fiable. La aspiración es la clave. Si podemos inspirar la aspiración latente en nosotros y otras personas, surgen automáticamente la propia valía y la autoestima.

¿Con respecto al anteproyecto para la reforma educativa, existen personas en el campo educativo que están siendo actualmente entrenadas como son entrenados discípulos en otras esferas de la vida? (Enero/Febrero 2009)

En el mundo exterior se están llevando a cabo iniciativas de tal reforma aquí y allá en diferentes partes del mundo. Curiosamente, en Norteamérica, probablemente más que en cualquier otro sitio, a través de pequeños grupos. Pero no es la política nacional en ningún país presentar tal pensamiento nuevo.

Los primeros cinco Maestros entraron en el mundo cotidiano en 1975, luego dos más, y luego el resto. Actualmente hay 14 Maestros además de Maitreya en el mundo. Los Maestros son todos educadores de alguna forma. Son instructores de un tipo u otro, pero no necesariamente en el sentido formal. Muchos de Ellos tienen otros tipos de trabajo, pero el resultado de Su trabajo es al final la enseñanza en lo que a nosotros nos concierne. Ellos han proporcionado el beneficio de Su enseñanza a través de Sus discípulos, hombres y mujeres en el mundo. Así que existe un grupo de hombres y mujeres que abarcan el mundo que están entrenados ahora para ser capaces de entrenar a otras personas con las ideas y las fórmulas de un enfoque mejor hacia la educación, cómo debería basarse en la educación para la vida.

Todo esto lleva tiempo. La primera actividad tendrá que ver con el gobierno, la política, etc., y sólo al final educación para la vida en ese sentido específico. Eso será más lento de implementar. Tiene una función diferente aunque las dos funciones están interrelacionadas. Pero lo primero es asegurarse de que no destruyamos el mundo. Así que cuando digamos que queremos deshacernos de la bomba atómica, eso tiene que implementarse. Tiene que ser supervisado por alguien del que el mundo confíe, que será la Jerarquía y los representantes de la Jerarquía, discípulos veteranos de Maestros que ya están aquí.

Así que en el campo educativo, el cambio será más lento. Existen personas que están siendo entrenadas para presentar la visión de conjunto, la perspectiva general de la nueva educación. Otros pueden ser entrenados para llenar los huecos, poner al corriente de los detalles, en un aula o allí donde tenga lugar la enseñanza. No siempre será en un aula. Podría ser, por ejemplo, en la industria.

¿Así que personas que trabajan como profesores ahora no deberían intentar implementar sus ideas sobre la educación? (Enero/Febrero 2009)

No. No significa eso para nada. Cualquier profesor competente debería intentar hacer eso de todas formas, pero depende de la edad de sus alumnos. Cualquier cosa que digas tiene que adaptarse al rango de las mentes de los niños con los que estás tratando. Si tratas con niños jóvenes, deberías ser realmente muy cauto de presentar a un niño lo que se convertirá en un espejismo y simplemente un sendero erróneo, a través de la estimulación excesiva del niño. Pero para adolescentes, especialmente mayores de 14 años, desde luego. Ellos están sedientos de conocimiento, lo anhelan.

Recientemente, cuando se debatía sobre la necesidad de que la educación se centrara en establecer correctas relaciones humanas, indiqué a un joven colega que los valores económicos casi habían reemplazado a todos los valores humanos de la vida. Para mi asombro, él dijo que se preguntaba si eso era necesariamente algo malo, indicando que el libre mercado había traído tanta libertad a la humanidad, especialmente en términos de elección de productos y servicios. Yo estaba desconcertada ante tal aparente ignorancia y me quedé reflexionando sobre qué dirían, si lo hicieran, los Maestros en respuesta a tales observaciones? (Septiembre 2008)

Ellos probablemente dirían que éstas no son cosas malas siempre que todos tengan las mismas posibilidades de tenerlas.

¿Siendo una profesara, me pregunto si podríamos exponer explícitamente la Reaparición o el propósito de la vida sin temer perder nuestro puesto de trabajo? (Enero/Febrero 2009)

Es una pregunta difícil. No puedo garantizar que lo que yo diga te asegurará tu puesto de trabajo o asegure directamente que seas despedido.

¿Por qué *Share International* constantemente resalta el papel del poder del pueblo? (Mayo 2003)

Porque, al final, organizado, educado e inspirado por Maitreya, el poder del pueblo se manifestará a través de una concentrada opinión pública mundial contra la cual ninguna nación podrá oponerse. Estamos sólo al comienzo de este proceso, pero, con el tiempo, el poder del pueblo será la fuerza más poderosa en la Tierra.

Las personas que están en el poder actualmente parecen estar llenas de ilusión. ¿De qué manera pueden las personas normales y corrientes como nosotros ayudar a provocar los cambios en este momento? (Mayo 2003)

Únete a grupos y ayuda a crear la 'voz del pueblo'. Añade tu voz a la voz de todas las otras personas, las personas normales y corrientes que no ostentan posiciones de poder glamuroso y sabiduría ilusoria. Añade tu peso acudiendo a las manifestaciones allí donde se organicen. Desarrolla el concepto de 'la voz del pueblo, que al final será la fuerza más poderosa del mundo cuando éste educada por las ideas de Maitreya, centrada por Maitreya, abordando los distintos problemas de la humanidad de una forma realista. Esto desarrollará la fuerza más poderosa: de una opinión pública mundial educada y centrada. Añade tu voz a las voces de los incontables millones de personas.

El 15 de febrero de 2003, 12,5 millones de personas de todo el mundo se manifestaron contra la guerra de Irak y otras cuestiones de justicia y libertad. Casi dos millones de ellos (1.800.000) se manifestaron en Londres, entre quienes estaba Maitreya. Él cree que merece la pena unirse a las manifestaciones y ha participado en ellas en todo el mundo. Haz que tu voz se escuche. Habla alto sobre lo que crees. Si crees en la justicia y en la libertad para todos, dilo. Escribe artículos y envíalos a los periódicos. Haz saber tu opinión sobre este tema, como tu contribución a la liberación de la humanidad de la antigua esclavitud del espejismo, la ilusión, y la opresión. Recuerda que es la humanidad misma la que tiene que cambiar el mundo. Maitreya viene a inspirar y a guiar pero nosotros tenemos que realizar el trabajo.

Papel educativo de los grupos

¿Cuál será nuestro papel después de la aparición de Maitreya? (Enero/Febrero 2009)

Esta charla se impartió para mostrar la necesidad para la implementación del trabajo relacionado con un cambio completo en la visión del mundo.

Si tomas en serio lo que hay en la charla en cada uno de los tres artículos del Maestro, 'La Nueva Educación', y educación para 'La Familia', y 'La Era de la Luz', existe una oportunidad para aquellos que se preparen, y esa es la cuestión, que se preparen para la labor de educar a un público sediento.

Aquellos que tienen algo que ver con Internet, que se sientan inmóviles ante ese pequeño rectángulo, saben que las personas de todas partes tienen preguntas. Están llenas de preguntas. Recibo preguntas del público que demuestran que no tienen ni idea de lo que realmente estoy hablando y lo que hay en nuestra página web. Pero están sedientos de información de un tipo u otro. Están sedientos de saber sobre ovnis. ¿Son reales? ¿De dónde provienen? ¿Cuál es su función? ¿Cuál es su papel? ¿Son amistosos? ¿Son agresivos? Las personas están sedientas de información. Y así hay trabajo para cualquier persona que desee hacerlo, presentar nuestra información de una forma sana y sensata, con una visión entendida del nuevo tiempo, las nuevas formas de gobierno, educación y tecnología. Existe un amplio campo de servicio.

Imparto esta charla para enfatizar el poco tiempo que queda hasta que Maitreya se presente al mundo y por tanto cuán realmente corto es el tiempo hasta el Día de la Declaración, cuando habrá una enorme demanda de conocimiento. Cualquier grupo conectado con este trabajo se convertirá en un centro de información. Todos vosotros provenís de diferentes grupos, diferentes países pero es a esos grupos que se han dado a conocer por impartir charlas, por colocar la información en bibliotecas, etc., por publicar libros, al que se dirigirá el público. Se os llegará a conocer por ser las únicas personas accesibles en vuestra zona o vuestro país para esta información.

Bien, ¡no penséis que me podéis telefonear para todas las respuestas a preguntas del público! Yo no voy a responder a vuestro público a través de vosotros. Tenéis que familiarizaros con la información. Leed los libros. Cuanto más leáis los libros, más sabréis. Me pregunto cuántos de vosotros habéis leído realmente los libros. ¡Pienso que es verdaderamente poco usual, juzgando por las preguntas que se me formulan!

¿Cuál será la relación entre los Maestros emergentes y el grupo de Share International en este papel como instructores y educadores? (Marzo 2009)

Depende de lo que haces de ello. Los Maestros que están emergiendo no
realizan todos el mismo trabajo. Están muy especializados. Algunas veces las especialidades se superponen, pero todos Ellos tienen Su propia
línea de trabajo, Su propio grupo de discípulos. Los Maestros trabajarán
con sus discípulos más próximos. Podrían estar en cualquier departa-
mento: política, educación o lo que sea.

Aquellos involucrados en educación podrían o no trabajar con personas
de este grupo. Este grupo conoce, o conoce algo, ciertas cosas que otros
grupos no saben. Sólo por haber realizado este trabajo, han llegado a
comprender un poco de algunas de las ideas esotéricas. Pueden prestar
un enorme servicio llevando un conjunto de conocimiento al público en
general sobre la verdadera constitución del hombre, el propósito de la
vida, la naturaleza del alma, etcétera. Existen miles de preguntas que
serán formuladas que uno puede responder. El público querrá saber. El
sitio web de Share International se pondrá al rojo vivo, rebosante de
preguntas, que ya están llegando del público.

Estas preguntas necesitan respuestas, y yo no puedo ser el único que las
responda. Cualquier persona de esta conferencia de hoy puede responder un montón de preguntas que llegan. Ese es un campo de servicio
por sí solo.

**¿Tiene el proceso de formular ideas y presentarlas al público en la
forma de la revista *Share International*, por ejemplo, una influencia
positiva no sólo en aquellos que leen la revista sino también, menos
directamente, en los planos mentales por una especie de traspaso de
las formas mentales? (Septiembre 2003)**

Sí, precisamente así.

**¿Cómo podemos inspirar a otras personas en un intercambio
educativo? (Enero/Febrero 2009)**

Bueno, primero de todo sonreíd. Sonreíd y tened un aspecto fresco y muy
energético durante todo el evento. Esto es lo principal. Ellos dirán, "Él o
ella obviamente conoce todas las respuestas. Gracias a Dios, porque yo
no. Ahora inspírame". Cuando empieza a ser un poco doloroso mantener
la sonrisa, no dejéis que decaiga, mantenedla a toda costa. Mantened elevada vuestra sonrisa. Y entonces podéis asentir con vuestra cabeza, sí, sí.
Si podéis lograr asentir con vuestra cabeza mientras habláis, resaltando
que lo que decís es cierto, entonces ellos se inspirarán. Comprenderán

que eres una persona muy inspiradora. Y podéis elevar vuestra voz cuando tiene sentido hacerlo, y si podéis inyectar cierto entusiasmo en ello, un entusiasmo subyacente en la voz de que lo que estáis diciendo es especialmente importante, y especialmente cierto, y muy, muy esotérico, será inspirador. Esa es realmente la única respuesta que puedo dar. ¡Sólo estaba bromeando!

En serio, la forma de inspirar a las personas es creerlo uno mismo. No puedes inspirar a personas si no lo crees. Pero si lo crees, es fácil inspirar a otra personas. Simplemente les cuentas. Sencillamente sé tú mismo, no exageres. La verdad de la historia misma es inspiradora, si las personas están preparadas para ello.

¿Cómo nos preparamos para discernir la naturaleza de un niño, como en estructura de rayos y punto de evolución? (Marzo 2009)

Existen dos libros de Alice Bailey sobre los rayos (*Tratado sobre los Siete Rayos, I y II*) Estudiadlos, realmente estudiadlos, durante años. Las personas leen un libro en un par de semanas y luego hacen su estructura de rayos. Por supuesto, están todas mal. ¿Qué pueden aprender en dos semanas? Llegas a conocer los rayos y se convierte en un instinto. Podrías estudiar de forma útil la lista de rayos dados, por ejemplo, en mi libro, *La Misión de Maitreya, Tomo III*.

¿Cuánto tiempo cree que pasará hasta que se conozca la estructura de rayos, punto de evolución y propósitos de alma de los estudiantes del mundo? ¿Con qué mecanismo tendrá lugar? ¿Quién será entrenado para revelárselo y cómo? (Marzo 2009)

No hasta que los Maestros estén abiertamente en el mundo y sus discípulos entrenados para reconocer y leer las estructuras de rayos, punto de evolución y propósitos del alma. ¿Cuál es el principal propósito del alma de este niño, como se ejemplifica en su estructura de rayos? Todo eso necesita de personas entrenadas para determinarlo. Los discípulos de los Maestros entrenarán a personas para hacer eso.

Los Maestros, por supuesto, pueden hacerlo, pero Ellos no se encargarán de todos los estudiantes del mundo. En el mejor de los casos, con el tiempo, sólo habrá unos 40 Maestros, además de Maitreya, en el mundo. Habrá 14 de momento, además de Maitreya. No sé cuándo vendrán más. Dependerá hasta qué punto la humanidad establece el deseo evocativo, cuándo hayamos instauramos aquello que podemos instaurar, cuándo hayamos aprendido lo que podamos aprender, cuándo seamos entrenados hasta donde podamos ser entrenados. Entonces vendrán más Maestros al crearse más demanda. Nada es retenido que pueda ser liberado de forma segura a la humanidad. Nosotros mismos limitamos esa posibilidad con la naturaleza de nuestra receptividad y nuestra disposición a más conocimiento.

¿Podría hablar de una mente de 3er rayo? (Marzo 2009)

En su máxima expresión, el 3er rayo es el rayo de la Mente Abstracta Superior, contemplativa y creativa. La mente de 3er rayo encuentra fácil tratar y controlar el aspecto exterior de la forma. Es el rayo de la filosofía y la enseñanza superior. También es el rayo de la adaptabilidad.

Los espejismos de la mente de 3er rayo pueden hacerla manipuladora y sin escrúpulos, la 'araña en el centro de la telaraña' en contacto con todos y tirando de los hilos de todos en el grupo. Anhela controlar a todos de su órbita. Junta a personas que no deberían estar juntas. Mantiene apartadas a personas que deberían estar juntas. Manipulas estas piezas en su entorno y se siente central a todo esto. Le gusta estar en contacto con todos, aquel que sabe lo que todos están haciendo, pensando o sintiendo, dirigiéndoles a la confrontación. Le gusta tener el control. También puede tratar la verdad con muy poca consideración y no duda en mentir para tener la razón. Tales son los espejismos del 3er rayo.

La combinación de eso con los espejismos del 6º rayo crean, en mi opinión, la peor combinación, los Milosevics del mundo. Milosevic subió al poder como un comunista, dando el mundo al pueblo, pero se apropió todo lo de las personas para sí mismo, su mujer y su partido, y envió su ejército a Bosnia y Herzegovina justo después de que falleciera Tito.

¿Cómo podemos servir mejor en un mundo con tanta pobreza y degradación? (Marzo 2009)

Hay más o menos 6.500 millones de personas en el mundo, demasiadas por mucho. Este mundo puede sustentar fácilmente entre 4.000 y 5.000 millones de personas y con el tiempo llegará a esa cifra. Hay muchas más personas en este mundo de las que el planeta necesita o puede sustentar convenientemente. Sin embargo, hay más comida y materias primas en el mundo de las necesarias. Simplemente no están distribuidas.

Si fueras a vivir en Ciudad de México, por ejemplo, que tiene aproximadamente entre 22 y 24 millones de personas, serías consciente de que hay demasiadas personas. La mayoría de las personas de Ciudad de México viven en los suburbios, que nunca acaban. Las personas son tan pobres, tan desposeídas. Sus edificios son ciudades de chabolas.

De camino al aeropuerto, tienes que detenerte en los semáforos. Las personas inmediatamente se acercan al coche vendiendo rosas o billetes de lotería del año pasado. Una niña pequeña que no tiene nada que vender da volteretas frente al coche. Es lo único que se le ocurre hacer por unos pocos pesos. Esto en una ciudad con ricos hoteles y personas ricas.

Recuerdo a una anciana sentada en un banco en un pequeño trozo de césped sucio a la salida de una iglesia, que estaba cerrada. Ella estaba sentada en el banco porque ocurrió que estaba allí. Estaba bien apartado de la acera. Las personas pasaban por la acera pero no la oían. Tenía una pequeña báscula de baño a sus pies así que las personas que pasaban podían pararse y pesarse y darle unos pocos pesos por la molestia. Por supuesto, pasaban de largo. Nadie se pesaba. Nadie tocaba la báscula. Incluso ni la veían. Eso era todo lo que tenía para vender, una báscula de baño, esperando que alguien se detuviera y se pesara.

La pobreza es tan desgarradora. También el terrible montón de material de desecho en las afueras de Ciudad de México, que quema día y noche. Cientos de personas se sustentan clasificando los pequeños objetos vendibles de entre la basura. Publicamos un artículo sobre esto en los primeros días de *Share International*.

Cuando los recursos del mundo finalmente se compartan, y la paz y la justicia sean hechos de la vida, muchas vías de servicio y de conocimiento se abrirán ante aquellos que están dispuestos y deseosos de servir. Mientras tanto, la consecución de la cordura y la justicia en el mundo es la prioridad número uno y existen muchas puertas abiertas para las personas que verdaderamente desean servir.

(1) Muchas personas en los grupos están interesadas en curación, pero no se ha dado instrucciones específicas sobre ello. ¿Es así porque la labor primaria, al menos inicialmente, es educativa? (2) ¿Instruirán los Maestros sobre curación? (3) ¿Ocurrirá de aquí a algunos años? (Diciembre 2002)

(1) Parcialmente, sí. (2) No directamente, sino a través de discípulos. (3) Sí.

(1) ¿Por qué algunos países son más propensos a la paranoia que otros? (2) ¿Qué hace que ciertas poblaciones sean más fácilmente manipulables que otras? (Junio 2004)

(1) Las naciones se encuentran en varios niveles de madurez como naciones y por tanto sus habitantes tienen mayor o menor madurez de visión, tolerancia, comprensión y entendimiento de la necesidad de cooperación entre naciones y el respeto del imperio de la ley en los asuntos internacionales. (2) Allí donde se presta menos atención a la educación y al desarrollo del principio democrático, la capacidad de un gobierno de manipular a la población se incrementa. La manipulación a través de unos medios de comunicación controlados es, desde luego, una de las formas más peligrosa (y efectiva) que utilizan los gobiernos hoy en día.

Familia y karma

(1) ¿Es cierto que algunas personas no están relacionadas por karma con su familia inmediata? (2) Si es así, ¿Por qué sucede esto? (3) ¿Si no estamos relacionados por karma con nuestros familiares directos (padres y hermanos), hace eso que la vida familiar sea más difícil? ¿Habrá mucha menos comprensión mutua en tales circunstancias? (4) ¿No nacemos generalmente en grupos? (5) La noción parece extraña dado que uno compartirá material genético pero no tiene 'pasado' en común. (Noviembre 2007)

(1) Sí, es relativamente raro pero ocurre. (2) Es la acción de la vida, que tiene muchos misterios. Trae a un grupo encarnatorio una nueva y diferente energía o estímulo y prepara el camino para algún propósito previsto por el alma. (3) No necesariamente. (4) Sí, pero un grupo es un proceso dinámico. (5) La vida es muy inventiva y creativa.

Si el karma es tan importante en términos de familias, que hay de la adopción? ¿Quién debería criar a los huérfanos? (Marzo 2009)

Los huérfanos sólo deberían ser adoptados por aquellas personas con la capacidad de proporcionar al niño un entorno estable con una madre y un padre, el amor que necesita, y la sabiduría y falta de condicionamiento que la mayoría de niños se espera que reciban de sus padres. Eso es pedir lo ideal. Todas las personas están condicionadas porque son los hijos de personas que ellas mismas fueron condicionadas por sus padres. Los padres pasan a sus hijos sus espejismos, prejuicios, esperanzas y temores. Los niños son criados bajo las limitaciones de estos temores y espejismos fundamentales de sus padres. Eso también se aplica a los niños adoptados.

La alternativa para muchos niños adoptados es ir a un orfanato, donde normalmente son uno dentro de un gran grupo de niños abandonados o desatendidos. Son criados juntos por personas que a menudo tienen muy poco amor, muy poca oportunidad incluso de aprender cómo cuidar a niños, y de criarlos de forma sana y amorosa como lo necesitan.

Si es una cuestión de adopción entre una familia o vivir en una institución, nueve de cada 10 veces, yo sugeriría una familia. Con todos sus defectos, la familia es en todos los sentidos la mejor unidad en la cual criar a un niño. En una familia adoptada no existirá la situación kármica que normalmente está presente en una familia de nacimiento. No existirán los lazos y vínculos que deben ser desatados y resueltos, que la unidad familiar proporciona la oportunidad para hacerlo. Pero en una familia adoptada podría haber, y se espera que haya, el amor, la preocupación, y la confianza que puede desarrollarse a través del amor, y un trato sano y no competitivo del niño.

Formar parte de una familia más grande en donde haya otros dos o tres niños probablemente es la mejor situación. Eso proporciona la mayor parte de lo que el niño necesitaría. Podría ser mejor estar solo con los padres, quizás al comienzo, pero no durante mucho tiempo. Formar parte de una familia más grande que es realmente feliz y está establecida, y presenta una visión saludable al recién llegado que es amado y recibido abiertamente por los niños de la nueva familia, probablemente sería lo mejor.

Tenemos preguntas a la Jerarquía sobre la adopción de niños. 'Adopción' en las siguientes preguntas significa: a) la adopción de niños por una pareja casada sin hijos; b) la adopción de niños por una pareja casada con sus propios hijos; c) la adopción del hijo de una anterior relación de la pareja. (1) ¿Qué piensa la jerarquía sobre la adopción de niños en general? (2) ¿Existe alguna diferencia entre estas tres diferentes formas de adopción? (Noviembre 2007)

(1) La Jerarquía está muy a favor de la adopción de niños sin padres. Ellos no están a favor de la adopción por parte de personas relativamente ricas de Occidente de niños pobres que tengan padres, de otros países,

principalmente del Este. (2) Básicamente no, aunque cada situación podría ser diferente.

¿Es la adopción una intervención inadmisible en la vida de un niño con consecuencias desfavorables para el niño? (Noviembre 2007)

Normalmente no.

(1) Si una pareja adopta un niño, ¿deberían los padres ser del mismo país de origen del niño que quieren adoptar? (2) ¿Es correcto que tengan diferentes nacionalidades de origen? (3) ¿Qué piensa la Jerarquía sobre la adopción de niños de razas diferentes a la de los padres? (Noviembre 2007)

(1) No tiene importancia. (2) Sí. (3) Es aceptable si se cumplen los demás requisitos de la adopción.

(1) ¿Cuál es la mejor edad del niño para la adopción? (2) ¿Desde qué edad en adelante no debería un niño ser adoptado? (Noviembre 2007)

(1) Lo más joven posible. (2) A partir de los 14 años normalmente es demasiado tarde para que el niño cree lazos plenos, pero esto no debería descartar la adopción.

¿Qué requisitos deberían los padres cumplir para adoptar un niño? (Noviembre 2007)

Si pueden dar amor y protección al niño como si él/ella fuese propio.

¿Cuál es la actitud de la Jerarquía sobre la adopción por parte de parejas gay o personas solteras? (Noviembre 2007)

La Jerarquía sabe que la adopción por parte de parejas gay o personas solteras a menudo produce un resultado perfectamente feliz tanto para el niño como los padres. Sin embargo desde el punto de vista de la Jerarquía sólo una pareja heterosexual estable puede proporcionar un modelo a seguir ideal para el niño en crecimiento.

En el artículo 'La Familia', el Maestro habla más sobre homosexuales creando un niño por inseminación artificial que sobre una pareja

así adoptando a un niño de otra manera no deseado? ¿O son ambas acciones igualmente improductivas? (Marzo 2009)

Él se está refiriendo a ambos casos. Los homosexuales masculinos no pueden tener un hijo. Tienen que adoptar. Las homosexuales femeninas pueden tener un hijo por inseminación artificial. El Maestro está hablando de ambos casos porque ninguna pareja cubre la necesidad de madre y padre. Es cierto decir que muchas parejas homosexuales que, por cualquier método –adopción o inseminación– tienen hijos y cuidan de ellos, lo hacen con total amor y bondad, sólo pensando en el bienestar del niño. Pero en principio, es improductivo para el niño debido a la falta de una persona masculina o femenina con la cual desarrollar su propia estructura emocional. En ambos casos, no habría necesariamente lazos kármicos. Podría haberlos, pero podría no haber ningún lazo kármico conocido para juntar al niño y a los padres.

Hablando en términos generales, es improductivo para la raza en su conjunto y para el desarrollo de la raza en relación al Plan. El Maestro siempre está hablando en relación al Plan. El Plan está fijado y los Maestros son sus custodios. El Plan está en la mente del Logos del planeta. Los Maestros son las únicas personas en el mundo que realmente conocen el Plan. Algunos de Sus discípulos inmediatos podrían tener una buena idea del Plan, pero los Maestros son los únicos que conocen el Plan del Logos. Esa es Su principal preocupación. Todo se adapta al avance del Plan. En este caso, es hacer lo mejor para el niño y la raza de acuerdo con los principios del Plan. Las personas tienden a no tener eso en cuenta, pero los Maestros absolutamente lo hacen. Ellos ven las relaciones homosexuales en relación a la adopción o la inseminación artificial como improductivas para el Plan.

Sé que el artículo de su Maestro sobre niños y gays es mucho más profundo y de ayuda para todos que lo que yo entiendo desde mi punto de evolución, pero me gustaría saber más sobre cómo ocuparme de la crítica de lectores que lo malinterpreten como intolerancia. (Diciembre 2002)

El artículo del Maestro no es sobre "niños y gays" sino sobre la unidad familiar como la forma básica en la cual los niños pueden hallar las relaciones necesarias para evolucionar correctamente desde un punto de vista esotérico y kármico. El Maestro dice expresamente que la Jerarquía no es la enemiga de los homosexuales, pero es obvio que una pareja de un solo sexo no puede proporcionar todas las necesidades para el desarrollo interno de los niños. No tengo dudas de que las parejas del mismo sexo pueden y de hecho proporcionan, a los niños adoptados, el amor y cuidado que todos los niños necesitan.

¿Si sufrimos dificultades en esta vida es debido a que nos hemos equivocado en nuestras vidas pasadas y no hemos aprendido de la experiencia? (Septiembre 2008)

Sí, normalmente pero no siempre. Por ejemplo, existe el karma del mundo en general y grupal al cual todos estamos sujetos. Lo que experimentamos como dificultad es también relativo. Para algunas personas podría parecer algo cercano al cielo.

¿Si no tenemos recuerdos de nuestras vidas pasadas y lo que hicimos, cómo vamos nunca a evolucionar como seres humanos mejores y ayudar a la humanidad? (Septiembre 2008)

Es una cuestión de aspiración, no de recuerdos de vidas pasadas. La experiencia nos viene a todos, tanto si lo recordamos como si no. Si las personas tienen la aspiración de mejorarse a ellas mismas y al mundo, tanto mejor. No tiene nada que ver con el recuerdo. Somos lo que somos.

Hoy en día hay muchos jóvenes que no se casan. ¿Existe una razón espiritual para esta tendencia? (Julio/Agosto 2006)

Sólo ocasionalmente existe una razón espiritual para que las personas no se casen o no tengan que tener hijos. Pero es sólo muy ocasional. El matrimonio es una institución social, porque la sociedad solía exigirla. Hoy en día, y en muchas sociedades, esto está cambiando y las personas viven juntas y también tienen hijos fuera del matrimonio.

Creo que existen varias razones, una es el cambio de las costumbres sociales. Los jóvenes nacen libres, no sienten las restricciones del pasado y las presiones sociales.

El matrimonio espiritual es algo diferente del contrato firmado en un registro civil. Las religiones resaltan la necesidad del matrimonio. Muchas personas con inclinación espiritual no se casan. Muchas personas se divorcian, así que muchos jóvenes deciden no casarse. Si las personas viven juntas como marido y mujer, y no planean tener hijos, no creo que importe demasiado. Pero si planean tener hijos es mejor casarse por el bien de los hijos, incluso si resulta difícil. Si una pareja no está casada pero tiene hijos es más fácil para ellos separarse. Es mejor para los niños tener tanto la figura materna como la paterna con la cual relacionarse y así crecer con una actitud psicológica equilibrada hacia sí mismos y hacia los problemas sexuales a los que se podrían enfrentar.

Todos tienen cinco niveles en los cuales deben conocer a su pareja, actualmente es muy improvisado. El verdadero matrimonio espiritual debe tener lugar correctamente en los niveles del alma, personalidad, mental, emocional y físico. ¿Quién tiene esto? Uno en millones, probablemente, donde las personas se encuentran con aquellos que estuvieron relacionados en vidas pasadas, quizás, en estos niveles. En el futuro, cuando la educación correcta impregne a la humanidad, se formarán más matrimonios espirituales verdaderos a través de la correcta identidad en todos los niveles. Si las personas tienen correctas relaciones en más de un nivel actualmente, es una clase de milagro. Todo esto forma parte de la nueva educación y la nueva psicología.

Temo por el dolor con el que me tendré que enfrentar cuando mis hermanas o mis padres vayan al plano astral. Les echaré de menos muchísimo. Me consuelo a mí mismo diciendo: "Les volveré a ver cuando yo también vaya allí". Sin embargo, ¿qué pasará si ellos se han vuelto a reencarnar en el plano físico antes de que yo tuviera la ocasión de verles? ¿Me veré condenado a no volverles a ver nunca más? ¿Me podría ayudar con esto? Por favor sea compasivo con su respuesta. (Marzo 2009)

No desespere, nos encarnamos en grupos, cambiando las relaciones una y otra vez. Podría ser el padre de sus padres y hermanas o en alguna otra relación.

Dar a conocer el daño de la contaminación

¿Cuándo se revelará el aspecto nocivo de la radiación nuclear? (Enero/Febrero 2009)

Yo lo revelo prácticamente en cada conferencia que imparto, cada vez que abro la boca, cada vez que oigo sobre nuevas centrales nucleares o el aumento de la energía nuclear para superar el calentamiento global.

Si el mundo nos hubiera escuchado, hubiera sabido, durante los últimos 30 años, que la radiación nuclear es mala para uno. ¡No debería tomarse al pie de la letra! No debería considerarse en absoluto porque el aspecto más nocivo de la radiación nuclear está por encima del nivel que nuestra tecnología actual puede medir. Ellos incluso no comprenden que existen niveles de radiación que no pueden medir. Lo he estado diciendo durante años, ¿no es así? Ellos simplemente no escuchan.

Así que no estamos esperando una revelación. Pienso que la pregunta realmente debería ser, ¿cuándo la información será tomada en consideración? Eso probablemente depende de Maitreya. Las personas preguntarán a Maitreya sobre los peligros y temas asociados con las centrales nucleares y Él dará la respuesta correcta, sin duda. Así, como muchas otras cosas, probablemente depende de Maitreya.

¿Si los peligros de la radiación nuclear en el nivel etérico no pueden medirse, cómo podemos influenciar a los políticos sobre la necesidad de cerrar las centrales nucleares? (Marzo 2003)

¿Cómo puedes hacer que cualquier cosa se haga en este país? Tienes que protestar. Tantas personas tienen que hablar sobre ello para que los políticos tomen nota. Podrían no creer ni una sola palabra de lo que digas, pero tendrán que tomar nota.

Cuando Maitreya comience a hablar abiertamente, Él hablará sobre esto. Respondiendo a preguntas, Él dirá muy claramente que los planes de construir decenas de centrales nucleares en todo el mundo deben abandonarse. No es el camino hacia el futuro. Es peligroso y dañino para la humanidad y los reinos inferiores.

Seréis estimulados para actuar. Tan pronto como oigáis esta creciente preocupación sobre la energía nuclear, sumad vuestra voz. Marchad y manifestaos, escribid a periódicos, revistas y blogs, y hacedlo saber.

La humanidad es poderosa. No tiene ni idea de su poder. Maitreya cuenta con la creación de una opinión pública masiva para derrocar a la actual comercialización y para implantar los principios de compartir y de justicia. Nos lo debemos a nosotros mismos hacerlo. Nadie más lo hará. Sabéis sobre ello, así que podéis empezar a que ruede el balón. No rodará por sí solo. Yo os digo lo que sé, pero es desconocido mayoritariamente. Tengo formas y medios de obtener información y pasarla a vosotros. Vosotros la pasáis a aquellos que necesitan saberlo, y así sucesivamente, y construís una barrera contra cualquier uso futuro de la radiación nuclear, las centrales nucleares y todo el resto. El peligro de los niveles más elevados de la radiación es sólo un factor. Sólo he mencionado el peor, pero todos los factores relacionados con la energía nuclear son peligrosos.

¿Sería beneficioso tomar potencias homeopáticas para la radiación? ¿Existe otro antídoto para ayudarnos o estamos atrapados en ella hasta que podamos sacarla de nuestra atmósfera? (Marzo 2003)

Los Hermanos del Espacio están haciendo todo lo que pueden dentro de la ley kármica para neutralizar los efectos de la radiación nuclear. Esa es una tremenda ayuda. Los Maestros también tienen formas y medios de neutralizar los efectos de la radiación nuclear, pero hasta que Ellos no trabajen abiertamente en el mundo, no estarán muy involucrados en ello. Ya existe una vinculación entre nuestros Maestros y las Personas del Espacio, especialmente de Marte y Venus. Ellos están buscando formas y medios de neutralizar más radiación dentro de la ley kármica. Actualmente están condicionados por la ley kármica.

Formas y medios se abrirán al ser más aceptados los Hermanos del Espacio por la humanidad, al crecer la idea de su presencia, y cuando se vea realmente que están aquí y ayudando a la humanidad. Eso es en vez de ser presentados, como lo están, por los gobiernos, especialmente el gobierno de EEUU, como totalmente degenerados, bestias alienígenas que tienen sus garras sobre la humanidad. Es una terrible calumnia contra los Hermanos del Espacio con los cuales tenemos una gran deuda kármica.

No existe ningún remedio para la radiación que yo conozca pero personas cuyos cuerpos están afectados por la radiación pueden ir a un homeópata. Depende del homeópata. Si tienes un homeópata que puede crear una vacuna específica para ti que pueda volver a inocularse en ti, probablemente podrás librarte de una gran cantidad de la radiación nuclear. Puede hacerse, pero tienes que ser muy inteligente en un sentido homeopático y conocer lo que estás haciendo en sentido energético. No sé si existe tal persona en este país [EEUU].

No conozco la respuesta completa a esta pregunta. Pero sé que esto se descubrirá y desarrollará en un sentido masivo. Es posible con la homeopatía librar al cuerpo de las radiaciones más elevadas de las que estamos hablando.

¿Podría la toma de pastillas homeopáticas de Agua de Tlacote* neutralizar los efectos de la radiación nuclear? (Marzo 2010)

Hasta cierto punto, sí. Lo que hace es fortalecer tu inmunidad y todo lo que fortalece tu inmunidad fortalecerá tu capacidad de resistir el efecto de la radiación nuclear. Las pastillas de Tlacote trabajan directamente sobre las células del cuerpo y regeneran todas las células, renuevan las células. Las células, como sabe, están cambiando todo el tiempo. Mueren y se sustituyen una y otra vez cada pocas semanas o meses. La ingesta regular de pastillas de Tlacote o Nordenau ayudan en este proceso, que es la inmunización del cuerpo físico.

[* Maitreya se apareció milagrosamente 'salido de la nada' en una reunión de oración/sanación al aire libre en Nairobi, Kenia, el 11 de Junio de 1988. Él fue fotografiado dirigiéndose (en el propio idioma de la audiencia) a seis mil personas que instantáneamente le reconocieron como el Cristo. La noticia y las fotos fueron publicados por los principales medios de comunicación incluyendo la CNN. Sucesos similares fueron presenciados por grupos de todas las creencias religiosas en todo el mundo. Al mismo tiempo, fuentes de agua fueron magnetizadas por Maitreya en las cercanías. Estas aguas curativas milagrosas han sido descubiertas hasta ahora en México, India y Alemania. Con el tiempo se llegarán a descubrir 777 manantiales de agua. El agua de México (Tlacote) y de Alemania (Nordenau), con propiedades curativas energizadas por Maitreya, están disponibles en potencias homeopáticas.]

Existe mucha contaminación alrededor. ¿Es bueno el uso de pastillas de remedios homeopáticos como "Contaminación Atmosférica"? ¿Podría uno terminar causando los síntomas, si uno se excede en el uso del remedio? (Enero/Febrero 2008)

Yo ciertamente recomendaría los remedios homeopáticos para los efectos de la contaminación. Una norma básica de la homeopatía es que si la toma de un remedio es muy prolongada, podría producir los síntomas que está intentando curar. Así que requiere un momento adecuado y sentido común.

Qué tenía en mente cuando habló sobre deuda kármica en relación a la contaminación nuclear? (Enero/Febrero 2009)

Tenemos con los Hermanos del Espacio, especialmente de Marte y Venus, una enorme deuda kármica. Ellos están neutralizando no sólo la radiación nuclear sino los efectos de la gran cantidad de gases y productos químicos tóxicos que vertimos en nuestra atmósfera, y que hace que respirar en el planeta Tierra sea un problema. Probablemente sería realmente muy difícil vivir en este planeta si no fuese por el trabajo de los Hermanos del Espacio de neutralizar, en gran medida, el peor impacto de estos nefarios gases y humos y líquidos vaporizados tóxicos, que arrojamos a diario, cada hora a nuestra atmósfera, nuestra tierra y océanos.

Así que eso significa que tenemos una deuda kármica con ellos. Desde el punto de vista de los Maestros, la contaminación es el asesino número uno en el mundo. Destruye nuestro sistema inmune, y nos deja expuestos a todo tipo de enfermedades.

La Tecnología de la Luz

¿El autismo también está causado por la radiación nuclear? ¿Pueden el autismo y el Alzheimer y otras enfermedades relacionadas con la radiación ser curadas o están estas personas destinadas a vivir con ello el resto de sus vidas? (Enero/Febrero 2009)

El autismo no siempre, pero a menudo, es consecuencia de la radiación nuclear en la atmósfera. ¿Puede curarse? Actualmente, no. En el futuro, probablemente sí, o hasta cierto grado, y el Alzheimer igualmente, con la Tecnología de la Luz. Esto significa, no de inmediato sino en algún momento en el futuro, con una forma avanzada de ingeniería genética y la energía de la luz disponible a través de la Tecnología de la Luz, las personas irán a una clínica durante unas pocas horas y volverán a salir con una curación del cerebro. Lo que sucede con el Alzheimer es que el cerebro físico realmente se encoge, y así existe cada vez menos materia cerebral para crear las conexiones que suscitan nuestras respuestas. En el nuevo tiempo, sucederá con menos frecuencia y sólo en un momento avanzado de la vida.

En las clínicas del momento, la relación entre la Tecnología de la Luz y una forma avanzada de ingeniería genética significará que podremos renovar corazones, hígados, riñones, diferentes órganos del cuerpo en sólo unas pocas horas. Así que incluso la más avanzada cirugía actual será redundante y las personas se encontrarán completamente curadas con nuevas partes del cuerpo dependiendo de la necesidad. Los trasplantes serán innecesarios. Llevará tiempo pero existe una perspectiva positiva tanto para el Alzheimer como para el autismo.

En otros casos, el autismo es, con frecuencia, el resultado de una limitación del alma de su vehículo. El alma tiene propósitos, vida tras vida, y si el alma ve que la personalidad no está llevando a cabo el propósito del alma, entonces podría en la siguiente vida limitar su aparato. Así que podría ser un niño autista o con síndrome de Down o tener alguna limitación, física o mental. En la siguiente vida, después de ese período de limitación, la persona se verá renovada en su impulso hacia la vida y realizará un buen progreso en adelante. Actualmente no sabemos si estamos tratando con los resultados de la contaminación o de la limitación kármica, ¿cuál es cuál? Se necesita a un Maestro para determinarlo.

¿Podría decir algo sobre el uso positivo de la energía atómica, por ejemplo, en el campo médico? (Enero/Febrero 2009)

Actualmente la energía del átomo es utilizada en el tratamiento, por ejemplo, del cáncer, pero es un proceso muy tosco que mata tejidos al igual que al tumor. Esto será suplantado por la ciencia de la Tecnología de la Luz y la ingeniería genética.

Wilhelm Reich (1897-1957) descubrió la materia etérica hace muchos años pero fue rechazado por la sociedad. ¿Será reconocido este trabajo para salvar el planeta de los efectos de la radiación nuclear en los planos etéricos? ¿Se redescubrirá la materia etérica? ¿Cómo descubrirá la ciencia la contaminación etérica? (Marzo 2009)

En sus experimentos, Wilhelm Reich descubrió lo que los esoteristas conocen como los planos elevados de la materia etérica. Reich era un científico, no un esoterista. Él no estaba buscando lo etérico, sino que fue el resultado de sus experimentos. Él vio que existe una energía primordial en cada aspecto de la materia, cualquiera que sea la forma que adopte. Él la denominó 'orgón'.

La sociedad no rechazó a Reich. La sociedad no sabía mucho de él. La Administración de Drogas y Alimentos de EEUU le rechazó. Él fue encarcelado por crear instrumentos, en este caso cajas denominadas 'acumuladores de orgón', con la finalidad de almacenar y utilizar una energía 'inexistente' en situaciones médicas. Para los funcionarios de Drogas y Alimentación el orgón no existía porque no lo conocían. Él lo descubrió a través de sus experimentos.

Reich consideró el orgón como un plano de energía que estaba en todas partes. Yo lo denominaría los niveles etéricos más elevados de la materia. Existen cuatro planos en lugar de un plano de energía.

Reich estaba completamente en lo cierto en su experimentación. Existen muchos experimentos que prueban la existencia del orgón. Reich ofreció repetir esos experimentos ante sus acusadores, la Administración de Drogas y Alimentos, con la condición de que él llevara a cabo los experimentos, para que no hubiera ninguna manipulación de la tecnología. Los experimentos son reproducibles. Él ofreció realizarlos pero fue rechazado. Reich murió en prisión. Él era un gran hombre, completamente no reconocido, un iniciado de segundo grado cuando falleció. ¿Será reconocido su trabajo en el futuro? Estoy seguro de que lo será.

Yo construí un acumulador de orgón en mi casa en 1948 y conozco a otras personas que lo han hecho. Conozco a un hombre que construyó una habitación de orgón o, más bien, una 'habitación esotérica', de tal forma que atrae la energía de los cuatro planos etéricos. El acumulador de orgón que yo construí atrae al tercer y cuarto etérico. Los niveles atraídos dependen de los materiales utilizados. Cuando descubres en la naturaleza un principio subyacente, sea a través de la intuición o el experimento, comprendes realmente cuán simple es todo en la naturaleza.

Por ejemplo, la nueva Ciencia de la Luz, que será proporcionada a la humanidad, cuando hayamos renunciado a la guerra y a todos los horrores de nuestros sistemas modernos económicos y políticos, es básicamente simple. Pero tenemos que comprender el principio. Con ello, el verdadero proceso técnico es seguro y relativamente simple.

Según la revista *New Scientist*, científicos han descubierto que el espacio está lleno de una radiación desconocida. Su radiación es seis veces más poderosa que todas las fuentes astronómicas conocidas tomadas juntas dentro de esta banda de frecuencia. Los científicos estaban buscando descubrir pequeños cambios en la frecuencia de fondo cósmica, el eco de microondas del Big Bang. En su lugar descubrieron algo más apasionante: una radiación misteriosa, cuyo origen es completamente incierto, que parece llenar el universo. Los astrónomos creen que han descubierto algo nuevo: según los científicos de la NASA involucrados, la señal no fue descubierta antes dado que los telescopios terrestres no eran lo suficientemente sensibles. ¿Qué es? ¿Por favor comente sobre este descubrimiento? (Enero/Febrero 2009)

Si los científicos están representando correctamente lo que están viendo, están descubriendo por sí mismos lo que ya fue descubierto por Wilhelm Reich, que descubrió una energía primordial que el denominó 'orgón'. Él la consideró como una energía que interpenetraba todas las formas de materia. Él experimentó con el orgón de diferente maneras: en curación y para romper nubes (hacer llover) dónde y cuándo se necesitaba con medios muy sencillos.

Yo creo que la vibración que los astrónomos han descubierto, el 'orgón' de Wilhelm Reich, y los niveles elevados etéricos de materia son uno y lo mismo. Los científicos ahora reconocen la materia como sólida, líquida y gaseosa pero los esoteristas saben que existen cuatro estados adicionales de materia por encima del gas conocidos como el 4º, 3er, 2º y 1er plano de materia etérica. Así que en lugar de tres planos, existen en realidad siete planos de materia.

Toda materia es una precipitación de luz y así el campo de materia es luz precipitada en más o menos siete planos materiales.

Círculos de las Cosechas

¿Por qué los Hermanos del Espacio crean círculos de las cosechas? (Julio/Agosto 2004)

Los círculos de las cosechas son creados por personas principalmente de Marte y Venus, con unas pocas excepciones de otros planetas. Los círculos de las cosechas se encuentran principalmente en el sur de Inglaterra, pero han sido vistos en todo el mundo. Nuestro planeta, como todos los planetas, tiene un campo magnético; su energía magnética viaja en líneas, que se entrecruzan, y donde estas líneas se cruzan, se forma, con el tiempo, un vórtice, un centro de fuerza. Las personas del espacio, al crear los círculos de las cosechas, están replicando en el plano físico denso estos vórtices magnéticos de nuestro campo magnético planetario. Así que está el campo magnético planetario en su propio nivel, y luego una contraparte de ello en el plano físico, que es replicado por las personas del espacio que tripulan los ovnis, y crean los círculos de las cosechas.

Lo hacen para crear los fundamentos en el plano físico para un nuevo tipo de energía, un nuevo tipo de tecnología que utiliza esa energía, que con el tiempo se desarrollará en este planeta. Es un regalo para este tiempo venidero, la Nueva Era de Acuario en la que estamos entrando, un tiempo en el que se encontrarán y adaptarán nuevos descubrimientos fantásticos en el uso de la energía del planeta y del sol. Esto cambiará por completo nuestra forma de vida en este planeta, y conducirá a un control de la energía universal como no podemos comenzar a imaginarnos.

En los próximos 2.500 años alcanzaremos un estado en el que podremos viajar por el sistema solar a voluntad, y fuera en la galaxia, explorando primero nuestro propio sistema solar y luego la inmensa zona galáctica, utilizando energía que no funciona dentro de la realidad tiempo/espacio. Así que la distancia desaparece, el tiempo desaparece. Las personas piensan que si uno envía algo a la galaxia, llevaría cientos de años, las personas morirían antes de poder llegar a algún lugar de interés, y nunca regresarían. No es verdad. Las personas vienen aquí de Marte y Venus en minutos. No lleva tiempo, una vez que se comprende que el tiempo no existe y que el espacio que uno pensaba que tenía que recorrer para ir de un lugar a otro tampoco existe, y en minutos puedes viajar grandes distancias en el espacio.

¿Por qué escogieron cultivos para mostrarnos estos patrones? (Julio/ Agosto 2004)

Los círculos de las cosechas se utilizan porque son temporales. Sólo tienes cosechas durante un corto período y luego se siega, y ya no se ven los círculos de las cosechas. Entonces volverán a crecer al año siguiente, y los círculos de las cosechas aparecerán en los mismos sitios, porque son recreados cada vez en el mismo punto exacto, así que la energía se sitúa en ese campo, o el que sea. Es una forma tangencial, sin infringir nuestro libre albedrío, de decir a las personas de la Tierra que ellos están aquí, que los Hermanos del Espacio, las personas de otros planetas como Marte y Venus, están aquí, forman parte de nuestro sistema, y trabajan de una forma sistémica, no sólo como planetas separados. Están ayudando a este planeta a desarrollar la tecnología del futuro, y también para dar a conocer, sin ser demasiado contundentes, que nos están ayudando, y que son 100 por ciento amistosos e inofensivos.

Es muy difícil creer en la verdadera naturaleza de los círculos de las cosechas, porque existen tantos fraudes. ¿Podría decirnos en porcentajes cuántos círculos de las cosechas son genuinos y cuántos son fraudulentos? ¿Y por qué las personas hacen esto? (Julio/Agosto 2004)

Existen por supuesto algunos fraudes, pero son una pequeña minoría, quizás el 4 por ciento, de los auténticos y reales círculos de las cosechas que aparecen en todo el mundo. El porcentaje de fraudes respecto a los auténticos varía en cada país. En este país [Reino Unido], dado que hemos tenido tantos círculos de las cosechas y durante tanto tiempo, probablemente existe un porcentaje mayor que en otro sitio. Si tienes más círculos de las cosechas, tienes más fraudes. Y en otras partes del mundo quizás no existe tanta involucración consciente de las personas con los círculos de las cosechas, así que no se toman el esfuerzo de hacerlos. Crear un círculo de la cosecha es un trabajo arduo, y normalmente son muy obvios, y muy toscos y mal hechos. Cómo alguien puede confundir un fraude con un círculo de la cosecha real, si visitan los círculos de las cosechas reales, me sorprende, porque tienen una realización tan perfecta cuando son auténticos.

Son enormes, pero no obstante, se crean en segundos por las personas que utilizan el vehículo espacial. Primero ellos deciden cuál diseño será. Podría ser muy simple, y si sigues la secuencia de los círculos de las cosechas, verás que se han hecho cada vez más elaborados, más complejos, con el paso de los años. Primero, por variedad, y segundo, para mostrar complejidad y un grado de ingenio y diseño que estaría más allá del alcance de cualquier fraude.

Los fraudes normalmente son muy elementales, más bien mal hechos. ¿Por qué los hacen? Yo diría que por dos razones. Una razón es que son hechos por personas a las que se les paga para hacer fraudes. Los periódicos, por ejemplo, de vez en cuando invierten dinero y contratan, digamos, a un grupo de estudiantes universitarios que han ideado una forma con la cual podrías realizar un círculo de la cosecha de un tipo, de un tipo más bien simplista, pero que convencería a un periodista. Los periodistas no saben más de círculos de las cosechas que otras personas, que el hombre normal y corriente de la calle, y no obstante vienen con sus cámaras, lo observan y dicen: "Sí, es un círculo de la cosecha, un auténtico círculo de la cosecha, ¡qué bonito!" y luego Doug y Dave, o Willy y Robert, aparecen y dicen: "No, lo hemos hecho, ayer, ¡nosotros lo hemos hecho! El *Daily Mail* o *The Sun* nos pagó 2.000 libras para hacer este círculo de la cosecha, podemos probarlo. Éste es un completo fraude, todos son un fraude". Es una forma de denigrar el valor y la realidad de los círculos de las cosechas.

También, sé con certeza, que el Ministerio de Defensa de este país paga dinero a los granjeros para que sieguen los círculos de las cosechas si aparecen en su trigo. Algunos de ellos, por supuesto, siguen adelante y tan pronto como aparece un círculo, lo siegan. Incluso si el trigo no está maduro y quizás no segarían esa zona de trigo hasta pasadas varias semanas o un mes. Así que encuentras campos con un gran agujero en el medio del trigo, que es donde debería haber estado un círculo de la cosecha que ha sido deliberadamente destruido por el granjero, pagado por el Ministerio de Defensa.

Apareció un círculo de la cosecha hace una semana en Winchester que es bastante elaborado –una imagen tridimensional de una cabeza de un alienígena estilo Hollywood. Usted dijo que había sido hecha por el hombre, lo que me sorprendió, porque no se puede realmente reconocerse desde el suelo. ¿Cómo puede una persona normal y corriente en realidad distinguir lo que es genuino y lo que no lo es? (Julio/Agosto 2004)

Es difícil para personas que no están hasta cierto grado bien familiarizados del tema para poder diferenciar entre un círculo de la cosecha verdadero y auténtico, creado por una nave espacial de Marte o Venus, y uno que es sencillamente un fraude. Pero si los has estado observando durante un periodo de tiempo, y distingues las diferencias, podrías ver instantáneamente que éste es un fraude y éste es auténtico, están muy bien definidos. Vi la foto de Winchester: existe un círculo en el cual los espacios están divididos en cuadrados en ambos sentidos, hace como un tipo de pastel –pero decorado a cuadros, y cerca de ellos una cabeza, una especie de alienígena, una cabeza imaginaria de alienígena, una cabeza que se utiliza cada vez que un artista cómico quiere diseñar un hombre del espacio, más bien como el tipo de cabeza de E.T. Eso para mí es un fraude total. No tiene nada que ver con el círculo de la cosecha a su lado, que es uno auténtico.

Existen personas a quienes simplemente les gusta gastar bromas, les gusta destruir las pruebas, les gusta ser más listos que aquellos que crean los círculos de las cosechas –hasta que el público y los medios de comunicación no puedan sacar ninguna conclusión de todo el tema. Destruye la validez de todo el fenómeno de los círculos de las cosechas. Si no puedes distinguir la diferencia entre uno fraudulento y uno auténtico, entonces el auténtico pierde validez. No al final, pero por el momento presente hasta que se pruebe que los círculos de las cosechas son, realmente, creados por ovnis de Marte y Venus. El número de fraudes es realmente muy pequeño, porque son difíciles de hacer, consumen tiempo y energía, y las personas que van a invertir ese tiempo y energía para hacerlo o bien tienen un sentido del humor demasiado desarrollado o bien, se les paga para hacerlo. Ambas cosas suceden.

Sólo para clarificar sobre ese círculo de la cosecha de Winchester: ¿el disco es genuino? (Julio/Agosto 2004)

Por el que vi en el periódico, el círculo actual es uno genuino, y la cabeza de un 'E.T.' no es auténtico, está creado por el hombre para nulificar la validez del otro.

El fenómeno de los círculos de las cosechas comenzó a aparecer a finales de la década de 1970, pero incluso antes, en los siglos xv y xvi, las personas los conocían. ¿Por qué están apareciendo en tal número ahora, y por qué principalmente, como parece, en el Reino Unido? (Julio/Agosto 2004)

El número de círculos de las cosechas está incrementándose en todo el mundo. Siempre han estado allí, pero sólo en números pequeños. Están incrementándose porque el plan de los Hermanos del Espacio, en relación a la Jerarquía Espiritual de nuestro planeta, es acelerar la creación de este campo magnético de energía en el plano físico de la Tierra que tiene que ver con la tecnología venidera. ¿Por qué ahora? Porque todo el proceso se está acelerando. Porque nuestra propia Jerarquía Espiritual está regresando al mundo cotidiano.

¿Podría decir algo sobre la energía de los círculos de las cosechas? ¿Es bueno permanecer en un círculo de la cosecha por razones de curación, por ejemplo? (Julio/Agosto 2004)

Los círculos de las cosechas están hechos de energía. Las personas de la nave espacial forman un diseño en sus mentes, simple o complejo, y luego, con una combinación de tecnología y pensamiento, ese diseño se crea en el cultivo.

Ellos siempre utilizan un sistema universal basado en '9', en lugar de '10', que nosotros adoptaremos en el futuro. Cuando comprendamos la naturaleza de las relaciones matemáticas en el verdadero sentido, comenzaremos a comprender mejor los círculos de las cosechas. Muchas personas piensan que los círculos de las cosechas son ideogramas, que no lo son. No nos están dando ideas, encapsulando ideas. Son diseños, que conllevan una cierta fórmula, y la fórmula es universal. Eso es lo que están reiterando una y otra vez en estos diseños.

En cada caso existe una energía que está fijada en la tierra, en el agua, etc., allí donde se haga el círculo de la cosecha. Se debe comprender que los círculos de las cosechas sólo son puntos externos visibles donde se crean. Estos se crean en todo el mundo, incluso allí donde no hay cultivos. Así que existen miles de estos puntos de energía, vórtices, creados por los Hermanos del Espacio. Cuando crean un vórtice en una cosecha puedes verlo como un círculo, cuando lo hacen en el océano, no puedes verlo, pero está allí, también.

De esta forma están creando una retícula magnética que será una fuente de energía en el plano físico, como tanques de almacenamiento de energía. Así que obtendrá energía de nuestro propio campo magnético, pero lo utilizará en el plano físico en la tecnología venidera. Al utilizar energía del sol en relación con esta energía magnética, haremos maravillas en curación, en transporte y de otras muchas maneras; se cubrirán todas nuestras necesidades energéticas.

Si visitas un círculo de la cosecha y eres sensible a la energía, los percibirás de forma diferente. Uno creado por una nave espacial venusiana será bastante diferente a uno creado por una nave espacial marciana. Si está creado por una nave espacial de Mercurio o Júpiter volverá a ser diferente.

Estas energías pueden percibirse y pueden tener cualidades curativas, pero no son específicamente de una naturaleza curativa. Yo no recomendaría permanecer demasiado tiempo en un círculo de la cosecha, porque uno puede sobrecargarse de energía, especialmente de energía venusiana, que es de un nivel vibratorio muy elevado. Así que yo recomiendo precaución al pasar tiempo en un círculo de la cosecha. Puedes pasar quizás cinco o diez minutos en él, pero no un par de horas hablando con la gente, etc. Las personas lo hacen, y luego se preguntan por qué están tan sobrecargadas.

Se ha sugerido que los patrones de los círculos de las cosechas en Gran Bretaña poseen una raíz matemática común en la 'proporción dorada'. ¿Es correcta esta teoría? (Octubre 2001)

No, no tiene aplicación en el diseño de los círculos, que es más arbitrario a la vez que creativo y espontáneo de lo que uno pueda imaginar.

¿Cuál es la relación entre el entramado mundial que los Hermanos del Espacio están utilizando para preparar para la Tecnología de

la Luz, y la red Etérica Planetaria en la que están involucrados Shamballa, la Jerarquía y la humanidad? (Septiembre 2008)

No existe una relación real excepto a través de la Ley de Correspondencia.

Patrones de Luz

(1) ¿Se puede dar como un hecho que la mayoría de círculos o patrones de luz que aparecen cada vez más en todo el mundo son creados en su totalidad por Maitreya y los Hermanos del Espacio o por Maitreya? (2) ¿Si uno se coloca en el punto donde el sol y la luz reflejada forman un círculo de luz, se podría percibir la energía? (3) ¿Existe una energía que irradia de tales formas de luz? (4) ¿Son energías curativas? (Marzo 2002)

(1) Son creados por los Hermanos del Espacio en colaboración con Maitreya. (2) No. (3) Sí, energía de luz. (4) No, no necesariamente a un nivel físico personal sino que tienen una 'dimensión curativa' en un sentido planetario.

(1) ¿Desde cuándo han existido estos patrones de luz? (2) ¿Es necesario el reflejo para la creación de un círculo de luz (por ejemplo el reflejo de una ventana)? (3) ¿Es necesaria la luz del sol para su creación? (4) ¿Cuál es el propósito de los patrones de luz? (5) Se han descubierto diferentes formas. ¿Tienen un significado simbólico? (6) ¿Habrán más formas en el futuro? (Marzo 2002)

(1) Entre cuatro y cinco años. (2) Sí. (3) Sí. (4) Son señales, milagros sin significado religioso. (5) No. (6) Sí.

(1) ¿Están los patrones de luz energizados de alguna forma por Maitreya o los Hermanos del Espacio, y si es así, con qué tipo de energía? (2) ¿Poseen los patrones de luz propiedades curativas? (Octubre 2001)

(1) Sí, diversas. (2) Sí.

Nos llegan noticias de diferentes lugares del mundo sobre los patrones de luz. ¿Son iguales los círculos o patrones de luz en todo el mundo? (Marzo 2002)

Hasta ahora, más o menos.

¿Son los patrones de luz un nuevo fenómeno comparable con los círculos de las cosechas? (Marzo 2002)

Para nosotros, sí. Para los Hermanos del Espacio, no, no son comparables.

¿Podría explicar más sobre la creación técnica de los patrones de luz? (1) ¿Son parte de la Ciencia de la Luz? (2) ¿Tienen alguna similitud con la tecnología láser? (Julio/Agosto 2004)

(1) No. (2) No.

Usted ha hablado sobre el papel de los círculos de las cosechas y los nodos energéticos en toda la Tierra. ¿Es exacto decir que el fenómeno de los patrones de luz forma parte de esta misma preparación para la Tecnología de la Luz? En otras palabras, ¿son los círculos de luz, círculos de las cosechas urbanos? (Marzo 2009)

Es correcto decir que el fenómeno de los círculos de luz forma parte de la preparación para la Tecnología de la Luz. Es una ilustración del dominio por parte de los Hermanos del Espacio de fenómenos de luz que captan la atención sobre su presencia más que sobre la Ciencia de la Luz. Pero no es correcto decir que son círculos de las cosechas urbanos. Tienen una función completamente diferente.

¿Cuál es esa función? (Marzo 2009)

Si pudiera decirle cuál es la función, no estaría sentado aquí. Tendría a científicos de todo el mundo sentados a mis pies esperando saber lo que es. Si lo supiera, no habría forma de que podría impartirlo a vosotros. La respuesta es que no lo sé. Pero lo que sé es esto: que si comprendiéramos la tecnología que creó el fenómeno de los patrones de luz podríamos librar al mundo del calentamiento global en un espacio de tiempo muy reducido.

Cuando el sol brilla en las ventanas de la fachada de mi apartamento en Ámsterdam (cerca del Centro de Información de Share Holanda/International), vemos formaciones de luces fuera, en los edificios de enfrente, en la calle y en la acera. Durante varios años la forma permaneció inalterada. Entonces noté que las ventanas se habían quedado en blanco, sin ninguna forma durante algunos días. De pronto las formaciones de luces regresaron, solo que ahora con una forma completamente diferente. (1) ¿Es esto realmente posible? (2) ¿Cambian de patrón de tanto en tanto, y si es así, (3) por qué? (Noviembre 2006)

(1) ¡Sí, lo has visto! (2) Sí. (3) Para mantener nuestro interés.

Donde vivo en Pueblo, Colorado, EEUU, existen patrones de luz en un viejo edificio en un callejón. Aparecen y desaparecen y no muchas personas preguntan sobre ellos o reconocen su presencia. Existe una tienda metafísica cerca del lugar. Son las personas que llamaron mi atención sobre esos patrones. Mientras los observaba, desaparecieron. Los compruebo periódicamente después de eso, y aparecen y desaparecen. ¿Significa esto que Dios está viniendo y que las personas deberían saberlo, o es una bendición enviada por Dios? (Marzo 2007)

No Dios sino Su representante, el Señor Maitreya. Son una bendición de Maitreya.

Me gusta leer su sitio web. En lo referente a las fotos de patrones de luz me gustaría hacer una afirmación.

Cuando hay sol en mi ciudad de Bergen, Noruega, veo los patrones en las paredes entre edificios. Nunca cuando está nublado. Es el sol el que los forma, reflejando la luz en una ventana al otro lado de la calle. Creo que es divino. Todo es divino dado que en esencia está creado por el creador. Pero decir que es Maitreya quien crea la luz en la pared aquí en Bergen es ir demasiado lejos. (Septiembre 2007)

Es realmente el sol el que hace posible el reflejo. El sol siempre ha estado allí pero este fenómeno es sólo una manifestación relativamente reciente. Los patrones son el resultado de la asociación de los Hermanos del Espacio con el consejo de Maitreya sobre dónde, es decir, en qué paredes, colocar los patrones.

¿Qué es la Aurora Boreal. Las Luces del Norte? ¿Son la forma visible externa de las energías que entran en el planeta? (Septiembre 2007)

Son la luz del envoltorio etérico de la Tierra que se hace visible en el hemisferio norte bajo ciertas circunstancias.

(1) ¿Hay menos prana y energía etérica en grandes ciudades que en el campo? (2) ¿Hay más prana en ciertos climas? (Septiembre 2007)

(1) No, normalmente lo opuesto es el caso. Esa es la razón por la que grandes ciudades se convierten en chakras (centros de fuerza) del planeta. (2) Sí. Generalmente hablando, en climas secos y soleados.

Educación en la Nueva Era

*Este artículo, una entrevista con Benjamin Creme, por George Catlin, se reprodujo por primera vez en **Share International** Julio/Agosto 1997 y fue publicada en **La Misión de Maitreya, Tomo III**. Se reproduce aquí para conveniencia del lector, debido que el mismo tema es debatido desde un ángulo ligeramente diferente.*

Nuestro tema es la educación en la Nueva Era, así que quizás sería mejor empezar por una aclaración de lo que usted quiere decir exactamente por educación. ¿Qué es lo que ese término significa para usted?

Para mí, educación es toda actividad que capacita a un hombre, una mujer, o un niño para la completa expresión de su potencial. Al encarnarnos en un cierto estado de desarrollo, continuando de una vida anterior, tenemos un potencial dado en lo que concierne a la expresión de alma, inteligencia, y equipamiento físico, con todo lo que esto conlleva en esta vida. La educación es la preparación de un hombre, mujer o niño en los planos físico, emocional, mental, y espiritual, para sacar a la luz su potencial en cualquier vida determinada.

Así que entonces se toma la educación en términos muy generales. ¿Diría que los padres son educadores?

En el sentido que todos los niños imitan a sus padres desde el principio, entonces sí que los padres son educadores, para bien o para mal. Si su comportamiento es restrictivo, autoritario, entonces es mala educación. Si los padres envuelven al hijo con amor y paciencia, e intentan realzar su expresión en cualquier aspecto determinado, entonces están adoptando una parte esencial en la educación del niño. Pero la mayor parte de nosotros transmitimos a nuestros hijos lo que recibimos de nuestros propios padres. Si está lleno de fallos, entonces eso es lo que transmitimos. La mayoría de nosotros recibe, y proporciona a sus hijos, mucha 'memez' perjudicial. Yo no llamo a eso educación, sino condicionamiento.

Fuera del hogar y las escuelas, ¿se consideraría que el lugar de trabajo tiene un potencial educativo?

Sí, mucho. En realidad, diría que en la educación del futuro habrá una relación más estrecha entre las situaciones formales de las aulas y el lugar de trabajo externo y la comunidad en general. Y diría que habrá, como parte de la educación, una creciente necesidad de involucrar a los niños desde pequeños en actividades propiamente comunitarias para que se consideren desde el principio como parte de una comunidad, más grande que la familia y distinta de la escuela – no para sustituir a la escuela, sino para realzar lo que la escuela puede aportar a la vida.

Ya que usted menciona el futuro, y el potencial de que las comunidades aparezcan en la conciencia despierta del niño, quizás este es un buen momento para adentrarnos en la cuestión de lo que es la Nueva Era. ¿Podría explicarlo?

La Nueva Era es el resultado de la actividad cíclica de ciertas grandes energías cósmicas que se imponen en la vida de nuestro sistema solar. Al estar en movimiento en los cielos, nuestro sistema solar entra en una relación energética directa con cada una de las constelaciones del zodíaco, por turnos. Estas constelaciones encarnan poderosas energías cósmicas con cualidades particulares que dominan la vida del ciclo durante el tiempo que dure, aproximadamente unos 2.150 años por ciclo. Nos estamos alejando de la experiencia pisciana y entrando en la nueva era en la que las energías de Acuario, que son muy distintas de las de Piscis, nos influenciarán, y crearán una nueva cultura y civilización mientras respondamos a ellas. Estas energías encarnan ciertas grandes ideas que se convierten en nuestros ideales. Al poner en práctica los ideales, crecerá de este modo nuestra cultura y civilización.

¿Acaba una era en un momento en particular y empieza luego otra nueva?

Una acaba y otra empieza, pero no en un momento en particular. Existe una fase transitoria de unos 200 a 300 años. Por ejemplo, las energías de Piscis empezaron a retirarse, al haberse alejado el sol de su esfera de influencia, alrededor de 1625. Las energías de Acuario empezaron a introducirse al cabo de 50 años, cerca de 1675. Día tras día desde 1675 las energías de Acuario han ido aumentando en potencia. Así lo seguirán haciendo hasta que alcancen un cenit y luego se producirá una disminución gradual al alejarse el sol de su influencia y entre en la de Capricornio. Eso llevará unos 2.350 años.

Para tener una perspectiva de los desafíos de la educación al adentrarnos en la Era de Acuario, me pregunto si podría decir algo sobre el estado de la conciencia humana en los inicios de la Era de Piscis hace 2.000 años.

Era oscuro. Tenemos un ejemplo muy claro de ello. Un gran hombre, uno de los grandes Seres que honró a la Tierra, es decir Jesús, vivió, trabajó y llevó a cabo una misión de tres años en un pequeño país llamado Palestina. Resulta increíble que un hombre que ejemplificó en Sí mismo la cualidad del Amor, y hasta un punto que nunca un hombre había mostrado antes, pudiera ser condenado a morir crucificado.

Esto ocurrió porque no había educación. La gente era ignorante. Había sólo unas cuantas personas, en este caso los sacerdotes, que podían leer y probablemente escribir. Ellos eran los profesores, los rabinos, que controlaban a los demás. Multipliquen esto por todos los lugares del mundo. Unas cuantas personas leían y el resto no tenía ningún tipo de educación. Eran agricultores, pastores, pescadores, fabricantes de herramientas, etc., sin ningún tipo de educación. Simplemente hacían lo que se les decía. Esta relación existía desde tiempos muy antiguos.

En las civilizaciones atlantes, cuyo fin se fecha 95.000 años atrás, habían pocas personas, sacerdotes y reyes, que podían leer, que estaban educadas, en el sentido de ser algo más sabias que los demás. El resto de la gente simplemente obedecía, hacía lo que se le decía. El Maestro Djwhal Khul, escribiendo a través de Alice A. Bailey, dice que un erudito de la Edad Media tenía una conciencia equivalente a la de un niño de 14 años en la actualidad.

En cada era, en cada siglo, han habido individuos que han destacado sobre los demás; por ejemplo, entre los griegos, Aristóteles, Pitágoras, Platón, Sócrates, Euclides y todas las demás mentes extraordinarias que nos han proporcionado el embrión de la ciencia y filosofía actuales. Pero ellos eran la excepción. Tenemos que recordar, también, que la "gloria de Grecia" fue creada a base del trabajo de esclavos.

Las excepciones ciertamente dominan nuestra percepción de la historia, pero en tiempos de Jesús, ¿qué era capaz de hacer y pensar una persona normal, el hombre o la mujer de la calle? ¿Podría describir, de alguna forma, su conciencia?

No podía pensar. Pero sí que podía ser estimulada y hacerla actuar en una dirección determinada. Pero se trataba puramente de una reacción emocional a una excitación. En ningún modo procedía de la actividad de la persona de pensar por sí misma. De lo contrario, por ejemplo, Jesús no habría sido sacrificado. Los sacerdotes provocaron al pueblo para deshacerse de Jesús.

¿Diría que ahora podemos pensar?

Estamos empezando a pensar.

¿Es eso resultado de las energías de Piscis?

Las energías de Piscis han sacado a la luz la individualidad de la humanidad. Esto es un gran paso hacia delante en la evolución de la raza humana. Hemos podido salir del rebaño; éramos realmente animales inteligentes en el rebaño humano. Hablando en términos generales, las personas en la actualidad son individuos en un sentido muy propio del término, una situación bastante distinta de lo que sucedía hace 2.000 años. Esto es el resultado de la energía de Piscis. También, la cualidad del idealismo, la aspiración y la visión tan prevalecientes hoy en día, ha sido la responsable de la expansión de las ideologías y las religiones. Las personas están ahora dispuestas a morir por sus creencias. Esto hubiera parecido impensable hace 2.000 años. Es una concepción de la vida extraordinaria, de auto-sacrificio, visionaria, y fundamentalmente espiritual.

¿Resulta inevitable que nosotros progresemos de una forma determinada como resultado de las energías de una era en particular?

Si las manejamos correctamente entonces sí que progresamos. Cada energía proporciona a la humanidad la habilidad de desarrollar un aspecto más de nuestra naturaleza potencial divina. Podemos tropezar, por supuesto, pero cada era concede a la humanidad, en una espiral ascendente, la intensificación de la cualidad de su conciencia. No todas las personas responden igual porque no nos encontramos todos en el mismo nivel de evolución. Responderemos a estas energías con relación a nuestro punto de evolución, y estas energías intensificarán nuestra capacidad de desarrollar nuestro completo potencial con cada era.

¿Existe una elección en ello? ¿Hemos llevado al máximo la oportunidad que Piscis nos ofrecía? ¿Podrían haberse desarrollado las cosas de otro modo? ¿Hemos realizado todo lo que podríamos haber alcanzado a través de Piscis?

Lo dudo. La separatividad, que también ha sido resultado de las energías de Piscis, ha entorpecido el desarrollo de la humanidad y creado un gran karma negativo, tanto personal como racial. Nosotros mismos nos hemos creado ese impedimento. La separación, naturalmente, es el gran impedimento a la evolución. No existe la separación; constituye una herejía sin igual. Nosotros somos almas en encarnación; no existe algo que sea una alma separada.

La necesidad fundamental de cualquier nuevo enfoque a la educación será la comprensión y realización del alma como un hecho de la vida.

Ya que la realización del alma sería el objetivo general de la evolución, ¿qué aspecto en particular introducirá Acuario? ¿Qué energías trae Acuario?

Sobre todo, la energía de síntesis. Ya se puede ver el efecto de la energía de síntesis si se observa prácticamente cualquier aspecto de la vida, y desde luego en la educación.

Síntesis tiene que ver con las relaciones, por ejemplo, la relación de las ideas. A través de la investigación filosófica puedes ampliar la conciencia hasta donde lo que parecía más distante puede verse como algo cercano. No sólo complementando y completándose mutuamente, sino arrojándose luz mutuamente. Es esta capacidad de sintetizar lo que inevitablemente amplía la conciencia de la humanidad y hace posible las correctas relaciones humanas.

Estas energías de Acuario, con su cualidad sintetizadora, ampliarán la conciencia individualista hasta que pueda abarcar a la humanidad una. Para que de esta forma podamos mantenernos completamente como individuos, únicos, y al mismo tiempo como parte de este gran grupo que llamamos humanidad.

Incluso a nivel abstracto eso suena como un gran paso hacia delante para la conciencia humana. ¿Cómo se imagina esto expresándose en términos más concretos, en lo que concierne a instituciones y formas de vida cotidiana?

Resulta difícil de decir porque las formas aún no están ahí. Se están llevando a cabo experimentos en todo el mundo, en algunos países más que en otros. Contribuirá a una creciente conciencia grupal. Las personas se verán a sí mismas cada vez más como parte de un grupo.

En los centros educativos, en el mundo empresarial, en cada aspecto de la vida, se formarán grupos. Las personas que quieren hacerse escuchar en el campo político, por ejemplo, forman o se adhieren a un partido político. Un partido es simplemente un gran grupo. Ese grupo puede dar a conocer su ideología general, creencias, intenciones, esperanzas y aspiraciones de una forma más poderosa que un individuo por sí solo.

De este modo el mundo se vuelve cada vez más unificado porque descubrimos que, aunque las personas son individuos, todas necesitan las mismas cosas. Todos necesitamos alimentos suficientes, alojamiento, vivienda, ropa, asistencia sanitaria y educación. Estas necesidades, que son comunes en todo hombre, mujer y niño del planeta, se convertirán cada vez más en la norma aceptada. Cuando se tengan en consideración los requisitos básicos para todos, veremos que la conciencia global se convierte en una realidad.

Desgraciadamente, hasta ahora, la educación en la mayoría de los países ha sido muy nacionalista. A las personas se les ha enseñado la historia de su nación, normalmente de forma un poco parcial: todo lo que la nación hizo era bueno, y todo lo de las demás malo. Esto ha proporcionado al niño en desarrollo una visión del mundo muy cínica, y bastante incorrecta.

Yo diría que la educación, en primer lugar, tiene que mostrar al niño que él es un miembro de una familia mundial. La energía sintetizadora de Acuario debe utilizarse para crear esta conciencia global. Se tiene que mostrar a los niños que no estamos viviendo solos en un país grande o pequeño, sino en un mundo compartido entre 5.700 millones de personas. Al niño, sobretodo, se le debería enseñar que esta es la situación fundamental de su vida en la Tierra: que es una unidad de un grupo, una familia. Al igual que una familia comparte los recursos que entran en la casa, la familia humana debería compartir de igual modo los recursos que son dados por Divina Providencia para este propósito.

Es difícil para mí considerar la conciencia, los individuos, y la educación, encaminándose hacia esa dirección. Ante la necesidad del mundo, las personas parecen volverse de lo más individualistas.

Hoy en día nos encontramos con la expresión de, probablemente, la mayor codicia imaginable, aunque comparado con lo que se sabe sobre la Atlántida, ni siquiera se podría decir que sabemos lo que es la codicia. Su codicia era la mayor que se ha conocido: los ricos se bañaban en leche; reyes que almacenaban oro a montones, y se llegaron a construir algunos castillos de oro. El resto de las personas vivía un poco mejor que los animales: pensaban como animales (si es que a eso se le puede llamar pensar). Estas actuaban emocionalmente como animales. Obedecían como animales. Los que estaban por encima de ellos, los reyes y jefes que podían pensar, dominaban completamente la vida. Para la mayor parte de las personas, la vida resultaba muy brutal.

Actualmente, experimentamos una riqueza y codicia en aumento, en todo el mundo, al ser el mecanismo para hacer dinero cada vez más refinado. Las técnicas para hacer dinero son ahora tan exquisitas que las personas pueden ganarse la vida tan solo haciendo eso. Al mismo tiempo, un número cada vez mayor de personas se están dando cuenta de las necesidades de la humanidad en su conjunto. Se dan cuenta de que millones de personas se mueren de hambre, e incontables millones más viven en la más absoluta pobreza, degradación, miseria y necesidad. Esa brecha – la discrepancia entre ricos y pobres, es el problema real.

Esto no puede durar para siempre. Existe una creciente conciencia despierta de que las cosas tienen que cambiar. La misma velocidad del avance de la codicia a través de las fuerzas del mercado y la competencia nos está conduciendo necesariamente al borde de un precipicio. Esto nos llevará repentinamente a enfrentarnos con la realidad. Existen ya indicios de colapso de nuestra estructura económica, el colapso de las bolsas de valores del mundo. Y cuando estos sucesos ocurran, transformarán el sistema económico actual, probablemente para siempre.

Usted se ha pasado la mayor parte de estos últimos años recalcando que, pronto, y potencialmente poco después de este tipo de reajuste económico, la exteriorización de la Jerarquía Espiritual se completará y que los Maestros emergerán públicamente liderados por el Cristo. ¿Cómo afectará esto a la educación?

El propósito fundamental de la educación, tal como la concibo, es equipar a las personas para que manifiesten su potencial divino como almas en encarnación. La Exteriorización del trabajo de los Maestros tendrá un enorme impacto físico, emocional, mental y psicológico en la humanidad. Llegaremos a entender que el alma existe realmente. Ellos, los Maestros, son el Reino de las almas. Personas como Jesús hablarán con la gente diariamente. Él está vivo y, si es que pueden creerme, ha estado viviendo en Roma durante los últimos siete años. El Maestro de todos los Maestros, el Señor Maitreya, ha estado viviendo en Londres (aunque viajando de una parte a otra del mundo a voluntad) desde 1977. Si esto son realidades, entonces la realidad de la Jerarquía también demostrará la realidad del alma. La gente dirá: "Ese es San Juan", o "ese es San Pedro". Pero hoy son el Maestro Koot Hoomi y el Maestro Morya respectivamente.

Será algo claro que la reencarnación es un hecho de la vida. Esto transformará el pensamiento humano respecto al motivo por el cual estamos en la Tierra. Llegaremos a conocer las respuestas a las preguntas eternamente formuladas: "¿Por qué estamos aquí? ¿Quiénes somos? ¿Cuál es el propósito de la vida? ¿Hacia dónde nos dirigimos?" Entenderemos claramente que estamos aquí por un cierto propósito – la evolución del alma en encarnación, llevando a cabo el proceso evolutivo.

Toda alma se encarna con una serie dada de propósitos. La educación de cada persona debería estar orientada a facilitar ese proceso, la realización del propósito del alma en la vida. Esto significa que los profesores, los educadores, tanto si se encuentran dentro de la escuela como fuera de ella, deben conocer el punto de evolución de cada niño. Deben conocer dónde está enfocada su conciencia, que es lo que atrae realmente su mayor atención – la polarización, así es como se denomina, de su conciencia. ¿Se encuentra en el plano físico? (no creo que en la actualidad haya ningún ser humano que esté polarizado en el plano físico.) ¿Se encuentra en el plano astral, el mental, o el espiritual?

Para la gran mayoría de personas se descubrirá que su polarización, el foco de su conciencia, es el plano astral/emocional. Siendo esto así, la finalidad educativa para estas personas será la de elevar esa conciencia al plano mental. Si están mentalmente polarizadas, entonces el objetivo educativo será elevar la conciencia del nivel mental al espiritual, para que puedan polarizarse espiritualmente.

¿Cómo serán capaces los profesores de apreciar todo esto? ¿Es algo que se puede aprender a percibir?

Con los Maestros trabajando abiertamente en el mundo, Ellos enseñarán a Sus discípulos. Hoy en día tenemos profesores de escuela. Un profesor de escuela está entrenado para enseñar a los niños a leer, escribir, realizar operaciones matemáticas, etc. Es una gama muy limitada de ideas las que un profesor invita a evocar del alumno. En muchos casos ni siquiera eso; se trata de un conjunto limitado de ideas que el profesor está entrenado para enseñar de memoria al niño, para que las observe y acepte. Eso, en mi opinión, no es en absoluto educación.

La educación debería ser la evocación del potencial, tanto si es físico, emocional, mental o espiritual, de cada niño/a. Los profesores necesitan estar equipados con la nueva psicología, que es la psicología del alma. Tienen que conocer el punto de evolución del niño. Tienen que conocer su foco de conciencia, donde está polarizado el niño. Y tienen que conocer las energías gobernantes, o rayos, de cada niño específico.

Todo individuo está regido, en todos los niveles –alma, personalidad, mental, emocional, y físico– por ciertos rayos, flujos de energía, que son de siete tipos. Una persona puede tener cada uno de estos rayos o sólo unos cuantos. Los rayos de la personalidad, el cuerpo mental, y el astral/ emocional y el físico pueden cambiar de una vida a otra, mientras que el rayo del alma sigue siendo el mismo durante un ciclo mundial, que es un período de tiempo enormemente largo. Cuando se conozcan estos rayos, se conocerán la propensión, las líneas de mayor y menor resistencia de cada niño/a. Esto ayudará al educador a enseñarle la mejor forma de proceder para sacar a la luz sus talentos – adoptar la línea de menor resistencia cuando sea apropiado, o abordar la línea de mayor resistencia cuando eso puede evocar un rasgo que está intentando expresarse pero que tiene dificultades en hacerlo.

Una cosa es comprender los rayos a nivel abstracto, pero otra muy distinta es ser capaz de apreciarlos en un individuo. ¿Vendrá esto

como resultado de una formación específica que los profesores recibirán?

Sí. Las personas recibirán una formación específica. No es tan difícil reconocer los rayos. Si realmente los estudias y lo conviertes en un hábito mental diario, observar a las personas y concebirlas en función de sus rayos, es relativamente fácil para las personas inteligentes que están interesadas en el tema llegar a ser bastante precisos en la determinación de la estructura de rayos de una persona.

Esto trasladará la educación fuera de las aulas. Cuando pensamos en profesores, a menudo pensamos en un profesor en una clase. No veo razón alguna por la cual no se podría proporcionar un tipo de educación mucho más rica. En vez de un profesor, se podría tener una serie de profesores que no pertenezcan a la escuela y que sean educadores. Podrían ser artistas, científicos, esoteristas, policías, médicos, que les ofrecerían lo provechoso de su experiencia de la vida, que es lo que necesitan los estudiantes.

No necesitan simplemente una enseñanza específica, tal como se da hoy en día, de una línea temática sólo. Necesitan eso también, por supuesto. Pero se puede ampliar la conciencia de un niño. La mayoría de niños descubren de mayores que lo que consideran mejor de su educación provino de unos padres, tíos, profesores, amigos inspiradores, personas que captaron su imaginación en la vida.

Si la comunidad realmente se tomara la educación en serio, como estoy seguro de que con el tiempo se hará, se podrían asignar ciertos días para reuniones con filósofos, científicos, etc., que donarían un día, una semana, o el tiempo que fuera, para asistir a los institutos y escuelas con el fin de ofrecer el beneficio de su experiencia en su línea determinada de trabajo. De esta forma el talento de personas poco comunes, y excepcionalmente dotadas, puede ponerse mejor al servicio de la población en crecimiento.

Antes mencionó algo como "las líneas de menor y mayor resistencia". ¿Podría explicar un poco más lo que eso significa? ¿Qué es una línea de menor resistencia y por qué uno no debería simplemente seguirla allí donde nos lleve?

A veces es mejor hacer lo que a nosotros nos resulta más difícil. Eso saca a relucir cualidades de autodisciplina que son muy necesarias. No me refiero a una disciplina impuesta, sino autodisciplina, que es probablemente lo más importante que podemos hacer, siempre que se lleve a cabo correctamente. Simplemente disciplinarse sin razón alguna, como lo hacen muchos ascetas, especialmente los ascetas religiosos que se "azotan", no hace más que endurecer la propia naturaleza de la persona y ponerla en contra del mundo y de la vida.

Si tu línea de menor resistencia es ser más bien perezoso, tomarse la vida con calma, no hacer muchos esfuerzos, bien podría ser un impedimento para avanzar en esta vida determinada desde el punto de vista del alma. Puede ser que necesites abordar las cosas que no te guste hacer, las cosas que son difíciles. Si puedes hacer eso, disciplinarte de este modo, puedes volverte más disciplinado en cuestiones de más relevancia, las que realmente importan.

Creo que esto también es en lo que consiste la educación – disciplinar al individuo en la dirección de su vida, y su potencial, dado por los rayos. Algunas personas tienen rayos, como el 3er rayo, que es muy activo. Toda persona con una mente de 3er rayo tiene una mente muy activa, creativa, viva, llena de ideas. Podría resultar demasiado activa y manipuladora, nunca aprender a sentarse tranquilo, mirar hacia el interior y descubrir el significado de la vida. Luego hay otros rayos, como el 6º, que es muy idealista y ansía la visión y la vida interna superior. Las personas dominadas por el 6º rayo pueden ser a menudo muy poco prácticas en el plano físico externo. Lo mismo ocurre con el 2º rayo, que es muy introvertido. Le resulta muy fácil dirigirse hacia el alma, una línea de no resistencia. Pero el aspecto exterior, la relación con el mundo físico externo y todo lo que este requiere, es algo que a menudo le resulta muy difícil a una personalidad de 2º rayo.

Si uno es capaz de disciplinarse y utilizar sus cualidades inteligentemente (que no es algo fácil de hacer) puedes fortalecer tus puntos débiles y modificar tus puntos fuertes para que, aunque estos todavía prevalecerán, no eliminen los otros aspectos de ti mismo. Fortaleces los puntos débiles al principio a pequeña escala, por medio de pequeñas disciplinas, hasta que constituyan una fuerte voluntad disciplinaria. Eso es educación, autoeducación, en lo que concierne a tratar con tu propia estructura de rayos, que es en realidad tratar con la vida.

Implícito en lo que usted acaba de mencionar está la idea de que los problemas provienen de dos direcciones, principalmente. Una la de

tratar con la vida en el plano exterior y saber cómo afrontar el mundo externo, y la otra ese movimiento interior hacia el alma.

Ese es el quid de la cuestión. Hasta un cierto punto de evolución, tú eres lo uno o lo otro: introvertido o extrovertido. Ese es el sendero del discipulado, en el que estás aprendiendo a manejar estas energías que te están conduciendo hacia el interior a la vida del alma y también hacia el exterior a la vida de la personalidad, siguiendo una cierta secuencia. Toda una vida puede ser introvertida hacia el alma, o extrovertida hacia el mundo exterior. En cada caso el individuo experimenta una tristeza interior porque se da cuenta de esto, pero en realidad no puede hacer mucho al respecto. Cuando se ha alcanzado un cierto equilibrio, y cuando la persona ha integrado los vehículos físico, emocional y mental, se convierte en un iniciado. Lo que distingue a un iniciado es que puede dirigirse hacia el interior, ser introvertido, pero también salir al exterior y relacionarse perfecta y fácilmente con el mundo externo, a voluntad.

Parece que nuestra educación actual está orientada esencialmente a aprender a relacionarse con el mundo exterior. Principalmente se nos enseñan ciertas técnicas diseñadas para ayudar a que uno se adapte a la sociedad. ¿Podría decirnos algo sobre los avances que podrían suceder en el futuro respecto a nuestro aspecto interior?

Hoy en día la mayor parte de la educación, de servirnos de algo, es educación dirigida al empleo. A las personas simplemente se las capacita para ganarse la vida en el mundo exterior comercial, bajo el azote de la competencia. Esto cambiará. La competencia tiene que dar paso a la cooperación. Por encima de cualquier otra cosa es la competencia, basada en la codicia y el temor, lo que retiene a la humanidad en su expresión más importante, de su unidad, de su sentido de formar parte de un grupo. Esto tiene que cambiar. Cuando lo haga la gente comprenderá, y los Maestros demostrarán, la realidad del alma. Las personas se darán cuenta de que son almas y se volverán hacia el alma. Entonces la educación para la vida del alma, y la psicología del alma, se convertirá cada vez más en la norma de nuestro sistema educativo.

No quiero decir con esto que sólo tendremos educación religiosa. No estoy hablando de religión en absoluto. El sendero religioso, tal como lo consideran los Maestros, es sólo uno de los muchos senderos hacia la manifestación de nuestra divinidad innata. Dios no mora en la religión, aunque la religión puede ayudarte en la realización de esa divinidad. Cada aspecto de la vida – la política, la economía, la religión, la sociedad en su conjunto, el arte, la cultura, la ciencia, la educación – puede vivirse de una forma tal que lo que llamamos Dios pueda ser conocido y expresado.

Lo divino se convierte cada vez más en una experiencia momento a momento. Es eso en realidad. No es un hombre con barba sentado en el cielo observando que no estés robando, mintiendo o engañando. Está dentro de ti; es tu sentido de lo divino en el interior lo que gradualmente hace que, de robar, mentir, o engañar, pases a no hacer esas cosas. No porque alguien te está diciendo que está mal, sino porque instintivamente sabes que esa no es la forma correcta de convivir con tu prójimo.

Todo lo que dañe o sea perjudicial para otra persona es intuitivamente, instintivamente, incorrecto. Se produce un cambio de comportamiento mediante la auto-observación y la autodeterminación. Todo eso deja de existir a medida que te vuelves más consciente, y estás impregnado, de la cualidad del alma. Eso ocurrirá a una escala cada vez mayor mientras la humanidad cese de competir y aprenda a cooperar, en la familia, en la comunidad, nacional e internacionalmente.

En relación a alcanzar ese estado de poder cooperar y empezar a percibir el alma y sus valores y misión, el Instructor del Mundo, el Señor Maitreya, dice que no se puede hacer nada sin autoestima. ¿Es este un primer paso hacia esa dirección? ¿Es algo en que los padres, los profesores y las escuelas, deberían estar pensando?

Sí, mucho. Una de las cosas más tristes sobre la educación actual es la forma en que se hace callar a los niños, se les dice que están equivocados, se les dice que no hagan eso, que es de niños traviesos. El niño no tiene un concepto de lo que es una travesura. El niño tiene sólo deseos, instintos, y la inquietud por la aventura. Si a los niños se les permitiera hacer todo eso sin estar siempre diciéndoles que son traviesos y están equivocados, crecerían sin estas inhibiciones, esta falta de autoestima. Se sentirían amados, que sus padres realmente cuidaban de ellos, tenían paciencia, estaban dispuestos a escucharles, hablar con ellos, etc. Eso proporcionaría una seguridad interna que se refleja en una capacidad para aprovechar al máximo toda oportunidad que la vida presenta.

Lo que retiene a la mayoría de las personas es una falta de seguridad. Eso es principalmente el resultado de que los padres regañan continuamente a los niños, haciéndoles callar. "Eres tan solo un niño", o: "¿Qué vas a saber tú?" Todo lo que un niño dice es objeto de burla y no se le concede mucha importancia. No quiero decir que eso ocurra en todas las familias, pero sí en muchas. Incluso entre familias que, por lo demás, están compuestas de personas inteligentes y educadas, hay esa misma forma de silenciar y ridiculizar a sus hijos.

A los niños nunca, jamás, se les debería ridiculizar. Simplemente, es una cuestión de conveniencia de los padres inhibir al niño para así mantenerlo bajo un control moderado. Las personas trabajan tanto y están tan cansadas, sus sistemas nerviosos tan tensos, que no pueden soportar la presencia y demandas de sus propios hijos. Resulta una tragedia para ellos, para los hijos, y para la sociedad en general.

La autoestima es una necesidad fundamental en todo ser humano. La carencia de ella es lo que conduce a las personas a cometer delitos, consumir drogas, cometer todo tipo de abusos, e incluso a suicidarse. Todo eso es el resultado directo de la incapacidad de muchos padres de inculcar a sus hijos un sentimiento de amor y comprensión, tratarlos con una cálida y paciente disposición a ayudar, escuchar y relacionarse con el hijo, y proporcionarle esa seguridad esencial.

Parece ser que actualmente la mayoría de profesores invierten cerca del 50 por ciento de su tiempo y energía en la escuela simplemente intentando hacer frente al problema de la disciplina, intentando mantener a los niños a raya, de una forma u otra. ¿Dice usted que si el niño está bien educado por sus padres, le proporcionan ese amor, no existirá este problema?

Absolutamente. Mi Maestro ha escrito para *Share International* que no se trata de un problema de disciplina en absoluto. Es una cuestión de libertad. Es una cuestión de comprender la validez del niño, su necesidad de autoexpresión.

Cada niño, sea cual sea el nivel de evolución con el cual se encarne, viene al mundo con su propia serie de propósitos. Uno de los principales es el de aprender a vivir en paz y armonía con el resto de nosotros, con todas las personas con la que él o ella entabla relación. La posibilidad real de llevar esto a cabo es escasa en la actualidad. Te puedes considerar un individuo muy excepcional si entras en la vida en el seno de una familia, una escuela, una comunidad nacional, en donde todo lo que necesites resolver en la vida como propósitos del alma está a tu alcance.

Necesitamos reconocer que los más jóvenes son únicos. Son hijos de Dios evolucionando hacia la manifestación de esa divinidad y filiación. ¿Cuántas personas ven a un niño de esta manera?

Muchos padres quieren a su hijo, pero se puede querer a un hijo y no respetarle. Decir que tú realmente respetas su unicidad y validez a cada momento, creo que es una gran afirmación. Pocas personas satisfacen esa necesidad del niño.

Celebramos el Año Internacional del Niño, pero eso es representativo, de proporcionar este respeto al niño. El mismo hecho de que tengamos el Año Internacional del Niño, no obstante, incluso si ese es sólo un eslogan pasivo, significa que estamos empezando a comprender la validez del niño y la necesidad de respetarle.

Un niño, sea cual sea su punto de evolución, entra en encarnación con todos sus logros pasados. Actualmente vive una niña maravillosa, de 11 años de edad, que pinta cuadros que se dice que son como los de Picasso, Matisse, o Chagall, obviamente una niña tremendamente dotada. Es rumana, vive en Norteamérica, y ya goza de un enorme éxito. A esta niña se le permite pintar. Es un genio, y se le permite ser un genio. Y lo hace. En vez de salir a la calle a jugar, pinta unos enormes lienzos y los cubre de las más interesantes y bellas ideas.

A los niños se les debería introducir en todo lo que necesiten para promover sus talentos. Esto tiene que ver con el hecho de respetar al niño como alma. Si tu respetas a cada niño como alma, y comprendes que detrás de él está todo esto, le proporcionas el entorno en el que eso puede salir a la luz, surgirán maravillas de creatividad.

¿Se imagina unos tipos especiales de escuelas para tipos especiales de desarrollo?

Veo unos tipos especiales de educación para niños especialmente dotados, no necesariamente escuelas especiales. Puede ser en la misma escuela. Pero tiene que haber distintos departamentos que acomoden, realcen y desarrollen los talentos de estos niños especialmente dotados. De lo contrario, la raza se resentirá.

Actualmente, si tú eres un niño especialmente dotado, normalmente tarde o temprano estos dones se demostrarán, sean cuales sean las circunstancias. Pero puede perderse una cantidad inmensa de tiempo en el proceso. Algunos demuestran sólo una parte de lo que su potencial bien podría haber sido porque no fue advertido en el momento en que la persona más lo necesitaba. Eso conllevará una capacitación de los profesores a niveles cada vez más altos. Por lo que se refiere a la educación, será sólo tan buena como lo sea la calidad de los profesores. Yo diría que capacitarlos es el primer paso fundamental en todas las nuevas necesidades educativas.

Hay algunos escritos, particularmente por el Maestro DK, sobre la posibilidad de que las escuelas empiecen a concentrarse más en el problema de extenderse más allá de la mente hasta el alma. ¿Prevé que esto ocurra?

Sí, absolutamente. Obviamente, se necesita disciplinar los instintos. Se necesita realzar y desarrollar el intelecto, la mente y el cerebro. Y se necesita evocar la intuición. Estos son pasos cada vez más altos. Cuanto más avanzado esté el individuo, un mayor papel desempeñará la intuición. El puente hacia ella, el antahkarana, que se crea por medio de la meditación y el servicio, se dará a conocer como una parte concreta del plan de estudios educacional. Tu tienes que construir el puente. La meditación, por tanto, en un cierto momento del sistema educativo, tendrá que introducirse como la forma, por excelencia, de crear el puente hacia el alma.

Es interesante que usted mencionara la meditación y el servicio. Muchas escuelas están ya introduciendo componentes de servicio en su educación. Muchos institutos y facultades lo han incluido como parte de los requisitos a la hora de acceder a un título. Es bueno creer que esto ya está ocurriendo.

Sí. Cuanto más relacionado esté el niño con la comunidad a una temprana edad, más normal y natural se volverá el servicio.

Siguiendo la misma línea, ¿sugiere usted que la meditación se enseñará en nuestras escuelas, institutos o facultades?

Sí. No debería nunca ser impuesta tempranamente. No creo en hacer que los niños pequeños mediten, pero iniciarse en la meditación es beneficioso. Anteriormente mencionamos el problema de la disciplina. Si los niños empezaran el día tan solo sentándose en silencio durante cinco minutos y realizaran unas pocas respiraciones profundas, pensando en silencio sobre ellos mismos y quizás en lo que van a hacer durante el resto del día, permitiendo que estas respiraciones les aquieten, se podría conseguir un ambiente completamente distinto en la escuela.

¿Y luego para los niños un poco más mayores, se les introduciría en una formación más técnica en meditación?

Sí, unos inicios en meditación, o una meditación muy ligera, en la cual se enfoque la concentración. Hay que aprender a concentrarse, utilizar la mente, meditar y construir el puente hacia el alma. Hay momentos determinados para hacer todo esto. No puedo delimitar edades porque los niños varían enormemente dependiendo de su punto en evolución. Los que están más evolucionados pueden empezar a una edad más temprana que los que están menos.

Hay un último tema que habría que abordar: la televisión y sus efectos en los niños.

Yo diría que la televisión tiene uno de los efectos más negativos en los niños. No es culpa de los niños, sino del tipo de televisión. Me he dado cuenta de que las personas que meditan en Norteamérica, por ejemplo, tienen muy poca concentración. El espacio de tiempo de su atención es muy reducido. Creo que se debe en su mayor parte a una interrupción de la atención a una edad muy temprana, por ver la televisión comercial. Es cómodo levantarse y tomar una taza de café, o lo que sea, pero interrumpe tu atención en medio de un programa. Tu interés se mantiene hasta un punto determinado y luego de pronto hay una pausa, y esa pausa se prolonga hasta casi más tiempo que el fragmento anterior de la serie o programa que estabas viendo. Eso es terrible para la concentración.

Si es mala para los adultos, también lo es mucho para los niños. La programación infantil no es mejor en lo que concierne a esto. Tienen su propia clase de anuncios desagradables diciéndoles que sus padres les compren esto, eso y lo de más allá. Esto es algo social. Tiene que ver con la competencia, la codicia, los incorrectos sistemas económicos del mundo, que cambiarán cuando la cooperación y el compartir sustituyan el actual sistema competitivo.

A los niños se les tiene que enseñar a concentrarse. No siempre surge de forma natural. Con algunos niños sí que es así: los más evolucionados, naturalmente, pueden normalmente concentrarse. Sin embargo hay muchos niños con talento que no se pueden concentrar en absoluto.

¿Se imagina a la televisión desempeñando un papel más positivo?

Sí, claro que sí. La televisión se convertirá en la gran profesora del mundo, pero tendrá que cambiar radicalmente en su contenido, su esencia. Cabe imaginar pantallas de televisión en todos los hogares, donde los niños puedan aprender historia en su sentido real –historia global, no la nacionalista y chauvinista, sino la historia de la humanidad a lo largo de los siglos– y verse relacionados con ella. Los Maestros pueden proyectar en las pantallas de televisión una panorámica de la vida en el pasado más distante, en los días de la Atlántida, y también hacia un futuro, ofreciendo imágenes de lo que podrá ser. Habrá maravillosos programas para niños proyectados en las pantallas de televisión por los Maestros. La televisión será la herramienta clave mediante la cual Maitreya y los Maestros enseñen a la humanidad.

Imágenes

Formaciones de las cosechas

Círculo de la cosecha – Adams Grave, Alton Barnes, Wiltshire – 4 de Agosto de 2003
Foto: © Steve Alexander

Círculo de la cosecha – Hailey Wood, Ashbury, Oxon – 16 de Julio de 2007
Foto: © Steve Alexander

Círculo de la cosecha – Milk Hill, Wiltshire – 12 de Agosto de 2001
Foto: © Steve Alexander
http://www.temporarytemples.co.uk

Ovni de Júpiter sobre Perú

Esta foto, hecha el 16 de febrero de 1989, en el Valle Sagrado de Urubamba, Perú, fue confirmada por el Maestro de Benjamin Creme que muestra una enorme nave espacial del planeta Júpiter. La nave, no vista por las personas en ese momento, estaba en materia etérica, y sólo fue visible cuando se reveló la película.

La 'Mano' de Maitreya

Esta foto muestra la huella de la mano de Maitreya, manifestada milagrosamente en el espejo de un lavabo en Barcelona, España. No es simplemente una huella de mano sino una imagen tridimensional con detalle fotográfico.

Publicada por primera vez en la revista *Share International* (Octubre 2001), la 'Mano' es un medio para invocar las energías curativas y ayuda de Maitreya. Colocando la mano propia sobre ella, o simplemente mirándola, la curación y ayuda de Maitreya puede invocarse (sujeto a la Ley Kármica). Hasta que Maitreya emerja abiertamente, y veamos Su rostro, es lo más cerca que Él puede venir hasta nosotros.

"Mi ayuda está a vuestra disposición, sólo tenéis que pedirla."

Maitreya, el Instructor del Mundo, del Mensaje Nº 49

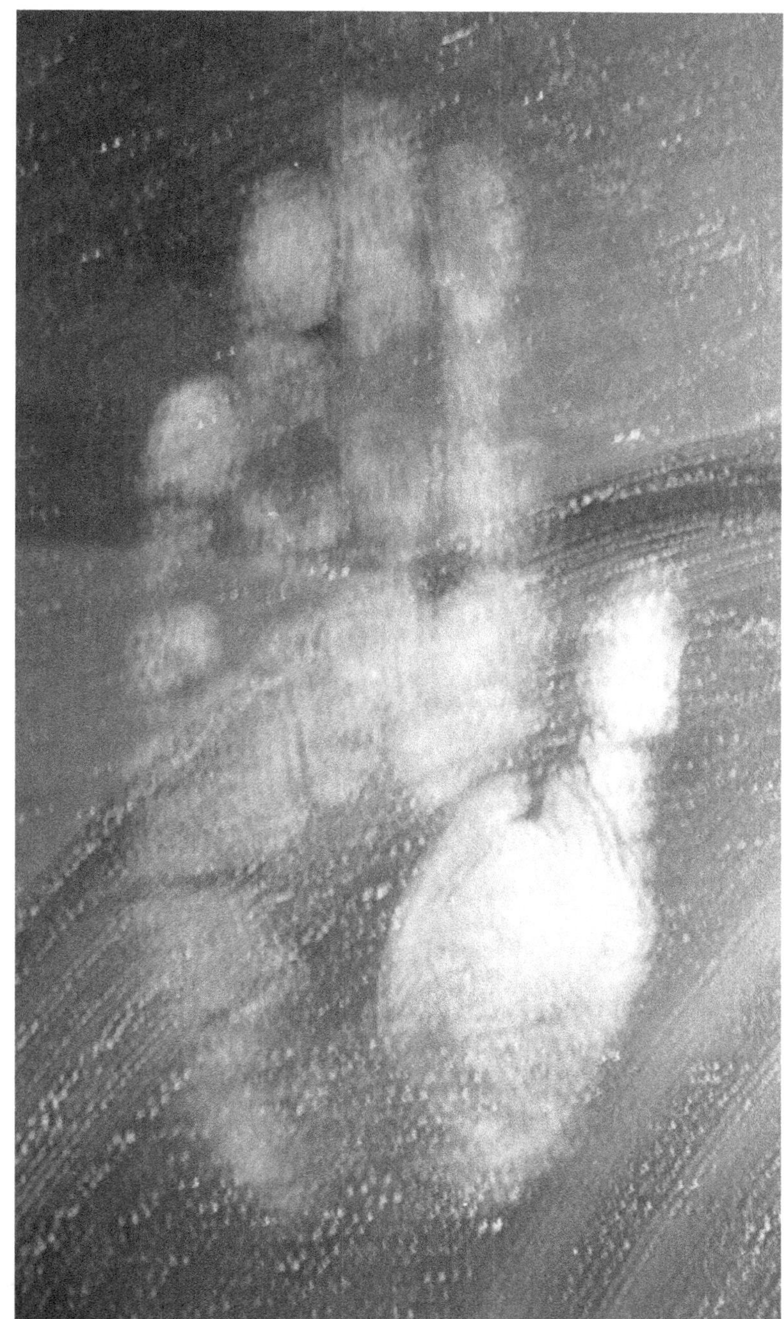

Meditación de Transmisión

— Una breve introducción —

Una meditación grupal que proporciona tanto un servicio dinámico al mundo como un poderoso desarrollo espiritual y personal.

La Meditación de Transmisión es una meditación grupal establecida para distribuir mejor las energías espirituales de sus custodios, los Maestros de Sabiduría, nuestra Jerarquía Espiritual planetaria. Es un medio de "reducir" (transformar) estas energías para que se vuelvan más asequibles y útiles para el público en general. Es la creación, en cooperación con la Jerarquía de Maestros, de un vórtice o depósito de energía elevada para el beneficio de la humanidad.

En marzo de 1974, bajo la dirección de su Maestro, Benjamin Creme formó el primer grupo de Meditación de Transmisión en Londres. Actualmente existen cientos de grupos de Meditación de Transmisión en todo el mundo y se forman grupos nuevos todo el tiempo.

Los grupos de Meditación de Transmisión proporcionan un enlace por el cual la Jerarquía puede responder a la necesidad del mundo. El motivo principal de este trabajo es el servicio, pero también constituye un poderoso método de crecimiento personal. Muchas personas están buscando formas de mejorar el mundo. Este deseo de servir puede ser poderoso, pero difícil de cumplir, en nuestras ajetreadas vidas. Nuestra alma necesita de un medio por el cual servir, pero no siempre respondemos a su llamada, y así producimos desequilibrio y conflicto en nuestro interior. La Meditación de Transmisión proporciona una oportunidad única para servir de una forma potente y totalmente científica con el mínimo de inversión de tiempo y energía.

Benjamin Creme realiza talleres de Meditación de Transmisión en todo el mundo. Durante la meditación él es adumbrado por Maitreya, el Instructor del Mundo, lo que permite a Maitreya conferir nutrición espiritual a los participantes. Muchas personas se inspiran para comenzar a practicar la Meditación de Transmisión después de asistir a tales talleres, y muchos reconocen haber recibido curación durante el proceso.

[Véase *Transmisión: Una Meditación para la Nueva Era* de Benjamin Creme, Share Ediciones]

La Gran Invocación

Desde el punto de Luz en la Mente de Dios
Que afluya luz a las mentes de los hombres.
Que la Luz descienda a la Tierra.

Desde el punto de Amor en el Corazón de Dios
Que afluya amor a los corazones de los hombres.
Que Cristo retorne a la Tierra.

Desde el centro donde Voluntad de Dios es conocida
Que el propósito guíe a las pequeñas voluntades de los hombres—
El Propósito que los Maestros conocen y sirven.

Desde el centro que llamamos la raza de los hombres
Que se realice el Plan de Amor y de Luz
Y selle la puerta donde se halla el mal.

Que la Luz, el Amor y el Poder restablezcan el Plan en la Tierra.

La Gran Invocación, utilizada por el Cristo por primera vez en Junio de 1945, fue dada por Él a la humanidad para facultar al hombre a invocar las energías que podrían cambiar nuestro mundo y hacer posible el retorno del Cristo y la Jerarquía. Esta Oración Mundial, traducida a muchos idiomas, no está patrocinada por ningún grupo o secta. Es utilizada a diario por hombres y mujeres de buena voluntad que desean lograr correctas relaciones en toda la humanidad.

La Oración para la Nueva Era

Yo soy el Creador del Universo.

Yo soy el Padre y la Madre del Universo.

Todo viene de Mí.

Todo regresará a Mí.

Mente, Espíritu y Cuerpo son Mis Templos,

Para que el Ser realice en ellos

Mi Supremo Ser y Devenir.

La Oración para la Nueva Era, dada por Maitreya, el Instructor del Mundo, es un gran mantram o afirmación con un efecto invocativo. Será una herramienta poderosa en nuestro reconocimiento de que el hombre y Dios son Uno, de que no hay separación. El 'Yo' es el Principio Divino detrás de toda creación. El Ser emana del Principio Divino y es idéntico a él.

La forma más efectiva de utilizar este mantram es decir o pensar el texto con la voluntad enfocada, mientras se mantiene la atención en el centro ajna en el entrecejo. Cuando la mente comprende el significado de los conceptos, y se ejerce la voluntad simultáneamente, estos conceptos serán activados y el mantram funcionará. Si se dice sinceramente cada día, crecerá en ti una comprensión de tu verdadero Ser.

(Publicada por primera vez en *Share International*, Septiembre 1988.)

Libros de Benjamin Creme

(Ordenados según fecha de publicación en inglés)

La Reaparición del Cristo y Los Maestros de Sabiduría

El primer libro de Benjamin Creme proporciona la información básica y pertinente en relación al regreso de Maitreya, el Cristo. Colocando el acontecimiento más profundo de los últimos 2.000 años en su correcto contexto histórico y esotérico, Creme describe los efectos que tendrá la presencia del Instructor del Mundo tanto en las instituciones del mundo como en la persona normal y corriente. Los temas abarcan desde el alma y la reencarnación, a la energía nuclear, los ovnis, y un nuevo orden económico.

1ª Edición 1989. 2ª Edición 1994. 3ª Edición 2020 ISBN Nº 84-89147-56-0 (Share Ediciones). (Traducción de la 2ª Edición Inglesa)

Mensajes de Maitreya el Cristo

Durante los años de preparación para Su emerger, Maitreya dio 140 mensajes a través de Benjamin Creme durante conferencias públicas, utilizando el adumbramiento mental y la conexión telepática que surge de ello. Los Mensajes de Maitreya inspiran al lector para divulgar la noticia de Su reaparición y para trabajar de forma urgente en el rescate de las millones de personas que sufren de pobreza y hambruna en un mundo de abundancia. Cuando se leen en voz alta, los mensajes invocan la energía y bendición de Maitreya.

2ª Edición 2020. ISBN Nº 84-89147-57-7 (Share Ediciones). (Traducción de la 2ª Edición Inglesa)

Transmisión: Una Meditación para la Nueva Era

La Meditación de Transmisión es una forma de meditación grupal con el propósito de 'reducir' (transformar) energías espirituales que así se hacen asequibles y útiles para el público en general. Es la creación, en cooperación con la Jerarquía de Maestros, de un vórtice o estanque de energía superior para el beneficio de la humanidad.

Describe un proceso dinámico, presentado al mundo por el Maestro de Benjamin Creme en 1974. Grupos dedicados al servicio al mundo transmiten energías espirituales dirigidas a través de ellos por los Maestros de nuestra Jerarquía Espiritual. Aunque el principal motivo de este trabajo es el servicio, también es un poderoso medio de crecimiento personal. Se dan directrices para la formación de grupos de transmisión, junto con respuestas a muchas preguntas relacionadas con el trabajo.

2ª Edición 2020. ISBN Nº 84-89147-59-1 (Share Ediciones). (Traducción de la 6ª Edición Inglesa)

Un Maestro Habla, Tomo I

La Humanidad está guiada, desde detrás del escenario, por un grupo de hombres altamente evolucionados e iluminados que nos han precedido en el sendero de la evolución. Estos Maestros de la Sabiduría, como son llamados, raramente aparecen abiertamente, sino que en general trabajan a través de Sus discípulos – hombres y mujeres que influencian a la sociedad a través de su trabajo en ciencia, educación, arte, religión y política.

El artista británico Benjamin Creme es un discípulo de un Maestro con El cuál está en estrecho contacto telepático. Desde el inicio de la publicación de Share International, la revista de la cual Benjamin Creme es uno de los dos editores jefes, su Maestro ha contribuido con una serie de artículos inspiradores sobre una amplia variedad de temas: Razón e Intuición, La Nueva Civilización, Salud y Curación, El Arte de Vivir, La Necesidad de Síntesis, La Justicia es Divina, El Hijo del Hombre, Los Derechos Humanos, La Ley del Renacimiento – y muchos más.

El principal propósito de estos artículos es llamar la atención sobre las necesidades actuales y las de un futuro inmediato. Otra función es dar información sobre las enseñanzas de Maitreya, el Maestro de todos los Maestros, que está en Londres desde 1977 preparándose para Su misión como Instructor del Mundo para toda la humanidad. Esta nueva y ampliada edición contiene todos los 222 artículos de los primeros 22 volúmenes de Share International.

2ª Edición 2020. ISBN Nº 84-89147-58-4 (Share Ediciones). (Traducción de la 3ª Edición Inglesa)

Un Maestro Habla, Tomo II

La Humanidad está guiada, desde detrás de la escena, por un grupo de hombres altamente evolucionados e iluminados que nos han precedido en el sendero de la evolución. Estos Maestros de la Sabiduría, como son llamados, raramente aparecen abiertamente, sino que en general trabajan a través de Sus discípulos – hombres y mujeres que influencian a la sociedad a través de su trabajo en ciencia, educación, arte, política y cada esfera de la vida.

El artista británico Benjamin Creme era un discípulo de un Maestro con el cuál estaba en estrecho contacto telepático. Desde el lanzamiento en 1982 de la publicación de Share International, la revista de la cual Benjamin Creme era el editor fundador, su Maestro ha contribuido con una serie de artículos inspiradores sobre una amplia variedad de temas: La fraternidad del hombre, El fin de la guerra, Unidad en la diversidad, Salvar el planeta, Las ciudades del mañana, y muchos más.

El propósito de estos artículos es, en las propias palabras del Maestro, "presentar a los lectores de esta revista un retrato de la vida que está por delante, inspirar un enfoque positivo y feliz a ese futuro y equiparles con las herramientas de conocimiento con las que tratar correctamente los problemas que a diario surgen en el camino. Desde Mi situación de privilegio en experiencia y visión, he buscado actuar como 'vigilante' y guarda, para advertir del peligro cercano y permitirte a ti, el lector, actuar con valor y convicción en el servicio al Plan."

Un Maestro Habla, Tomo II, contiene todos los artículos publicados en la revista Share International de Enero de 2004 hasta Diciembre de 2016.

1ª Edición 1995. ISBN Nº 84-89147-53-9 (Share Ediciones). (Traducción de la 1ª Edición Inglesa)

La Misión de Maitreya, Tomo I

El primer libro de una trilogía que describe con amplitud adicional el emerger de Maitreya. Este tomo puede considerarse como una guía para la humanidad mientras realiza su viaje evolutivo. Se cubre una amplia gama de temas, como: las nuevas enseñanzas del Cristo, meditación, karma, vida después de la muerte, curación, transformación social, iniciación, papel del servicio, y los Siete Rayos.

2ª Edición 2020. ISBN Nº 84-89147-60-7 (Share Ediciones). (Traducción de la 3ª Edición Inglesa)

La Misión de Maitreya, Tomo II

Este volumen contiene una variada colección de las enseñanzas de Maitreya a través de Su colaborador, Sus muy precisas predicciones de acontecimientos mundiales, descripciones de Sus apariciones personales milagrosas, e información de fenómenos y señales relacionados. También contiene entrevistas únicas con el Maestro de Benjamin Creme sobre temas actuales. Tópicos relacionados con el futuro incluyen nuevas formas de gobierno, colegios sin muros, energía y pensamiento, la Tecnología de la Luz venidera, y el arte de la realización del Ser.

2ª Edición 2020. ISBN Nº 84-89147-61-4 (Share Ediciones). (Traducción de la 1ª Edición Inglesa)

Las Enseñanzas de la Sabiduría Eterna

Una perspectiva general del legado espiritual de la humanidad, este libro es una introducción concisa y fácil de entender de las Enseñanzas de la Sabiduría Eterna. Explica los principios básicos del esoterismo, incluyendo: la fuente de la Enseñanza, el origen del hombre, el Plan de evolución, renacimiento y reencarnación, y la Ley de Causa y Efecto (karma). También incluye un glosario esotérico y una lista de lectura recomendada.

2ª Edición 2020. ISBN Nº 978-84-89147-69-0 (Share Ediciones). (Traducción de la 1ª Edición Inglesa)

La Misión de Maitreya, Tomo III

Benjamin Creme presenta una visión convincente del futuro, con Maitreya y los Maestros ofreciendo abiertamente Su orientación e inspiración. Los tiempos venideros verán la paz establecida; el compartir de los recursos mundiales como norma; la conservación de nuestro medio ambiente como la máxima prioridad. Las ciudades del mundo se convertirán en centros de gran belleza. Creme también analiza a 10 famosos artistas – incluyendo a da Vinci, Miguel Angel y Rembrandt – desde una perspectiva espiritual.

2ª Edición 2020. ISBN Nº 84-89147-62-1 (Share Ediciones), 682 páginas. (Traducción de la 1ª Edición Inglesa)

El Gran Acercamiento: Nueva Luz y Vida para la Humanidad

Aborda los problemas de nuestro mundo caótico y su cambio gradual bajo la influencia de Maitreya y los Maestros de Sabiduría. Cubre temas como compartir, EEUU en un dilema, conflictos étnicos, crimen, medio ambiente y contaminación, ingeniería genética, ciencia y religión; educación, salud y curación. Predice extraordinarios descubrimientos científicos venideros y muestra un mundo libre de guerra donde las necesidades de todas las personas son satisfechas.

Primera Parte: "La Vida Futura para la Humanidad"; Segunda Parte: "El Gran Acercamiento"; Tercera Parte: "La Llegada de una Nueva Luz".

2ª Edición 2020. ISBN 84-89147-63-8 (Share Ediciones). (Traducción de la 1ª Edición Inglesa)

El Arte de la Cooperación

Trata de los problemas más acuciantes de nuestros tiempos, y sus soluciones, basándose en las Enseñanzas de la Sabiduría Eterna. Encerrados en la vieja competencia, intentamos solucionar los problemas utilizando métodos anticuados, mientras que la respuesta –la cooperación– yace en nuestras manos. El libro muestra el sendero hacia un mundo de justicia, libertad y paz a través de un creciente aprecio por la unidad que subyace toda vida.

Primera Parte: "El Arte de la Cooperación"; Segunda Parte: "El Problema del Espejismo"; Tercera Parte: "Unidad".

2ª Edición 2020. ISBN 84-89147-64-5 (Share Ediciones). (Traducción de la 1ª Edición Inglesa)

Las Enseñanzas de Maitreya: Las Leyes de la Vida

Presenta las Leyes de la Vida, la visión directa, simple, no doctrinaria y profunda de Maitreya. Revelando la Ley del Karma, o Causa y Efecto, estas extraordinarias predicciones de sucesos mundiales fueron dadas por Maitreya entre 1988 y 1993, publicándose por primera vez en la revista *Share International*. Editadas por Benjamin Creme.

Pocas personas podrían leer estas páginas sin experimentar un cambio. Para algunos, los extraordinarios comentarios sobre temas de actualidad les serán de gran interés, mientras que para otros conocer los secretos de la realización del ser, la sencilla descripción de la verdad experimentada, será toda una revelación. Para las personas que busquen comprender las Leyes de la Vida, estas sutiles y profundas revelaciones les conducirán rápidamente hasta el centro de la vida misma, y les ofrecerán un simple sendero que conduce hasta la cumbre de la montaña. La unidad esencial de toda vida se desvela de un modo claro y significativo. Jamás las leyes según las que vivimos se han descrito de una forma tan natural y liberadora.

2ª Edición 2020. ISBN 84-89147-65-2 (Share Ediciones). (Traducción de la 1ª Edición Inglesa)

El Arte de Vivir: Vivir dentro de las Leyes de la Vida

En la Primera Parte, Benjamin Creme describe la experiencia de vivir como una forma de arte, como la pintura o la música. Alcanzar un nivel elevado de expresión requiere tanto el conocimiento como el cumplimiento de ciertos principios fundamentales como la Ley de Causa y Efecto y la Ley del Renacimiento, todo descrito con detalle. La Segunda y Tercera Parte explican cómo podemos emerger de la niebla de la ilusión para convertirnos en un todo y una conciencia despierta de uno mismo.

Primera Parte: "El Arte de Vivir"; Segunda Parte: "Los Pares de Opuestos"; Tercera Parte: "Ilusión".

2ª Edición 2020. ISBN 978-84-89147-66-9 (Share Ediciones), 272 páginas. (Traducción de la 1ª Edición Inglesa)

Maitreya, el Instructor del Mundo para Toda la Humanidad

Presenta una perspectiva general del retorno al mundo cotidiano de Maitreya y Su grupo, los Maestro de Sabiduría; los enormes cambios que la presencia de Maitreya ha suscitado; y Sus recomendaciones para el futuro inmediato. Describe a Maitreya como un gran Avatar espiritual con un amor, sabiduría y poder inconmensurables; y también como un amigo y hermano de la humanidad que está aquí para liderarnos hacia la Nueva Era de Acuario.

2ª Edición 2020, ISBN 978-84-89147-67-6 (Share Ediciones). (Traducción de la 1ª Edición Inglesa)

El Despertar de la Humanidad

Un libro asociado a El Instructor del Mundo para Toda la Humanidad, que resalta la naturaleza de Maitreya como la Personificación del Amor y la Sabiduría. Mientras que El Despertar de la Humanidad se centra en el día en que cual Maitreya se declarará a Sí mismo abiertamente como el Instructor del Mundo para la era de Acuario. Describe el proceso del emerger de Maitreya, los pasos que conducirán al Día de la Declaración, y la respuesta anticipada de la humanidad a este momento trascendental.

2ª Edición 2020, ISBN 978-84-89147-68-3 (Share Ediciones). (Traducción de la 1ª Edición Inglesa)

La Agrupación de las Fuerzas de la Luz: Ovnis y Su Misión Espiritual

La Agrupación de las Fuerzas de la Luz es un libro sobre ovnis, pero con una diferencia. Está escrito por alguien que ha trabajado con ellos y tiene conocimiento desde dentro. Benjamin Creme ve la presencia de ovnis como planeada y de inmenso valor para las personas de la Tierra.

Según Benjamin Creme, los ovnis y las personas dentro de ellos están consagrados a una misión espiritual para aliviar la suerte de la humanidad y salvar a este planeta de una destrucción adicional y veloz. Nuestra propia Jerarquía planetaria, liderada por Maitreya, el Instructor del Mundo, que ahora vive entre nosotros, trabaja incansablemente con sus Hermanos del Espacio en un proyecto fraternal para restablecer la cordura en esta Tierra.

Los temas tratados en este libro incluyen: el trabajo de los Hermanos del Espacio en la Tierra; George Adamski; círculos de las cosechas; la nueva Tecnología de la Luz; el trabajo de Benjamin Creme con los Hermanos del Espacio; los peligros de la radiación nuclear; salvar el planeta; la 'estrella' que anuncia el emerger de Maitreya; la primera entrevista de Maitreya; educación en la Nueva Era; intuición y creatividad; familia y karma.

Primera Parte: "Ovnis y Su Misión Espiritual"; Segunda Parte: "Educación en la Nueva Era"

2ᵃ Edición 2020. ISBN 978-84-89147-70-6 (Share Ediciones). (Traducción de la 1ᵃ Edición Inglesa)

Unidad en la Diversidad: el Camino Adelante para la Humanidad

Necesitamos una visión nueva y esperanzadora para el futuro. Este libro presenta tal visión: un futuro que abarca un mundo en paz, armonía y unidad, mientras que la cualidad y el enfoque de cada individuo son bienvenidos y necesarios. Es visionario, pero expresado con una lógica convincente e irresistible.

Unidad en la Diversidad: El Camino Adelante para la Humanidad incumbe al futuro de cada hombre, mujer y niño. Trata del futuro de la misma Tierra. La humanidad, indica Creme, está en una encrucijada y tiene que tomar una gran decisión: seguir hacia adelante y crear una nueva y brillante civilización en la cual todos son libres y la justicia social reina, o continuar como estamos, divididos y compitiendo, y presenciar el fin de la vida en el planeta Tierra.

Creme escribe para la Jerarquía Espiritual en la Tierra, cuyo Plan para la mejora de toda la humanidad presenta. Él muestra que el sendero hacia adelante para todos nosotros es la realización de nuestra unidad esencial sin el sacrificio de nuestra igualmente diversidad esencial.

2ᵃ Edición 2020. ISBN 978-84-89147-71-3 (Share Ediciones). (Traducción de la 1ᵃ Edición Inglesa)

Los libros de Benjamin Creme han sido traducidos del inglés y publicados en alemán, castellano, francés, holandés y japonés por grupos que han respondido a este mensaje. Algunos de estos libros también han sido traducidos al chino, croata, esloveno, finlandés, griego, hebreo, italiano, portugués, rumano, ruso y sueco. Están proyectadas más traducciones. Estos libros están disponibles en librerías locales como también online.

Revista Share International

Una revista única que publica cada mes: información actualizada sobre la reaparición de Maitreya, el Instructor del Mundo; un artículo de un Maestro de Sabiduría; ampliación de la enseñanza esotérica; respuestas de Benjamin Creme a una variedad de preguntas de actualidad y esotéricas; artículos y entrevistas con personas a la vanguardia del cambio progresista del mundo; noticias de agencias de la ONU e informes de progresos positivos en la transformación de nuestro mundo.

Share International reúne las dos líneas más importantes del pensamiento de la Nueva Era: el político y el espiritual. Muestra la síntesis que sirve de base a los cambios políticos, sociales, económicos y espirituales que están ocurriendo actualmente a escala global, y busca estimular acciones prácticas para reconstruir nuestro mundo con unas bases más justas y compasivas.

Share International cubre noticias, sucesos y comentarios relacionados con las prioridades de Maitreya: un suministro adecuado de alimentos apropiados, vivienda y cobijo adecuados para todos, sanidad como un derecho universal, el mantenimiento de un equilibrio ecológico en el mundo.

Share International se publica en inglés. Existen también versiones en alemán, esloveno, francés, holandés y japonés.

Para más información:

www.share-es.org

Sobre el Autor

Benjamin Creme, pintor y esoterista de origen escocés, ha estado durante casi 40 años preparando al mundo para el acontecimiento más extraordinario de la historia humana – el regreso de nuestros mentores espirituales al mundo cotidiano.

Ha sido entrevistado por cadenas de televisión, radio y películas documentales de todo el mundo, y ofrece conferencias regularmente por toda Europa Oriental y Occidental, los EEUU, Japón, Australia, Nueva Zelanda, Canadá y México.

Entrenado y supervisado durante muchos años por su propio Maestro, comenzó su trabajo público en 1974. Él anunció en 1982 que el Señor Maitreya, el por tanto tiempo esperado Instructor del Mundo, estaba residiendo en Londres, preparado para presentarse abiertamente si era invitado por los medios de comunicación. Este suceso es ahora inminente.

Benjamin Creme continuó llevando a cabo su tarea como mensajero de esta noticia esperanzadora hasta su fallecimiento en octubre de 2016. Sus varios libros, diecisiete, han sido traducidos a numerosos idiomas. Él era también editor jefe de la revista *Share International*, que circula en más de 70 países. Él no aceptaba dinero por ninguno de estos trabajos.

Benjamin Creme vivía en Londres, estaba casado, y tenía tres hijos.